心理育人
融入大学生思想政治教育研究

王方国 • 著

XINLI YUREN
RONGRU DAXUESHENG
SIXIANG ZHENGZHI
JIAOYU YANJIU

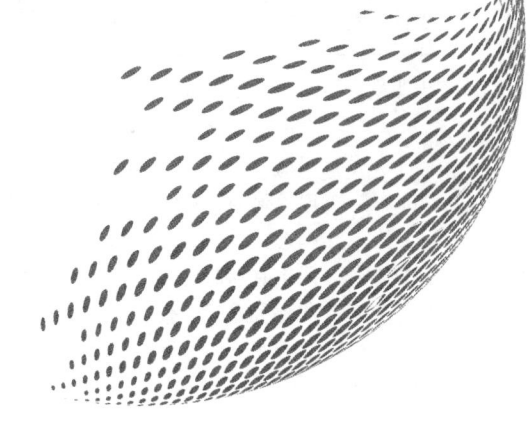

四川大学出版社
SICHUAN UNIVERSITY PRESS

图书在版编目（CIP）数据

心理育人融入大学生思想政治教育研究 / 王方国著. 成都：四川大学出版社，2024.9. -- （大学思政研究丛书）. -- ISBN 978-7-5690-7259-4

Ⅰ. G444；G641

中国国家版本馆 CIP 数据核字第 2024GK7427 号

书　　名：	心理育人融入大学生思想政治教育研究
	Xinli Yuren Rongru Daxuesheng Sixiang Zhengzhi Jiaoyu Yanjiu
著　　者：	王方国
丛 书 名：	大学思政研究丛书

丛书策划：	庞国伟　梁　平
选题策划：	宋绍峰　梁　平
责任编辑：	孙滨蓉
责任校对：	孙明丽
装帧设计：	裴菊红
责任印制：	李金兰

出版发行：	四川大学出版社有限责任公司
	地址：成都市一环路南一段24号（610065）
	电话：（028）85408311（发行部）、85400276（总编室）
	电子邮箱：scupress@vip.163.com
	网址：https://press.scu.edu.cn
印前制作：	四川胜翔数码印务设计有限公司
印刷装订：	成都金龙印务有限责任公司

成品尺寸：	170mm×240mm
印　　张：	15.75
字　　数：	317千字

版　　次：	2024年10月 第1版
印　　次：	2024年10月 第1次印刷
定　　价：	68.00元

本社图书如有印装质量问题，请联系发行部调换

版权所有 ◆ 侵权必究

扫码获取数字资源

四川大学出版社
微信公众号

本书为四川省哲学社会科学基金马克思主义理论研究和建设工程一般项目"心理健康教育融入四川大中小学思想政治理论课一体化建设的理论与实践研究"的研究成果（批准号：SCJJ23MGC29）

内容简介

本书以心理育人融入大学生思想政治教育为主线，从新时代高校如何铸魂育人这一重大命题出发，结合当前大学生身心发展和思想政治教育实际，围绕心理育人融入大学生思想政治教育"是什么、为什么、怎么做"展开论述，系统探究了心理育人融入大学生思想政治教育的内涵、特征、目标和举措。本书坚持目标导向和问题导向，通过查阅文献、访谈交流、问卷调查和比较研究等方式，在分析现状、审视问题进而探讨心理育人融入大学生思想政治教育的价值意蕴和目标原则的基础上，重点聚焦心理育人融入大学生思想政治教育的路径建构，创新提出了"六位一体"的育人模型，并从组织、人才、资源、制度、评估和技术六个方面提出了相应的保障机制，着力构建落实立德树人根本任务新生态、新格局，促进青年大学生成长成才、全面发展，不断提升育人质量。

前　言

习近平指出:"培养人才是国家和民族长远发展的大计,当今世界人才的竞争首先是人才培养的竞争。"[①] 在中华民族伟大复兴战略全局和世界百年未有之大变局的历史交汇期,人才培养是具有基础性、全局性和战略性意义的一号工程,高校要牢牢抓住这个根本职责和核心使命,切实肩负起培养德智体美劳全面发展的社会主义建设者和接班人这一重大任务,为全面建设社会主义现代化国家提供源源不断的人才支撑。

新中国成立70多年来,中国共产党始终对"培养什么人、怎样培养人、为谁培养人"这个教育的根本问题不断进行探索,并结合不同历史时期的客观实际,探索出了既继承传统又与时俱进的高校人才培养体系。早期时候,毛泽东与邓小平都强调关注青少年这个特殊群体,都认为积极健康的心理品质对身体机能的锻造、精神意志的塑造具有重要作用,只有身心协调的健康才是真正的健康。1994年,《中共中央关于进一步加强和改进学校德育工作的若干意见》发布,"心理健康教育"在正式文件中提出并成为一种国家意志和教育部署,学生的心理素质纳入了素质教育和德育工作范畴。2002年、2003年,教育部办公厅又先后印发《普通高等学校大学生心理健康教育工作实施纲要(试行)》《关于进一步加强高校学生管理工作和心理健康教育工作的通知》,随着一系列政策文件的出台,高校心理健康教育工作进入规范化发展阶段,大学生心育工作有了明确的发展方向和行动指南,心理健康纳入了党和国家的教育战略规划。2017年12月,中共教育部党组印发《高校思想政治工作质量提升工程实施纲要》,将构建心理育人质量提升体系作为重要任务,大力促进心理育人作为重要内容。心理育人作为一种育人理念、育人方式正式在政策文件中被提出。心理育人在高校思想政治工作中的重要地位和作用进一步凸显,心理育

[①] 习近平:《深入实施新时代人才强国战略　加快建设世界重要人才中心和创新高地》,《求是》,2021年第24期。

人的理念得到广泛认同。由此可见，心理育人已成为党的高校人才培养政策的重要内容，心理健康愈来愈受到重视，心理健康教育的重要地位和作用也日益突出。

心理健康教育与德育之间有着天然的联系，只是在近代才受到了关注。1989年，世界卫生组织重新界定了健康的概念，健康的定义从"身体、心理、社会功能三方面的完满状态"转向躯体健康、心理健康、社会适应良好和道德健康四个方面，形成了"四维健康观"。此次概念变化，首次将道德健康纳入健康的内容，心理品质和道德品质成为四维健康观的重要内容。随着健康概念界定的变化，越来越多的德育工作者和研究者开始探究心理因素对学生品德发展的独特作用。1995年，《中国普通高等学校德育大纲》的发布，将心理健康教育在德育工作中的地位明确下来，心理健康教育成为德育的重要目标和内容。为贯彻落实党的二十大精神和《中国教育现代化2035》，提升学生心理健康素养，2023年4月，教育部等十七部门联合印发《全面加强和改进新时代学生心理健康工作专项行动计划（2023—2025年）》，提出"五育并举"促进心理健康，强调以德育心、以智慧心、以体强心、以美润心、以劳健心。其中，"以德育心"就是要"将学生心理健康教育贯穿德育思政工作全过程，融入教育教学、管理服务和学生成长各环节，纳入'三全育人'大格局"。[①] 这意味着心理育人工作向着融合实践迈出了更大的步伐，学生心理健康成为德智体美劳五育并举的交叉点、增长点和突破口，心理育人成为新时代党和国家塑造灵魂、塑造生命、塑造新人的重要战略主题和抓手。为此，我们应清晰地认识到，心理育人已成为我国高校思想政治工作的重要组成部分，心理健康教育已是大学生思想政治教育的重要环节。

青年人才是国家战略人才力量的源头活水。一直以来，大学生是年轻活力的代名词，他们知识水平较高、最富朝气、最具潜力、最有创造性，是党和人民寄予厚望与着力培养的重要群体，是进行伟大斗争、建设伟大工程、推进伟大事业、实现伟大梦想的中坚力量，是实现中华民族伟大复兴中国梦的生力军，肩负着建设社会主义现代化强国的历史重任，其能力和素质、精神面貌和价值取向直接影响着中国特色社会主义事业的兴衰成败，其心理健康素质不仅关系到个体的幸福感和生活质量，更是社会和谐稳定的重要保障。近年来，随着世界多极化、经济全球化的不断深入和社会的一系列变

---

① 教育部等十七部门：《教育部等十七部门关于印发〈全面加强和改进新时代学生心理健康工作专项行动计划（2023—2025年）〉的通知》，2023年。

革，变化的居住环境与生活方式、高强度的学习和工作、沉重的经济负担、复杂严峻的就业形势等多方面的压力，使得大学生的心理健康问题频发，并呈现出多样性、复杂性等特点。大学生的心理健康问题已成为社会各界广泛关注的时代问题。

守正创新，既是大学生思想政治教育的优良传统，也是其生命力、创造力所在。当前，我国大学生思想政治教育虽已取得了积极成效，但面对新的形势和任务，结合大学生思想政治教育实际和大学生身心发展特点，如何在落实立德树人根本任务、培育堪当大任的时代新人中取得更大实效，统筹推进身心健康与全面发展、心理素养与道德品质相互融合协调的育人实践，仍是新时代高校教育工作者面临的重大课题。在此背景下，传统的思想政治教育已经难以满足当代大学生多元化、个性化的成长需求，将心理育人融入大学生思想政治教育已成为高校教育改革的时代所需。

心理育人融入大学生思想政治教育，旨在立足新时代高校铸魂育人的现实性，坚持全方位心理育人观，将心理育人渗透大学生学习生活的各个方面，通过系统干预、科学指引，引导大学生养成积极向上的心理状态，不断推进大学生心理健康素质与思想道德素质、科学文化素质协调发展，最终成长为身心健康、全面发展、能堪大任的时代新人。心理育人作为高校"十大育人体系"之一，强调要加强人文关怀和心理疏导，构建包括教育教学、实践活动、咨询服务、预防干预、平台保障等"五位一体"的心理健康教育体系，着力培育师生理性平和、积极向上的健康心态。首先，高校要充分认识心理育人在高校人才培养体系中的基础性作用。心理育人的质量事关立德树人的成败，大学生只有在心理上不断成熟，才能进一步在政治素养、道德品质和综合素质上实现更高层次的发展。其次，高校要坚持"育心"与"育德"相统一，实现二者的有机融合、辩证统一、相向同行，既要充分挖掘心理健康教育的德育功能，又要着力发挥思想政治教育在心理育人上的价值导向功能，以"育心"促"育德"，以"育德"促"育心"，在培育大学生阳光理性、健康向上的良好心理品质的同时，将马克思主义的科学世界观与社会主义核心价值观融入大学生的认知结构，培养健康理性、全面发展的建设者和接班人。最后，心理育人融入大学生思想政治教育，是更广范围、更多领域、更深层次的育人体系构建，要坚持以大学生成长发展需求为导向，紧紧围绕落实立德树人根本任务，形成从课堂到校园、从校园到社会开放多元、综合全面的育人系统。

本书以马克思主义人学理论等相关理论为指导，围绕落实立德树人根本任务，立足全员全过程全方位育人，着眼提升新时代高校时代新人塑造的针对性、实效性和吸引力、感染力，坚持目标导向和问题导向，通过查阅文献、访谈交流、问卷调查和比较分析等方式，针对心理育人融入大学生思想政治教育"是什么、为什么、怎么做"的问题，分五个部分展开了论述。第一部分，即第一章，以大量政策文本和文献资料为基础，通过文献综述，探析心理育人融入大学生思想政治教育的逻辑关联，阐释心理育人的基本内涵，把握政策变迁，分析心理健康教育和思想政治教育的关系，回答了心理育人融入大学生思想政治教育是什么的问题；第二部分，即第二章、第三章，坚持问题导向，对新时代大学生身心发展特点和大学生思想政治教育成效与问题进行了梳理、调查，剖析了其问题形成的原因和根源；第三部分，即第四章，探讨了心理育人融入大学生思想政治教育的价值意蕴，通过进一步分析中国共产党对新时代高校人才培养的本质要求和当前大学生成长发展的现实需要，系统阐释了开展心理育人的价值和现实要求，回答了为什么要将心理育人融入大学生思想政治教育的问题；第四部分，即第五至七章，挖掘了心理育人融入大学生思想政治教育的理论基础和目标原则，在此基础上分析了心理育人融入大学生思想政治教育的路径建构和保障机制，回答了心理育人融入大学生思想政治教育具体怎么做的问题；第五部分，即第八章，以相关实践探索为个案，从个别到一般，研究了心理育人融入大学生思想政治教育的具体实践，从实践中探寻心理育人融入大学生思想政治教育的一般规律和途径。

心理育人融入大学生思想政治教育的实现路径是本研究的重点，也是本研究的创新点。通过分析，本研究探索构建了心理育人融入大学生思想政治教育的"六位一体"路径模型：一是坚持政治引领为核心，把爱国报国的情怀铸入学生的灵魂；二是坚持价值引领为根本，把崇德尚美的基因浸入学生的心灵；三是坚持学习引领为基础，把勤奋好学的品格深入学生的日常；四是坚持文化引领为支撑，把先进文化的种子植入学生的心间；五是坚持榜样引领为源泉，把创先争优的品质渗入学生的志向；六是坚持创新引领为动力，把创新创业的意识融入学生的行动。

习近平总书记指出："我们要建设的世界一流大学是中国特色社会主义的一流大学，我国社会主义教育就是要培养德智体美劳全面发展的社会主义建设者和接班人。"[①] 本书立足于高校人才培养的一线实践，希望通过对心理育人融入大学生思想政治教育的系统思考，在理论和实践上进一步为高校人才培养

[①] 黄敬文、鞠鹏：《习近平在清华大学考察时强调 坚持中国特色世界一流大学建设目标方向 为服务国家富强民族复兴人民幸福贡献力量》，《人民日报》，2021年4月20日第1版。

提供参考和借鉴，以期不断健全更高质量的人才培养体系，为中华民族伟大复兴提供强有力的人才支撑。但由于著者学术功底有限，虽竭尽全力，仍未能尽如人意。书中难免有疏漏，还望广大学界同仁予以批评指正，著者将感激不尽。

王方国

2024 年 5 月

目 录

第一章 心理育人融入大学生思想政治教育的学理分析 ………………… 1
 第一节 心理育人的内涵解析 ………………………………………… 1
 第二节 心理育人融入大学生思想政治教育的政策嬗变 …………… 8
 第三节 大学生心理健康教育与思想政治教育的关系 ……………… 14
 第四节 心理育人融入大学生思想政治教育研究的理论借鉴 ……… 23

第二章 新时代大学生身心发展的主要特征 ……………………………… 32
 第一节 多样变化的大学生思想状态 ………………………………… 32
 第二节 多元呈现的大学生心理特点 ………………………………… 36
 第三节 多种体现的大学生行为模式 ………………………………… 39
 第四节 多维考量的大学生党团观念 ………………………………… 42

第三章 新时代大学生思想政治教育的成效与问题审视 ………………… 48
 第一节 新时代大学生思想政治教育取得的成效 …………………… 48
 第二节 新时代大学生思想政治教育问题 …………………………… 54
 第三节 新时代大学生思想政治教育问题的成因分析 ……………… 60

第四章 心理育人融入大学生思想政治教育的价值意蕴 ………………… 66
 第一节 新时代党对高校人才培养的本质要求 ……………………… 66
 第二节 适应当代大学生成长发展规律的题中应有之义 …………… 74
 第三节 心理育人融入大学生思想政治教育的理论意义 …………… 79
 第四节 心理育人融入大学生思想政治教育的实践意义 …………… 85

第五章 心理育人融入大学生思想政治教育的理论基础和目标原则 …… 90
 第一节 心理育人融入大学生思想政治教育的理论基础 …………… 90

第二节　心理育人融入大学生思想政治教育的目标指向……………… 96
第三节　心理育人融入大学生思想政治教育的基本原则……………… 103

第六章　心理育人融入大学生思想政治教育的路径建构……………… 110
第一节　坚持政治引领为核心，把爱国报国的情怀铸入学生的灵魂
……………………………………………………………………… 111
第二节　坚持价值引领为根本，把崇德尚美的基因浸入学生的心灵
……………………………………………………………………… 121
第三节　坚持学习引领为基础，把勤奋好学的品格深入学生的日常
……………………………………………………………………… 132
第四节　坚持文化引领为支撑，把先进文化的种子植入学生的心间
……………………………………………………………………… 141
第五节　坚持榜样引领为源泉，把创先争优的品质渗入学生的志向
……………………………………………………………………… 150
第六节　坚持创新引领为动力，把创新创业的意识融入学生的行动
……………………………………………………………………… 160

第七章　心理育人融入大学生思想政治教育的保障机制……………… 170
第一节　强化顶层设计，构建组织保障机制……………………………… 171
第二节　注重人才支撑，构建人才保障机制……………………………… 174
第三节　加大财力投入，构建资源保障机制……………………………… 177
第四节　完善工作规程，构建制度保障机制……………………………… 180
第五节　狠抓质量考核，构建评估保障机制……………………………… 183
第六节　推进数据赋能，构建技术保障机制……………………………… 186

第八章　心理育人融入大学生思想政治教育的实践模式……………… 189
第一节　政治引领实践探索：青年大学生践行"中国梦"主题教育
活动设计……………………………………………………… 189
第二节　学习引领实践探索：以"六个结合"为主要内容的学风建设
路径设计……………………………………………………… 195
第三节　文化引领实践探索："1353"文化育人体系建设与实践…… 202
第四节　榜样引领实践探索：大学生朋辈榜样教育模式设计……… 208
第五节　创新引领实践探索：基于实践教学改革的大学生创新创业
能力培养……………………………………………………… 213

参考文献 ………………………………………………………………… 219

附　录 …………………………………………………………………… 229
　　附录 1　心理育人融入大学生思想政治教育访谈提纲 ………… 229
　　附录 2　新时代大学生身心发展现状调查问卷 ………………… 229

后　记 …………………………………………………………………… 233

第一章 心理育人融入大学生思想政治教育的学理分析

当前，心理育人已成为我国高校思想政治工作的重要组成部分，但心理育人融入大学生思想政治教育的内涵、价值、路径、方法、机制等还未有系统的研究，从这个意义上讲，这是一个全新的研究视角，由自身的概念和范畴组成了一个新的逻辑整体。通过对心理育人融入大学生思想政治教育进行学理分析，明晰心理育人融入大学生思想政治教育相关概念的内涵，梳理心理育人融入大学生思想政治教育的政策变迁，分析心理健康教育和大学生思想政治教育的相互关系，并针对相关成果展开文献综述，有利于提高思想认识、厘清理论框架。

第一节 心理育人的内涵解析

促进心理健康、塑造健全人格，是心理育人的逻辑起点和价值归宿。心理健康是个体成长发展的内在需要，良好的心理素质不仅能够帮助个体应对生活中的各种挑战，还能够培养个体的健全人格，提升个体社会适应能力。良好的心理健康品质是学生德智体美劳全面发展的基础。落实立德树人根本任务，强化"五育并举"，全面发展素质教育，应更加关注学生的心理健康状态，促进学生心理健康素质与思想道德素质、科学文化素质协调发展。

一、中国古代对心理健康的重视

中国古代没有明确的心理学思想流派，但心理学思想渗透在各类著作中，涉及"形神""心物""天人""人禽""知虑""情欲""志意""智能"

"性习""知行"等，囊括个体自我的思维、情感、意志、身心关系以及个体与外界关系等，强调个体内外部因素的相互作用，并形成了一套独具特色的人体生命整体观。心理健康的实质是要保持心理生态系统中各关系的和谐①。

健全人格方面。中国古代注重道德发展以形成积极人格，进而促进个体的心理健康，实现自我发展。孔子以"仁义"为"君子"的标准，认为"克己复礼为仁"，强调道德品质的修养。孟子以"大丈夫"作为理想人格，强调"富贵不能淫，贫贱不能移，威武不能屈"，认为"大丈夫"应该具有高尚的气节和浩然之气，即具有伟大的精神力量和良好的心理状态。墨子以"兼士或贤士"作为理想人格，要求"厚乎德行"②。随着时代变迁，先贤在追求理想人格中提出了一系列积极的人格品质——"仁、义、礼、智、信"，刘劭强调的"军机"，《尚书》中的"九德"等。

情绪调节方面。良好的情绪是维持心理健康的重要因素之一。中国古代不少哲学家、医学家都论述过情绪与个体健康之间的关系，并总结出"喜伤心""怒伤肝""忧伤肺""思伤脾""恐伤肾"（《素问·阴阳应象大论》），"世人欲识卫生道，喜乐有常嗔怒少"（《孙真人卫生歌》），"悲哀喜乐，勿令过情，可以延年"（《寿世保元》）。《黄帝内经》也强调调节情绪促进心理健康，避免不良情绪的延长③。

社会适应方面。我国先贤从社会人和自然人两个方面认识人，并形成了人与社会的统一观，揭示个体的发展必须符合社会运行规律，但人的欲望无限，又通过"礼""道"等道德方式约束个体行为，从而建设人类文明社会④。在一套有序的系统中，人的健康发展需要适应生活环境的变化，就需要具备社会适应能力和心理平衡能力。除此之外，对待事物要有正确的认知，"凡人之患，蔽于一曲""兼陈万物而中县（悬）衡焉"（《荀子·解蔽》），认为人的心理问题或疾病来自不正确的认知，并把一分为二地看待事物、对事物的合理认知视为保持心理健康的重要条件⑤。为了保持个体的身心健康，尤其是心理健康，

---

① 汪晓萍：《生态思想影响下的中国古代心理健康观》，《西南民族大学学报（人文社科版）》，2008年第5期，第206页。
② 孙培青、杜成宪：《中国教育史（第四版）》，教育科学出版社，2020年，第41～70页。
③ 王极盛：《中国古代关于健康心理学思想的探讨》，《心理学动态》，1993年第2期，第7页。
④ 张积家、马利军：《论中国古代的仁寿心理学思想》，《中国临床心理学杂志》，2018年第3期，第603页。
⑤ 罗润生、李长庚、徐文明：《中国古代的心理健康思想及其当代价值》，《江西社会科学》，2007年第6期，第104页。

中国古代还形成了独特的心理疗法，通过琴棋书画陶冶情操，顺应不同季节调整心理，等等。

二、现当代国外对心理健康的重视及举措

国外对心理健康的研究起步较早，许多国家都十分关注和重视个体心理健康，心理健康的服务体系也相对健全，主要包括社区心理服务、学校心理服务以及专业组织机构心理服务等，关于促进个体心理健康方面的举措也相对丰富。

以立法和政策的形式推进心理健康工作。美国是最早在保证民众心理健康方面采取法治化举措的国家，早在1946年就通过了《国家心理卫生法案》，随后提出一系列政策法案，保证心理健康服务的开展；日本在1950年颁布《心理卫生法》；英国在1983年正式通过《心理卫生法》，之后又发布"现代化的心理卫生服务"政策；澳大利亚在1992年推出第一期全国心理健康计划；1994年，新西兰政府正式发布国家心理健康政策，并于1997年开始实施第一期心理健康计划。

分拨经费保障心理健康工作。美国早在1936年就提供了大约250万美元的经费给各州发展心理辅导，在1970年后每年投入研究学校心理健康教育工作的经费就高达17亿美元。在美国加州，每名学生还需要缴纳精神健康费资助学校心理服务工作。1999年英国在"国家服务纲要"中预计投资7亿英镑来改善心理卫生服务。1995年，日本用于心理卫生的经费约占国内生产总值的0.5%[1]。

设置专业组织机构确保心理健康服务专业性。美国于1949年成立国家心理卫生研究院，除此之外美国还设有美国心理学会、国家学校心理学学会等；英国在20世纪70年代成立了英国咨询协会（即英国心理咨询及心理治疗协会——ABCP）[2]。

学校心理健康服务促进学生健康成长。美国、瑞典、澳大利亚、法国等发达国家在社区和学校心理健康服务方面发展较早，也较为成熟。总体来说国外的学校心理健康服务系统大致包括三个阶段：第一阶段主要针对智障者

---

[1] 李国强、李凤莲：《国外学校心理健康教育政策的特点及启示》，《湖南人文科技学院学报》，2015年第1期，第103页。

[2] 简华、胡韬：《国外学校心理健康教育的主要经验及启示》，《遵义师范学院学报》，2006年第8期，第38页。

和发展障碍的儿童进行心理测量；第二阶段主要针对"问题儿童"进行心理咨询和辅导；第三阶段面向全体学生、教师和家长，形成了一个健全的网络和全社会关心学校心理健康服务的环境氛围[①]。另外在学校心理服务方面，欧美国家通过学习支持计划改善学生心理健康，比如欧盟资助的"学校健康计划"，德国、英国、美国、加拿大等国家投入大量资金建设学校心理健康专业团队。

社会心理健康服务促进心理健康服务普及。瑞典由郡议会和地方市政府共同负责社会心理健康服务。澳大利亚则是以州单位，划分不同区域的人到指定医院和社区机构接受服务，医院和社区机构针对不同对象配备不同的专业人员队伍，针对具有心理疾病的青少年成立了社区生活技能中心。美国开展的"社区关爱"项目也效果显著[②]。另外英国出版了《社区心理学》等读物。拉丁美洲大学开设社区心理学的课程，以及专门的社区心理学硕士课程[③]。世界卫生组织在2021年更新发布的《2013—2030年心理健康综合行动计划》提出，世界各国应促进学校与社区合作。新西兰、爱尔兰、丹麦、英格兰等国家的学校心理健康服务机构设置在社区中，满足学校和社区两方面的需求。而美国、加拿大、澳大利亚等国家将其设置在学校内[④]，但与社区心理服务联系密切，比如美国设置了心理健康学校社会工作[⑤]。

努力兼顾和满足每位公民的心理需求。近年来，欧美国家投入了大量资金保证心理健康服务工作的持续开展，并更加注重公平问题。美国心理学会（APA）发布的《2024年心理学趋势报告》提出，需要培养更多心理教师、探索新的干预措施，关注数字医疗，满足公众对心理服务的高需求。另外，世界卫生组织成员为达到改善精神卫生现状的全球目标，集体签署了《2013—2030年精神卫生综合行动计划》。

---

① 崔景贵：《国外学校心理健康教育的发展及其启示》，《中小学心理健康教育》，2003年第6期，第4页。
② 黄觅、叶一舵：《国外社区心理健康服务发展概况及其对我国的借鉴意义》，《福建医科大学学报（社会科学版）》，2010年第3期，第24页。
③ 黄辛隐、李智聪：《国外未成年人心理健康服务现状分析》，《外国中小学教育》，2009年第12期，第33页。
④ 崔景贵：《国外学校心理健康教育的发展及其启示》，《中小学心理健康教育》，2003年第6期，第4页。
⑤ 杨国愉、龚德英、张大均等：《国外心理健康学校社会工作的研究现状与趋势》，《高等教育研究》，2007年第5期，第83页。

三、改革开放以来我国对心理健康的重视及举措

相比之下，我国真正意义上的心理健康教育起步较晚，但在高等教育人才培养体系中，都历来重视健康人格的培育。新中国成立之初，我国高等教育定位于为国家经济建设培养专门人才，强调大学教育的政治化倾向。改革开放以后，大学教育回到育人的基本主旨，在处理育人、科研及服务国家和社会三项基本功能时，将健康人格教育优先排位，把以知识、能力、素养为要素的人才培养工程建立在优先培养健康人格的工作机制上。心理健康教育应运而生，心理健康服务体系不断健全。

以政策文件的形式推进心理健康服务体系建构。1987年4月，国务院审核同意卫生部、民政部、公安部发布《关于加强精神卫生工作的意见》，这是政府关注心理健康的一个重要文件，重点在于关注心理疾病。1994年8月，中共中央颁布了《关于进一步加强和改进学校德育工作的若干意见》，心理健康教育正式进入我国政策文本，不断受到重视。自此以后，我国涉及心理健康教育和心理健康服务的系列文件陆续出台，除精神卫生政策和重点人群的心理健康服务措施以外，学校心理健康教育方面的政策文件占据多数。2016年12月，国家卫生计生委等二十二部门联合印发《关于加强心理健康服务的指导意见》，强调心理健康服务体系的构建，将心理健康与社会治理联系在一起，意在形成一个完整连续的心理服务体系，进一步扩大了心理健康服务对象的覆盖面。

以学校教育为心理健康服务体系的主阵地。20世纪80年代中后期，学校心理健康教育逐渐在我国兴起。长期以来，针对学生的心理健康教育工作受到高度重视，相应的学校教育在心理健康服务体系中发挥着生力军作用，其工作机制也不断健全完善。涉及学校日常心理健康教育教学和心理服务的各要素，如师资配备、场地设施等国家都提出了明确要求。学校的心理健康教育工作以心理健康课程的开展为主，辅以各种宣传活动、心理咨询、心理测评、团体辅导、讲座等立体推进，同时注重隐性课程与显性课程的结合，并根据不同学校的办学特色发展心理健康教育的校本课程。

以试点探索健全社区心理健康服务体系网络。2018年11月，国家卫生健康委、中央政法委等十部门联合印发了《全国社会心理服务体系建设试点工作方案》，自此探索社会心理服务模式和工作机制正式启动，并在组织领导、政策扶持、经费支持和督导评估等方面给予保障。通过试点，以村和社区为基本

单位的心理服务框架有力铺开，依托社区心理咨询室开展的各类心理健康活动在完善心理健康服务体系中发挥了积极作用。

以医疗机构、社会、网络等心理健康服务体系作为补充。现今综合医院已经必备精神科以及心理咨询服务。同时，社会以及网络力量也被调动起来，通过网络媒体对心理健康进行宣传普及、搭建心理健康服务网络平台。社会心理服务机构的建立进一步健全了网络体系，提供更加灵活多样的心理健康服务。

四、心理育人的提出与发展

心理育人理念的开端是在 20 世纪初，教育学家王国维提出了"心育"概念，他认为心育包括智育、情育和意志教育。20 世纪 40 年代，陶行知提出"创造教育"，他认为应该促进儿童的全面发展，这一理念被认为是对心育的进一步发展。20 世纪 90 年代，"心理育人"作为一个特有名词和整体观念出现，开创了思想、心理同时育人的新模式。20 世纪 90 年代后，我国学者先后提出了心育、心理教育等一系列相关概念，进一步强化了心理教育的"教育"属性[①]。

（一）心理育人政策的提出

2017 年 2 月，中共中央、国务院印发了《关于加强和改进新形势下高校思想政治工作的意见》，提出"坚持全员全过程全方位育人"的新要求。2017 年 12 月，教育部党组颁发了《高校思想政治工作质量提升工程实施纲要》，心理育人被列为"十大育人体系"之一，这是首次在政府文件中正式提出心理育人的概念。2018 年 7 月，教育部党组颁发了《高等学校学生心理健康教育指导纲要》，进一步提出："坚持育心与育德相统一，加强人文关怀和心理疏导。"[②] 2019 年教育部等十二部门印发的《健康中国行动——儿童青少年心理健康行动方案（2019—2022 年）》和 2020 年教育部等八部门颁布的《关于加快构建高校思想政治工作体系的意见》等政策文件都与心理育人高度相关。

[①] 薛文婷、任露：《高校心理育人的发展现状及含义新探》，《创新创业理论研究与实践》，2019年第4期，第162页。

[②] 中共教育部党组：《中共教育部党组关于印发〈高校思想政治工作质量提升工程实施纲要〉的通知》，2017年。

（二）心理育人概念的发展

关于心理育人的概念，学界有不同的界定。"心理育人"最早出现在解放军成都医学高等专科学校 1994 年发表在《思想教育研究》上的《思想、心理育人模式的探索》一文中，其基本内容与高校心理健康教育相同，但未进行概念界定[①]。学者张圻海对心理育人进行了初步定义，认为心理育人是高校育人的新理念，是指从心理的角度去关心和培养学生，与学生接触和沟通，使学生有一个良好的心理修养，能够适应社会发展的需要[②]。马建青则从心理育人的过程和目的出发，对它进行定义。他认为心理育人是指通过心理的方式来实现育人，指出心理育人是运用心理的方式和方法实现育人的过程。他认为育人的过程不是盲目的，教育者需要尊重学生的成长规律，通过多种途径对人实施积极的心理影响[③]。潘莉等认为心理育人作为一种重要育人途径、理念与方法，可帮助大学生解决心理问题和重建心理平衡，引导学生更好地认识自己和他人、社会、世界之间的关系，从更高和更根本意义上收获心理健康[④]。陈虹从心理育人的目标、内容和方法出发，认为心理育人是以马克思主义关于人的全面发展为理论指导，在尊重学生成长成才规律和心理发展规律的基础上，把心理学原理与方法渗透到高校育人全过程，注重对教育对象的人文关怀和心理疏导，实现"育心"与"育德"有机融合[⑤]。

综上所述，心理育人是教育者在遵循学生身心发展规律和教育规律的基础上，有目的、有计划地帮助学生树立自尊自信、乐观向上的健康心态，提高学生的道德修养，挖掘学生的心理潜能，提升学生的心理素养，促进学生的人格健全，以培养社会主义建设者和接班人。

[①] 黄海：《概念史视域下我国高校心理健康教育演进历程研究（1978~）》，中国地质大学，2023 年社会科学Ⅱ辑，第 102 页。

[②] 张圻海：《心理育人——高校育人新理念》，《思想理论教育》，2001 年第 12 期，第 44 页。

[③] 马建青、杨肖：《心理育人的内涵、功能与实施》，《思想理论教育》，2018 年第 9 期，第 87 页。

[④] 潘莉、董梅昊：《高校心理育人面临的现实难题及其突破》，《思想理论教育》，2019 年第 3 期，第 92 页。

[⑤] 陈虹：《新时代高校心理育人内涵、困境与应对》，《思想理论教育导刊》，2019 年第 7 期，第 110 页。

第二节　心理育人融入大学生思想政治教育的政策嬗变

将大学生心理健康教育与大学生思想政治教育相结合，是我国高校心理育人最显著的特色①。自改革开放以来，我国大学生思想政治教育开拓创新、不断发展，党和国家采取系列举措，千方百计求实效。40多年来，以政府政策为主要抓手，我国先后以颁发系列重要文件、纳入重要会议决定、鼓励学术研讨等多种形式，有力促进了高校心理育人的系统化、规范化、科学化发展。基于40多年来我国加强和改进大学生思想政治教育的重要文献，梳理回顾高校心理育人融入大学生思想政治教育的发展历程，不能脱离一定历史方位下我们党和国家致力于加强和改进大学生思想政治教育、大学生心理健康教育的统筹谋划与战略要求；既可以总结把握大学生思想政治教育的历史经验和客观规律，又可以进一步探索新时代背景下高校心理育人如何与大学生思想政治教育有效融合的新路径、新方法，对于全面提升新形势下的高校思想政治工作质量、着力培养德智体美劳全面发展的时代新人具有十分重要的意义。

一、萌芽探索阶段（1978—1999年）：坚持德育为先、以德育心

伴随改革开放事业的不断深化，我国大学生思想政治教育紧跟社会发展的时代步伐，明确了以人为本的目标体系，由突出政治转向对政治、思想、品德、心理的综合考察；同时，确立了德育为先的重要地位，学生思想政治教育的目标也经历了从反映社会发展的需要到体现对人的关怀的转变②。伴随经济社会的极速发展，我国高校大学生心理健康问题也愈加凸显，大学生心理健康教育日益受到政府部门的高度重视和全社会的广泛关注。高校心理育人的实践探索，历经了从"心理咨询"到"心理健康教育"的概念迭代，从传统的只关注有心理障碍的部分学生到服务有心理发展需求的全体学生。这一时期，高校以心理健康教育为重要抓手，落实立德树人根本任务，加强和改进大学生思想

---

① 马建青、杨肖：《心理育人的内涵、功能与实施》，《思想理论教育》，2018年第9期，第88页。

② 杨振海：《大学生思想政治教育三十年：历程、特点与启示》，《教育评论》，2010年第1期，第50页。

政治教育的使命任务更加清晰。1978年，党的十一届三中全会的召开，从思想、政治、组织上全面恢复和确立了马克思主义的正确路线，为高校思想政治教育提供了根本遵循，指明了发展方向。1981年，"思想政治工作是一切工作的生命线"的重要地位，在十一届六中全会的《关于建国以来党的若干历史问题的决议》中进一步予以明确。1985年，中共中央印发《关于改革学校思想品德和政治理论课程教学的通知》，强调学校思想品德和政治理论课程教学要发挥思想政治教育理论课的主渠道作用："适应新时代青少年心理发展的具体状况""紧密联系青少年不同时期的心理发展特点"[1]。次年，北京师范大学等30余所高校，把心理咨询作为思想工作的辅助手段，尝试针对有心理障碍问题的大学生开展心理咨询工作[2]，以此助力大学生增强身心健康素质、提升学习工作效率。1987年，中共中央颁发《中共中央关于改进和加强高等学校思想政治工作的决定》，指出高校应以培育"四有"新人为目标，努力改进学校思想政治工作的内容、形式和方法，倡导全党全社会关心青年学生的健康成长，共同培养新一代德才兼备的知识分子[3]。1994年，为适应深化改革等新形势的需要，中共中央下发《关于进一步加强和改进学校德育工作的若干意见》，提出"德育工作更好地发挥对青少年学生健康成长的导向、动力、保证作用"，要求学校解放思想、实事求是，"通过多种方式对不同年龄层次的学生进行心理健康教育和指导，帮助学生提高心理素质，健全人格，增强承受挫折、适应环境的能力"[4]。这是"心理健康教育"第一次在国家政策文件中被明确提出。1995年，《中国普通高等学校德育大纲（试行）》正式以文件形式明确了国家对高校德育工作和大学生思想、政治、品德素质的具体要求，把"心理健康教育，包括心理健康知识教育、个性心理品质教育、心理调适能力培养"纳入高校德育内容，把培养大学生"具有良好的道德品质和健康的心理素质"[5]作为高校德育工作的重要目标之一。这一阶段出台的系列重要文件，探索引导高校

---

[1] 教育部思想政治工作司：《加强和改进大学生思想政治教育重要文献选编（1978—2014）》，知识产权出版社，2015年，第38页。
[2] 《三十余所高校开展学生心理咨询——卫生保健必要措施　思想工作辅助手段》，《人民日报》，1987年1月18日第3版。
[3] 教育部思想政治工作司：《加强和改进大学生思想政治教育重要文献选编（1978—2014）》，知识产权出版社，2015年，第70页。
[4] 教育部思想政治工作司：《加强和改进大学生思想政治教育重要文献选编（1978—2014）》，知识产权出版社，2015年，第145页。
[5] 教育部思想政治工作司：《加强和改进大学生思想政治教育重要文献选编（1978—2014）》，知识产权出版社，2015年，第155~156页。

加强对大学生心理健康教育工作的领导,并将其纳入大学生德育工作的总体框架,积极筹建心理健康教育专门机构,完善心理健康教育体制机制,规范开展心理健康教育活动,极大地推动了高校心理育人融入大学生思想政治教育的发展。

二、积极开拓阶段(2000—2016年):坚持育人育心、育心养德

大学生思想政治教育的历史发展表明,只有紧密结合教育对象思想的新变化开展教育实践,才能实现教育目标①。跨入 21 世纪以后,我国经济社会实现了跨越式发展,青年大学生面对内外部环境急剧变化产生的心理问题也层出不穷,政府和社会积极寻求应对之策。"为进一步加强和改进高等学校德育工作","提高高等学校德育工作的针对性、实效性和主动性"②,2001 年,教育部出台《关于加强普通高等学校大学生心理健康教育工作的意见》,再次强调大学生心理健康教育工作是"高校德育工作的重要组成部分"③,"提高健康水平、促进德智体美等全面发展"④,把高校大学生心理健康教育工作"纳入学校德育工作管理体系中"⑤ 是高校大学生心理健康教育工作的主要任务。科学有效的思想政治教育方式方法,需要遵循受教育者的心理发展规律、思想素质养成规律、智商智力发展规律以及行为活动规律等方面⑥。2004 年,《中共中央 国务院关于进一步加强和改进大学生思想政治教育的意见》创造性地解答了"高校怎样培养人"的时代之问,明确将"开展深入细致的思想政治工作和心理健康教育"作为新形势下大学生思想政治教育的有效途径,要求"重视心理健康教育,根据大学生的身心发展特点和教育规律,注重培养大学生良好的

---

① 黄蓉生:《大学生思想政治教育三十年发展论略》,《西南大学学报(社会科学版)》,2014 年第 2 期,第 42 页。
② 教育部思想政治工作司:《加强和改进大学生思想政治教育重要文献选编(1978—2014)》,知识产权出版社,2015 年,第 217 页。
③ 教育部思想政治工作司:《加强和改进大学生思想政治教育重要文献选编(1978—2014)》,知识产权出版社,2015 年,第 217 页。
④ 教育部思想政治工作司:《加强和改进大学生思想政治教育重要文献选编(1978—2014)》,知识产权出版社,2015 年,第 218 页。
⑤ 教育部思想政治工作司:《加强和改进大学生思想政治教育重要文献选编(1978—2014)》,知识产权出版社,2015 年,第 219 页。
⑥ 冯刚:《党的十六大以来大学生思想政治教育的创新与发展》,《中国高等教育》,2012 年第 18 期,第 11 页。

心理品质和自尊、自爱、自律、自强的优良品格"[①]。2005年，教育部、卫生部、共青团中央联合颁发《关于进一步加强和改进大学生心理健康教育的意见》，进一步明确了大学生心理健康教育的总体要求，对大学生心理健康教育的队伍建设、心理咨询工作水平、领导体制与工作机制等提出具体要求[②]。2006年，党的十六届六中全会通过《中共中央关于构建社会主义和谐社会若干重大问题的决定》，鲜明地提出要"加强心理健康教育和保健，健全心理咨询网络，塑造自尊自信、理性平和、积极向上的社会心态"[③]。这是首次在党的重要会议决定中明确回应了心理健康教育在构建我国社会主义和谐社会中的重要价值，彰显了新时期高校心理育人在思想政治教育工作中的独特作用。新的历史方位下，高校心理育人迎来了积极开拓的关键阶段。2011年2月，教育部办公厅印发《普通高等学校学生心理健康教育工作基本建设标准（试行）》，指出加强和改进大学生心理健康教育是推动高等教育改革、加强和改进大学生思想政治教育的重要任务，对大学生心理健康教育体制机制建设[④]、师资队伍建设、教学体系建设、服务体系建设[⑤]、预防与干预体系建设、工作条件建设[⑥]等做了明确要求，有效推进了高校心理育人工作的科学化进程。2011年5月，为进一步提高大学生心理健康素质，教育部办公厅制定《普通高等学校学生心理健康教育课程教学基本要求》，更加凸显了课堂教学在大学生心理健康教育中的主渠道作用，明确规定了心理健康教育的课程性质与教学目标[⑦]、主要教学内容[⑧]、课程设置与教材使用、教学模式与教学方法[⑨]、教学管

[①] 教育部思想政治工作司：《加强和改进大学生思想政治教育重要文献选编（1978—2014）》，知识产权出版社，2015年，第267页。

[②] 教育部思想政治工作司：《加强和改进大学生思想政治教育重要文献选编（1978—2014）》，知识产权出版社，2015年，第267页。

[③] 中共中央文献研究室：《十六大以来重要文献选编（下）》，中央文献出版社，2008年，第662页。

[④] 教育部思想政治工作司：《加强和改进大学生思想政治教育重要文献选编（1978—2014）》，知识产权出版社，2015年，第437页。

[⑤] 教育部思想政治工作司：《加强和改进大学生思想政治教育重要文献选编（1978—2014）》，知识产权出版社，2015年，第438页。

[⑥] 教育部思想政治工作司：《加强和改进大学生思想政治教育重要文献选编（1978—2014）》，知识产权出版社，2015年，第439页。

[⑦] 教育部思想政治工作司：《加强和改进大学生思想政治教育重要文献选编（1978—2014）》，知识产权出版社，2015年，第455页。

[⑧] 教育部思想政治工作司：《加强和改进大学生思想政治教育重要文献选编（1978—2014）》，知识产权出版社，2015年，第456~457页。

[⑨] 教育部思想政治工作司：《加强和改进大学生思想政治教育重要文献选编（1978—2014）》，知识产权出版社，2015年，第458页。

理与条件支持、组织实施与教学评估等①。2012年，中共中央宣传部、教育部联合印发《全国大学生思想政治教育工作测评体系（试行）》，把"心理健康教育"作为一级指标"课堂外思想政治教育"下的独立二级指标进行专门测评，并将咨询机构、咨询场所、师资配比、专项经费、课程体系、预防与干预体系、心理健康筛查及建档、心理健康宣传教育活动等纳入具体考评②。党的十七大报告从"建设和谐文化，培育文明风尚"的角度，提出了加强和改进思想政治工作要注重"人文关怀"和"心理疏导"的要求。③党的十八大报告持续强调，"全面提高公民道德素质"，"加强和改进思想政治工作，注重人文关怀和心理疏导"④，突出了新形势下思想政治教育与心理健康教育协同发展的重要作用和现实意义。此后，教育部将"进一步落实立德树人的根本任务，加强和改进大学生思想政治教育，实施'大学生心理健康素质提升计划'"⑤明确写入《教育部学习宣传和贯彻落实党的十八大精神重点工作方案》。2016年10月，中共中央、国务院印发《"健康中国2030"规划纲要》，"健康中国"第一次上升为国家战略，要求"加强心理健康服务体系建设和规范化管理"，"加大全民心理健康科普宣传力度，提升心理健康素养"⑥。2016年12月，《关于加强心理健康服务的指导意见》由国家卫生计生委、中宣部等二十二部门联合出台，这是我国首个心理健康教育领域的宏观指导性文件。该文件在梳理我国心理健康服务的过往成效与现存问题基础上，明确提出要"分类指导、规范发展"，"坚持全民心理健康素养提高和个体心理疏导相结合，满足不同群体心理健康服务需求，促进心理健康服务科学、规范、有序发展"⑦。总体而言，这一阶段，高校心理健康教育被推向一个更加突出的位置，各级各类政策要求对心理健康教育工作的任务、原则、途径方法、队伍建设等进行了详细规定。

---

① 教育部思想政治工作司：《加强和改进大学生思想政治教育重要文献选编（1978—2014）》，知识产权出版社，2015年，第459页。

② 教育部思想政治工作司：《加强和改进大学生思想政治教育重要文献选编（1978—2014）》，知识产权出版社，2015年，第512页。

③ 胡锦涛：《高举中国特色社会主义伟大旗帜　为夺取全面建设小康社会新胜利而奋斗——在中国共产党第十七次全国代表大会上的报告》，人民出版社，2007年，第35页。

④ 胡锦涛：《坚定不移沿着中国特色社会主义道路前进　为全面建成小康社会而奋斗——在中国共产党第十八次全国代表大会上的报告》，人民出版社，2012年，第32页。

⑤ 教育部思想政治工作司：《加强和改进大学生思想政治教育重要文献选编（1978—2014）》，知识产权出版社，2015年，第574页。

⑥ 中共中央、国务院：《中共中央　国务院印发〈"健康中国2030"规划纲要〉》，2016年。

⑦ 国家卫生计生委、中宣部、中央综治办、民政部等二十二部门：《关于加强心理健康服务的指导意见》，2017年。

"心理疏导""心理健康素养"多次出现在党的重要会议报告中，心理疏导成为大学生思想政治教育的新模式、新方法，培养和提升大学生心理健康素养成为心理健康教育与思想政治教育的共同目标，促进了大学生思想政治教育由"教育人"转向"服务人"，由"说服人"转向"引导人"[①]。

三、确立发展阶段（2017年至今）：坚持育心与育德相统一

立德树人是我们党和国家关于人才培养的根本任务，培养身心健康的大学生是高校落实立德树人根本任务的基础性目标。遵循人的心理发展和思想品德形成发展规律，注重人的心理发展与思想道德观念的良性互动，坚持育心与育德相结合，这是我国高校心理健康教育发展过程中历史最为悠久、范围最为广泛、影响最为深远、政策保障最有力度的最具中国特色的高校心理健康教育模式[②]。在全面总结已有经验基础上，2017年，教育部党组制定了《高校思想政治工作质量提升工程实施纲要》，要求各高校切实构建"心理育人质量提升体系"，"坚持育心与育德相结合"，"构建'五位一体'的心理健康教育工作格局"，"促进师生心理健康素质与思想道德素质、科学文化素质协调发展"[③]，"心理育人"作为政策概念首次在国家文件中明确被提出。"心理育人"的正式确立，更加明确了大学生心理健康教育与大学生思想政治教育的关系，更加凸显了心理健康教育作为关键路径对大学生思想政治教育的促进作用，为切实提升高校思想政治工作质量、打通育人"最后一公里"谋定了发展方向，引导各类高校坚持育人导向、积极将"心理育人"纳入自身人才培养体系中，全面落实立德树人根本任务。2018年7月，《高等学校学生心理健康教育指导纲要》的印发，将心理健康教育作为重要内容纳入高校思想政治教育工作体系建设，明确了总体目标、基本原则、主要任务、工作保障、人才培养等，对高校进一步提升心理育人质量进行了总体规划，强调"把立德树人的成效作为检验学校一切工作的根本标准"，"坚持育心与育德相统一，加强人文关怀和心理疏导"，"促进学生心理健康素质与思想道德素质、科学文化素质协调发展"[④]，切实加

---

① 马建青、杨肖：《心理育人的内涵、功能与实施》，《思想理论教育》，2018年第9期，第88页。
② 梅萍：《新时代大学生心理疏导模式创新研究》，人民出版社，2022年，第20页。
③ 中共教育部党组：《中共教育部党组关于印发〈高校思想政治工作质量提升工程实施纲要〉的通知》，2017年。
④ 中共教育部党组：《中共教育部党组关于印发〈高等学校学生心理健康教育指导纲要〉的通知》，2018年。

强了高校思想政治工作体系建设和心理健康教育服务体系建设。2019年，国家卫生健康委、中宣部、教育部等十二部门联合制定《健康中国行动——儿童青少年心理健康行动方案（2019—2022年)》，针对高校配备心理健康教育专职教师的师生比等服务体系完善方面提出明确建设要求[①]。2020年，教育部等八部门发布《关于加快构建高校思想政治工作体系的意见》，把促进心理健康作为高校思想政治工作日常教育体系的重要板块，纳入高校立德树人体制机制建设健全，对心理健康教育的课程、师资、预警、咨询与干预等具体工作作出明确要求。2023年，中央教育工作领导小组会议审议通过了《全面加强和改进新时代学生心理健康工作专项行动计划（2023—2025年)》，明确把学生心理健康工作作为对省级人民政府履行教育职责评价和对学校办学水平评估、领导班子年度考核的一项重要指标，自此我国将加强学生心理健康工作上升为国家战略。该文件由教育部等十七部门联合制定，强调学校要坚持"五育并举"、促进心理健康，提出"将学生心理健康教育贯穿德育思政工作全过程，融入教育教学、管理服务和学生成长各环节"[②]，努力铸就德智体美劳全面发展的时代新人。综而观之，这一阶段，心理育人在高校思想政治工作中的地位和作用愈加凸显、任务和目标愈加明晰，心理健康教育对新形势下大学生思想政治教育的促进作用和重要价值日益凸显。高校心理育人坚持育心与育德相结合，既健全了新时代大学生心理健康教育体系，又丰富了高校思想政治工作的内容，还拓展了新时代大学生思想政治教育的路径。至此，高校心理育人作为大学生思想政治教育的重要内容和突出优势，由萌芽探索、积极开拓阶段全面进入确立发展阶段。

第三节　大学生心理健康教育与思想政治教育的关系

大学生心理健康教育和大学生思想政治教育究其根源，并非出于同处，它们的社会背景与学科背景根基是不同的，并且在社会中的实践也是不同的，要着手解决的社会问题也是不尽相同的。但是从宏观层面而言，大学生心理健康教育其实也可以视为大学生思想政治教育中的一部分，很显然二者不是简单的

[①] 国家卫生健康委、中宣部、教育部等十二部门：《健康中国行动——儿童青少年心理健康行动方案（2019—2022年)》，2020年。

[②] 教育部等十七部门：《教育部等十七部门关于印发〈全面加强和改进新时代学生心理健康工作专项行动计划（2023—2025年)〉的通知》，2023年。

包含与被包含关系，它们之间既有区别又有联系。二者的理论基础有着一些同源处，比如两者都使用了心理学理论、马克思主义理论和教育学理论等。简单来说，二者在表观层面有着明显不同，但究其内核却又是相互促进、相互统一的。

一、大学生心理健康教育的概念解析

心理健康教育的主要内容是关注学生的心理健康状态、心理发展以及心理素质，旨在提高学生的综合心理素质，培养积极心态，增强面对挫折的抗压能力。心理健康教育主要通过心理咨询、心理健康课程、心理测评、团体心理辅导、心理危机干预等方式来实行，涵盖情绪管理、人际关系、自我认知等诸多内容[1]。大学生心理健康教育是根据大学生生理和心理发展特点和规律，运用相关的理论和方法，有目的、有计划地传授心理健康知识，培养大学生良好的心理素质，促进大学生身心自由、全面、和谐发展和素质全面提高，形成健康的人格的教育活动[2]。健康不仅指一个人身体没有疾病，还指个体的精神、心理方面的健康，比如人的心理、社会、道德等方面的健康，目标是追求人的更积极的状态、更高层次的发展。对大学生而言，除了有健康的身体外，还应该合理地认识自己、较好地管理自己的情绪以及积极追求生命的意义和价值等。大学生心理健康教育的基本内涵是学校对大学生健全人格和良好个性心理品质的培养和完善，对大学生生活质量的关注和追求，对大学生自由全面发展的支持和促进[3]。

心理健康教育是以心理学的理论、知识、技术为内容，采用各种方法与措施，以维护个体心理健康、培养良好的心理素质的教育过程，属于心理学的应用。大学生心理健康教育的目标是着重关注大学生心理的发展、调节和矫正，通过教育帮助大学生个体形成健康心理，提升他们的心理素质。其主要有两个方面的内容：一是培养大学生良好的心理素质，促进大学生的全面发展，这方面内容主要包括情绪管理教育、环境适应教育、人际关系和谐教育、人格健康教育等；二是预防个人心理疾病，维护个体心理健康，主要内容有普及心理卫

---

[1] 高亮：《大学生思政教育与心理健康教育的同向同行》，《中学政治教学参考》，2024年第8期，第9页。
[2] 陈君：《大学生心理健康教育与思想政治教育相结合研究》，武汉大学，2019年，第6页。
[3] 陈君：《大学生心理健康教育与思想政治教育相结合研究》，武汉大学，2019年，第7页。

生知识、挫折教育、心理疾病预防教育、常见心理行为问题与调试、生命教育等[1]。心理健康教育在大学生思想政治教育中的价值日益显著，在初步发展阶段，大学生心理健康作为独立工作得到政策指导，成为大学生德育或思想政治教育的重要组成部分；到快速发展阶段，已成为加强和改进高校思想政治教育的重要任务，其价值日益显著，在国家和社会发展中的地位日益突出[2]。

二、大学生思想政治教育的概念解析

大学生思想政治教育是指我国高等院校根据国家教育方针和教育活动规律，有目的、有计划、有组织地培养大学生思想政治素质、道德素质、法律素质、心理素质，使大学生成为全面发展的社会主义建设者和接班人的教育实践活动。

大学生思想政治教育不是一般的教育实践活动，在"培养什么样的人"的问题上，思想政治教育和其他教育相比，有其独特性。由于思想政治教育是一定阶级和国家社会实践的活动，所以它体现的是一定阶级、政党、国家的意志，而非个人意志[3]。中国共产党的优良传统和政治优势，是开展思想政治教育的基石。中国共产党将马克思主义基本原理与中国具体实际相结合，基于马克思列宁主义及马克思主义中国化的一系列理论成果，向受教育者传递正确的思想并建立正确的价值观念。党的十八大报告指出："要坚持教育优先发展，全面贯彻党的教育方针，坚持教育为社会主义现代化建设服务、为人民服务，把立德树人作为教育的根本任务，培养德智体美全面发展的社会主义建设者和接班人。"[4] 党的十九大报告进一步明确："要全面贯彻党的教育方针，落实立德树人根本任务，发展素质教育，推进教育公平，培养德智体美全面发展的社会主义建设者和接班人。"[5]

在全国高校思想政治工作会议上，习近平进一步强调："高校立身之本在

---

[1] 张玉杰：《论大学生思想政治教育与心理健康教育的关系》，《黑龙江高教研究》，2017年第10期，第156页。

[2] 王珠：《我国大学生心理健康教育演变与展》，《黑龙江高教研究》，2020年第12期，第137页。

[3] 陈君：《大学生心理健康教育与思想政治教育相结合研究》，武汉大学，2019年，第8页。

[4] 胡锦涛：《坚定不移沿着中国特色社会主义道路前进　为全面建成小康社会而奋斗——在中国共产党第十八次全国代表大会上的报告》，人民出版社，2012年，第35页。

[5] 习近平：《决胜全面建成小康社会　夺取新时代中国特色社会主义伟大胜利——在中国共产党第十九次全国代表大会上的报告》，人民出版社，2017年，第45页。

于立德树人。"① 党的二十大报告再次强调:"教育是国之大计、党之大计。培养什么人、怎样培养人、为谁培养人是教育的根本问题。育人的根本在于立德。全面贯彻党的教育方针,落实立德树人根本任务,培养德智体美劳全面发展的社会主义建设者和接班人。"② 何为立德树人?春秋时期的《左传》中有:"太上有立德,其次有立功,其次有立言,虽久不废,此之谓不朽。"《管子》中有:"一年之计,莫如树谷;十年之计,莫如树木;终身之计,莫如树人。"古人已给出了答案③。首先,要立德。"立",就是培育、践行之意,"立德"就是要培养学生的品德。高校中的教育工作者要引导学生将社会主义核心价值体系融于内心,对社会主义产生高度认同感,持有社会主义核心价值观,践行社会主义中的社会公德、职业道德、家庭美德、个人品德等,这也是大学生思想政治教育的核心与灵魂。立德在思想政治工作中占首要地位,起引领作用。青年学生要树立起对共产主义的远大理想,使之成为学生精神层面不竭的动力,将社会主义核心价值观作为内心遵循,形成正确的世界观、人生观、价值观,能自觉指导自身思想行为,成为社会主义的忠实信仰者、坚定传播者和践行者。其次,要树人。"树",就是培养、锻炼之意,"树人"就是要发展学生才能,培养栋梁之材。所谓"人才",就是在知识、能力、素质等方面相较而言比较突出、有一定贡献的人。高校需要向大学生传播知识,指导青年学生,为其提供帮助,使其成为德才兼备的国家栋梁。与此同时,发展学生德智体美劳的基本能力和综合素质,在德育上培养学生社会主义核心价值观;在智育上传其道、授其业、解其惑,鼓励学生大胆创新、科学思考;在体育上增强其体质,练就其体魄,使其达到身心和谐;在美育上陶冶学生情操,让学生自觉区分善恶美丑,增强学生明事理、辨是非的能力;在劳育方面,让学生理解和形成马克思主义劳动观,培养学生勤俭、奋斗、创新、奉献的劳动精神,以及基本的劳动能力和良好的劳动习惯。因此,大学生思想政治教育必须坚持马克思主义指导地位,高举习近平新时代中国特色社会主义思想伟大旗帜,全面贯彻党的教育方针,需要落实立德树人的根本任务,坚持思想政治教育与党的创新理论武装同步推进,引导学生树立正确的国家观、民族观、文化观、历史观,

---

① 张烁、鞠鹏:《习近平在全国高校思想政治工作会议上强调 把思想政治工作贯穿教育教学全过程 开创我国高等教育事业发展新局面》,《人民日报》,2016年12月9日第1版。
② 习近平:《高举中国特色社会主义伟大旗帜 为全面建设社会主义现代化国家而团结奋斗——在中国共产党第二十次全国代表大会上的报告》,人民出版社,2022年,第34页。
③ 陈勇、陈蕾、陈旻:《立德树人:当代大学生思想政治教育的根本任务》,《思想理论教育导刊》,2013年第4期,第9页。

努力培养更多让党放心、爱国奉献、担当民族复兴重任的时代新人。

三、心理育人与大学生思想政治教育的关系

20世纪80年代初，有学者提出了心理卫生与心理健康的相互关系，以及在高校中如何落实的设想，为心理健康教育在各个高校中的茁壮发展埋下了种子。由此许多高校纷纷开始要求教师注重培养自身的心理健康知识并且能够运用于实践，以提升学生思想工作的质量水平。但是这样的局面并没有持续太久，因为这是心理健康教育与思政教育的首次交融，难点在于许多方法运用不合理。思想政治教育有着其自身的规律与特点，心理健康教育亦然，粗硬地结合心理健康教育与思想政治教育是不切实际的。于是，一些教育工作者开始研究如何有机融合心理健康教育与思想政治教育。2004年中共中央、国务院在《关于进一步加强和改进大学生思想政治教育的意见》中指出："努力拓展新形势下大学生思想政治教育的有效途径""开展深入细致的思想政治工作和心理健康教育。"[1] 心理健康教育被提到和思想政治教育相同的高度。

出于思想政治教育的特殊性与必要性，不能简单地用心理健康教育代替思想政治教育，这样会弱化思想政治教育的主体内容。同样也不可以简单地将心理健康教育视为思想政治教育的组成部分，两者间需要有机融合，巧妙地结合在一起，比如可以将心理健康教育的方法技巧与一些思想观点贯穿到思想政治教育实践中，在体制、机制上和具体的实践上真正将两者有机结合[2]。我国大学生心理健康教育的发展是在德育工作的实践与探索中不断发展形成的，二者有着十分紧密的联系[3]。

在传统的思想政治教育中，教育者往往会以长辈的身份对学生进行施教，这会给学生一种居高临下的感觉，并且从科学的教育理论出发，这种传统的教育方式其实是以人为本这一理念的缺失。当代大学生的核心特质便是拥有较强的自我意识，在网络生活中拥有大量的信息，在各种知识百科方面都有较广的了解，除此之外，他们在家庭中受到的教育也多是较为温和、尊重的，因此在学校教育中，他们同样希望教育者应该从这种平等的视角出发，尊重他们、理

---

[1] 教育部思想政治工作司：《加强和改进大学生思想政治教育重要文献选编（1978—2014）》，知识产权出版社，2015年，第267页。

[2] 陈君：《大学生心理健康教育与思想政治教育相结合研究》，武汉大学，2019年第8页。

[3] 唐春红：《我国高校心理健康教育的回顾与展望》，《湖北社会科学》，2013年第6期，第191页。

解他们。如果教育者对学生进行强制性的灌输教育则会起到相反的作用，学生会抵触排斥这些思想内容，将不利于思想政治教育工作的开展。由上可知传统的大学生思想政治教育工作方法与当今时代的学生风格已经不相匹配了，因此更加需要进行与时俱进的改进与调整。心理健康教育刚好为思想政治教育提供了一些科学的教育技术方法，将心理健康教育的方法运用于思想政治教育为许多教育者开辟一个新的思路，它带来了以心理学基础知识为理论与基石的新方法以及育人思想，体现了当下科学的教育理念与教育方法。大学生思想政治教育的重点在于培养学生正确的政治立场、道德规范等，往往忽略掉了学生在健康人格方面的成长与塑造，比如学生的人际关系交往、面对情绪压力的调节、挫折逆境教育等。而心理健康教育是一种全人教育，可有效地解决上述问题，让学生建立良好完善的人格。学生人格的完善与发展，也将更加有利于思想政治教育的开展[①]。

（一）心理健康教育与大学生思想政治教育的相通之处

一是思想起源相同。中国在古代的教育观中便蕴含着诸多丰富的教育思想，这些思想既是中国现代教育的思想源头，也是当代的思想政治教育与心理健康教育的理论根源与基石。中国传统德育的核心内容之一是关于如何做人的问题，本质是在探讨如何培养良好的人格与塑造良好的个体行为。观古代德育思想，儒家的"导人心"、道家的"顺人心"和法家的"制人心"，都说明德育是以不同方式对人心的调谐。建立和谐的人际关系和学会做人，也是现代心理健康教育的重要内容之一[②]。

二是教育对象相同。大学生是高校思想政治教育和心理健康教育的主要对象。不同时代的人有着不同的社会时代烙印，但是每个时代的人都有着一些专属于他们这个群体的特征，同一时代的人有着大致相同的社会历史与心路历程等，这些都让他们有着较为相似的心理特点，这些共同点则为思想政治工作和心理健康教育的融合提供了坚实的基础[③]。简而言之，心理健康教育与思想政治教育其实都是在研究人，研究关于人的问题，如人的健康成长、良好品质的塑造、正确积极的思想观念等。二者的差异则在于它们所研究的层面是不同

---

① 黎素珍：《论大学生思想政治教育与心理健康教育的融合》，《福建论坛》，2011年第1期，第171页。

② 郑学勤、黎琳：《论高校心理健康教育与思想政治教育的整合》，《广西师范大学学报（哲学社会科学版）》，2011年第4期，第121页。

③ 徐伟、王云峰：《高校思想政治教育与心理健康教育的深度融合——基于意识结构的视角》，《湖北社会科学》，2018年第4期，第189页。

的。心理健康教育研究的是人的心理问题,从个体的心理特点角度切入,能有效帮助学生解决其心理方面的问题,促进个体发展健全的人格。思想政治教育所研究的是人的思想问题。思想政治教育根据思想教育理论,通过思想教育途径,使个体从感性认识上升到理性认识。由此可见,虽然心理健康教育与思想政治教育在具体研究内容以及具体任务上有区别,但总体上是一致的[①]。

三是教育目标同向。两者都是要培养大学生积极的生活态度和正确的思想观念以及不畏困难的坚韧品质,以使个体能在人生的各个阶段拥有处理问题的能力、全面和谐发展的积极状态。两者都在帮助学生学会做人、学会正确地处理人际关系、解决各个阶段的人生问题、处理个人与外界的矛盾等。根本目标都是促进大学生的全面发展和健康成长、培养高素质的人才,使大学生成为社会主义的可靠接班人[②]。思想政治教育目标既有宏观层面的家国社会目标,也有微观层面的个体人格发展目标。微观层面的目标是让学生在心理素质、人格等方面养成自尊、坚持、乐观的心理素质与人格品质,成为对国家社会有贡献的公民。心理健康教育的目标则是培养学生健康积极、自信自尊的心理品质,让学生懂得如何进行情绪调控、如何应对挫折、如何适应环境。尽管思想政治教育的目标是在思想层面上进行立足,关注人的社会化,而心理健康教育的目标立足心理层面,较为关注个体发展,但两者都是为了帮助学生塑造健全的人格,指向立德树人的根本任务[③]。

四是教育内容重叠。心理健康教育以积极心理学理念为导向,挖掘学生心理潜能,注重预防和解决学生发展过程中的心理行为问题,培养积极的心理品质,遵循学生身心发展规律,分阶段设置教育内容。思想政治教育遵循育人规律,遵循学生身心发展特点,各个学段设计了不同的素养指标。两者都以人为本,强调尊重学生主体性[④]。心理问题常常包含着偏激的价值观和消极的世界观,思想问题常常包含着恶劣的情绪和不良的人际适应。一个健康的人格完善

---

① 梅国英:《思想政治教育和心理健康教育关系简论》,《学校党建与思想教育》,2011年第17期,第67页。

② 李焰、朱丽雅、王瑞:《育德与育心结合导向下高校心理健康教育的创新发展》,《教育发展研究》,2022年第10期,第12页。

③ 高亮:《大学生思政教育与心理健康教育的同向同行》,《中学政治教学参考》,2024年,8期,第105页。

④ 杨兆宝:《心理健康教育融入思想政治教育之可为、难为与作为》,《中学政治教学参考》,2024年第11期,第87页。

者的思想和心理都应该是健康的、向上的、符合社会要求和自身发展需要的①。在实践过程中，学生表现出的"思想品德"问题往往源于内在的心理原因，本质上是心理问题；有些表面上是心理问题实际上是思想认识的问题；而有些问题往往是有内在的心理原因和思想原因。因此，心理健康教育与思想政治教育紧密相连，在解决问题时，需要把两者结合起来，多角度分析和解决实践中遇到的问题，提高问题解决的针对性和实效性②。因此心理健康教育与思想政治教育的内容相互交叉。

五是教育方法融通。心理健康教育课以团体辅导、情境设计、角色扮演、心理情景剧等为主，通过模拟各种情境、设置不同的主题来让学生进行情境体验，并体会各个情境中自己的情绪体验、行为及背后的认知观念，通过交流分享、教师引导等调整自己不合理的观念、行为等。思想政治教育常通过设置议题，创设多样化的学习情境，引导学生开展自主、合作的实践探究和体验活动，引导学生积极参与社会实践活动，提高学生实践和创新能力③。思想政治教育课程运用体验式、项目式、情境体验、角色扮演等多元教育方法，来引导学生进行自主与合作探究，让学生真正地感受到思政教育的核心并学会做事做人。由上述可知，两者都以情境为中介，将个体在情境中的体验与启发作为最主要的教学方式④。

六是机制功能互补。心理健康教育和思想政治教育虽然在作用机制上不同，但彼此互相促进、补充。心理健康教育能够帮助学生建立完善的人格，培养积极的品质以及更强的成长能力，让学生的心理综合素质得到极大的提升，这些都将在一定程度上促进学生对思想政治教育的接受。认知对个体的心理状态的影响十分显著，个体形成积极良好的品质、增强心理韧性、培养良好的心理健康习惯都需要以认知为基础，认知是最重要的一个环节。而思想政治教育则通过宏观层面的知识教授，让学生形成正确的世界观、人生观、价值观，而这些正确的思想观念则可以帮助个体更好地建立正确的认知，有利于形成积极良好的品质，以达到心理健康教育的目的。由上可知，思想政治教育和心理健

---

① 张玉杰：《论大学生思想政治教育与心理健康教育的关系》，《黑龙江高教研究》，2017年第10期，第156页。
② 张科：《谈高校思想政治教育与心理健康教育的功能互补》，《教育探索》，2011年第10期，第146页。
③ 潘柳燕、陈露露：《论心理健康教育与思想政治教育的共生关系》，《学校党建与思想教育》，2016年第7期，第35页。
④ 杨兆宝：《心理健康教育融入思想政治教育之可为、难为与作为》，《中学政治教学参考》，2024年第11期，第87页。

康教育彼此促进，互为补充[1]。心理健康教育的有效开展有助于促进思想政治教育，心理健康教育能够为实施思想政治教育提供一定的条件基础，合理扩展与延伸高校思想政治教育的目标和内容，为思想政治教育工作提供方法。

（二）心理健康教育与大学生思想政治教育的主要区别

一是基础理论不同。心理健康工作以人本主义、认知行为主义、精神分析三大心理学流派理论为基础，以心理咨询学、发展心理学、教育心理学和临床心理学原理为指导，通过心理知识的宣传和心理咨询技术的应用，帮助学生宣泄不良情感，化解心理困惑，从而帮助大学生发展完善的人格和体验自我实现[2]。高校思想政治工作以马列主义、毛泽东思想、邓小平理论、"三个代表"重要思想、科学发展观和习近平新时代中国特色社会主义思想为指导，以历史唯物主义和辩证唯物主义为原则，贯彻落实党和国家的政策方针，帮助学生树立正确的"三观"，培养大学生良好的个人品质和共产主义情操，教导大学生摆正个人、集体和国家的关系。

二是实践方式差异。心理健康教育会通过案例导入、情绪体验等方法，绘声绘色地将一些情绪的特征以及应对方法传授给学生；也在心理咨询中通过共情、陪伴、无条件积极关注等方法来帮助大学生调整自身情绪情感，对个体的心理进行调节。心理健康教育工作者还会使用团体心理辅导技术来对一些普遍的问题进行干预，解决新生适应差、人际关系紧张、学业焦虑等大学生的群体心理问题[3]。思想政治教育主要通过在课堂上讲授道理、举例论证来进行集体主义教育，培养社会主义道德观念，通过教育者的个人讲授来让学生形成正确的世界观、人生观、价值观。心理健康教育同样是以课堂为媒介，基于心理健康教育的教育理论来传授心理健康教育知识。

三是承担任务不同。心理健康教育的任务是使大学生能够认识自我，学会如何在逆境中保持积极乐观，提升心理韧性强度，还能提升学生的自我效能感，充分发挥个人潜能，最终达到心理健康标准，进而提升大学生的社会适应能力。思想政治教育的任务是使大学生具有良好的道德观念、法制观念和爱国主义情操，以大学生能否按照社会规范调整自己的行为、成为国家和社会要求

---

[1] 王挺、赵中、沈永健：《浅谈心理健康教育在思想政治工作中的作用》，《学校党建与思想教育》，2012年第29期，第65页。

[2] 周春男、张静君：《高校思想政治教育和心理健康教育的关系研究》，《实验技术与管理》，2011年第7期，第231页。

[3] 梅萍：《新时代思想政治教育心理疏导的发展走向探析》，《马克思主义研究》，2019年第7期，第154页。

的栋梁之材为衡量工作效果的标尺①。

第四节　心理育人融入大学生思想政治教育研究的理论借鉴

长期以来，学界围绕心理健康教育和思想政治教育的融合问题开展了持续不断的研究，取得了较为丰硕的理论成果，为进一步开展心理育人融入大学生思想政治教育研究奠定了坚实基础。伴随心理育人作为政策概念的正式确立，心理育人融入大学生思想政治教育的研究也得到了更深入的发展。

一、心理育人融入大学生思想政治教育的价值研究

国内学界普遍认识到心理育人融入大学生思想政治教育具有十分重要的价值，分别从理论价值和实践价值层面予以阐释，回答了心理育人融入大学生思想政治教育"何以重要"的价值之问。

（一）心理育人融入大学生思想政治教育的理论价值研究

心理健康教育与思想政治教育的关系、心理育人的内涵及其融入大学生思想政治教育的理论依据等基本问题，是深入研究心理育人融入大学生思想政治教育问题的基础性理论问题。

一是关于心理健康教育与思想政治教育的关系研究。学术界对二者关系问题的研究，存在很多不同的观点。周春男等学者对其发展阶段进行了梳理回顾，发现二者关系历经了单纯思想政治教育阶段、用心理健康教育替代思想政治教育阶段、将心理健康教育纳入思想政治教育阶段、思想政治教育和心理健康教育协同发展阶段②。梅国英认为，思想政治教育和心理健康教育具有同属意识形态范畴、培养目标一致、内容与方法互补等相似性，推进二者的结合是素质教育的要求、帮助和缓解学生压力的要求、思想政治教育自身发展的要

---

① 朱小根：《以心理健康教育为抓手增强高校学生思想政治工作的有效性》，《教育与职业》，2012年第6期，第61页。

② 周春男、张静君：《高校思想政治教育和心理健康教育的关系研究》，《实验技术与管理》，2011年第7期，第229~230页。

求、心理学在中国本土化发展的要求①。高亮认为，心理健康教育与思想政治教育同向同行、密切相关，共同承担着培养德智体美劳全面发展的优秀人才的任务；掌握学生的心理需求与困惑是针对性开展思想政治教育的前提，心理咨询、心理疏导等大学生心理健康教育方法为思想政治教育提供了有效的手段和工具②。周围从人的本质与心理健康教育和思想政治教育的影响方式入手，提出前者是由内而外、由里及表、由微观向宏观、不断外化的教育模式，后者是自外而内、由表及里、由宏观向微观、逐渐内化的教育模式，正确认识和处理好二者的关系，发挥二者相辅相成、相互促进的积极作用，有助于共同培养和谐健全人格的学生③。佘双好明确主张，心理健康教育与思想政治教育存在密切的关系，思想政治教育的内容包含了心理健康教育的成分，心理健康教育既是思想政治教育的基础，也是思想政治教育价值目标的具体体现。将心理健康教育纳入思想政治教育研究领域具有客观的必然性和长足的优势④。张玉杰则在辨析两者在研究对象、理论基础、客体范畴等方面的区别与联系基础上，提出大学生思想政治教育与心理健康教育之间不是简单的"包含"与"被包含"的关系，而应该从并列关系的角度来审视二者在高校德育中的地位，以更好地促进大学生思想政治教育与心理健康教育的有序发展⑤。郑学勤等学者认为，高校心理健康教育与思想政治教育之间的联系主要表现为：共同的思想起源、一致的教育目标、共同的教育和研究对象以及相互交叉、相互渗透的教育内容和相似的教育途径和教育方法⑥。

二是关于心理育人的内涵及其融入大学生思想政治教育的理论依据研究。马建青等学者通过相关概念辨析，认为心理育人的基本内涵是指通过"心理"的方式来达到"育人"目的，进一步明确了心理健康教育的价值定位与目标指

---

① 梅国英：《思想政治教育和心理健康教育关系简论》，《学校党建与思想教育》，2011年第17期，第66~67页。

② 高亮：《大学生思政教育与心理健康教育的同向同行》，《中学政治教学参考》，2024年第8期，第104页。

③ 周围：《思想政治教育与心理健康教育之关系研究》，《社会科学家》，2006年第6期，第200页。

④ 佘双好：《心理健康教育何以成为思想政治教育的研究领域》，《马克思主义研究》，2007年第3期，第89~90页。

⑤ 张玉杰：《论大学生思想政治教育与心理健康教育的关系》，《黑龙江高教研究》，2017年第10期，第156页。

⑥ 郑学勤、黎琳：《论高校心理健康教育与思想政治教育的整合》，《广西师范大学学报（哲学社会科学版）》，2011年第4期，第120页。

向，对提升思想政治教育实效性、促进心理健康教育发展具有重要意义①。陈虹从目标指向、内容心理、载体方法、教育者与教育对象等层面入手，多维解读了"心理育人"的内涵，指出心理育人是新时代高校思想政治教育的重要育人要素②。同时，她强调心理育人是高校育人共同体的重要构成，在落实立德树人根本任务、培育时代新人过程中，具有引导理想信念、塑造道德人格、激励积极行为、提升心理素质、培育健康心态等多重价值③。丁英平基于立德树人的视域，阐述了心理育人作为高校思想政治教育工作的重要内容，直接关系到大学生的心理健康与人格健全，关系到高校立德树人使命实现的重要意义④。徐伟等学者基于意识结构视角，从价值教育、意识结构的两个层次的异同分析中，澄清了思想政治教育与心理健康教育深度融合的理论依据，即思想政治教育具有明确价值导向、属于意识形态教育，心理健康教育倾向价值中立、属于个别化教育；思想政治教育问题与心理健康教育问题是个体意识结构的两个层面，在培养自我和谐、与社会和谐的完人目标上具有一致性⑤。潘柳燕等学者从共生理论视角辨析了心理健康教育与思想政治教育的共生关系，主张心理育人融入思想政治教育具有共生基础，并伴随着心理育人的自发自觉发展，由低层次共生向高层次共生状态升华⑥。

（二）心理育人融入大学生思想政治教育的实践价值研究

王荣等学者指出，心理健康教育是高校思想政治教育的基本范畴之一，在高校思想政治教育中融入心理健康教育，有助于提高高校思想政治教育的专业化水平，有助于促进大学生全面发展⑦。石晓娟等学者，发现心理健康教育和思想政治教育相融合具有内在的逻辑互通性，二者都以学生为主要服务对象，

---

① 马建青、杨肖：《心理育人的内涵、功能与实施》，《思想理论教育》，2018 年第 9 期，第 87 页。
② 陈虹：《新时代高校心理育人内涵、困境与应对》，《思想理论教育导刊》，2019 年第 7 期，第 110 页。
③ 陈虹、潘玉腾：《立德树人视域下高校心理育人价值及其实现路径》，《思想理论教育》，2019 年第 5 期，第 86 页。
④ 丁英平：《立德树人视域下高校心理育人研究》，《学校党建与思想教育》，2021 年第 18 期，第 79 页。
⑤ 徐伟、王云峰：《高校思想政治教育与心理健康教育的深度融合——基于意识结构的视角》，《湖北社会科学》，2018 年第 4 期，第 190 页。
⑥ 潘柳燕、陈露露：《论心理健康教育与思想政治教育的共生关系》，《学校党建与思想教育》，2016 年第 7 期，第 35 页。
⑦ 王荣、滕飞：《融合心理健康教育的思想政治教育路径探究》，《思想理论教育》，2015 年第 3 期，第 102 页。

针对学生成长发展过程中出现的心理障碍或思想观念问题进行引导和调节①。叶一舵论证了高校心理健康教育与思想政治教育有效互动的依据，认为前者为后者提供"心理支持"，后者为前者提供"导向"；切实加强两种教育在观念、目标、内容、方法、手段、评价体系与教师队伍等方面的有效互动，是推动两种教育实现真正双向结合的基本模式②。何慧星等学者基于两种教育职能互补、相互渗透的目标关系，着眼于大学生自我教育能力和健康人格的培养，构建了大学生思想政治教育与心理健康教育平行渗透模式③。韩力争应用协同理论，探讨了高校通过确定心理健康教育在高校思想政治教育中的地位、注重两支队伍建设的有机结合、重视教育内容的相互渗透、发挥现代信息技术的融合作用、促进两种教育在手段和方法上的相互借鉴等有效途径，推进思想政治教育与心理健康教育协同一体化建设，是加强和改进大学生思想政治教育的重要途径④。石变梅等学者通过梳理高校心理健康教育与思想政治教育互动结合中取得的积极成效，提出两种教育结合的发展之路，即构建协同创新机制，只有形成战略、组织、资源和制度等多方协同，才能发挥"1+1＞2"的协同效应⑤。

二、心理育人融入大学生思想政治教育的现状研究

（一）心理育人融入大学生思想政治教育的基本模式研究

梅萍借鉴勒温的"心理场"理论，提出要建构个体自助、朋辈互助、专业帮助、社会支持相配合的全员心理育人模式⑥。卢爱新指出，我国在三十余年的心理育人发展过程中，不断凝练总结经验，孕育形成了政策促进与发展引导相结合、心理帮扶与教育管理相结合、育心与育德相结合、点面结合与疏导并

---

① 石晓娟、苏浩淼、王付顺：《大学生心理健康教育与思想政治教育的融合路径》，《中学政治教学参考》，2021年第31期，第102页。
② 叶一舵：《论高校心理健康教育与思想政治教育的有效互动》，《思想理论教育导刊》，2009年第7期，第108页。
③ 何慧星、张澜：《大学生思想政治教育与心理健康教育平行渗透模式研究》，《国家教育行政学院学报》，2010年第10期，第13页。
④ 韩力争：《基于协同理论的高校思想政治教育与心理健康教育结合途径思考》，《江苏高教》，2008年第1期，第127页。
⑤ 石变梅、马青青：《协同创新：高校心理健康教育与思想政治教育结合的发展之路》，《学校党建与思想教育》，2018年第11期，第26页。
⑥ 梅萍：《论新时代高校全员心理育人模式的建构与实施》，《思想理论教育》，2019年第12期，第102页。

重的中国特色鲜明的心理育人本土化模式，促进了我国高校心理健康教育的快速发展、契合了"三全育人"的内在要求、彰显了"人文关怀"的价值理念和高校心理健康教育的中国特色[①]。刘景清基于高职院校的特殊性，探讨了心理育人融入思想政治教育的学生管理工作模式，通过完善制度、提高认知、社团活动、学科渗透、职业规划、开展讲座等举措，为学生量身打造符合其身心发展规律的教育体系，促进学生全面发展与身心健康[②]。张玉杰从厘清心理健康教育在大学生思想政治教育中的功能切入，探索构建了以学生社团为载体、以思政教育辅导为平台、以思想政治危机干预为补充的三位一体的思想政治教育模式[③]。

（二）心理育人融入大学生思想政治教育的实践困境研究

陈虹认为，新时代高校心理育人还存在认识不深刻、协同育人格局尚未形成、复杂环境下育人难度与风险并存等现实困境[④]。周少贤指出，高校思想政治教育与心理健康教育都是高校德育的重要组成部分，但实证调查发现：思想政治教育教师队伍普遍存在缺乏心理学专业背景、对心理健康教育的认可度较低、运用心理健康教育方法的频率很低等问题，急需转变观念、强化队伍、整合功能、加大投入，推动心理健康教育真正成为思想政治教育的重要组成部分[⑤]。潘莉等学者将"心理育人"置于高校思想政治教育"三全育人"的总体框架下，通过对高校心理育人历史的回顾和对其基本特点的梳理，发现当前高校心理育人工作面临的现实难题，主要包括育人对象心理问题成因的多维性与方法手段孤立性之间的矛盾，育人目标复合性、高标准与育人队伍实际能力不足之间的矛盾，"三全育人"的整体格局与相关机构心理育人意识能力欠缺之间的矛盾等[⑥]。吕小康从"历史的共情"视角出发，厘清了高校心理育人融入思想政治教育的关键性困境，即人才困境、实践成效困境、工作思路困境，主

[①] 卢爱新：《对我国高校心理育人本土化模式发展的思考》，《学校党建与思想教育》，2020年第16期，第36~37页。

[②] 刘景清：《心理健康教育融入高职院校学生管理工作的模式探讨》，《山西青年》，2023年第11期，第182~183页。

[③] 张玉杰：《心理健康教育在大学生思想政治教育中的功能及实现》，河北师范大学，2018年，第108页。

[④] 陈虹：《新时代高校心理育人内涵、困境与应对》，《思想理论教育导刊》，2019年第7期，第112页。

[⑤] 周少贤：《心理健康教育在大学生思想政治教育中的应用》，《中国青年政治学院学报》，2014年第4期，第59页。

[⑥] 潘莉、董梅昊：《高校心理育人面临的现实难题及其突破》，《思想理论教育》，2019年第3期，第90页。

要成因在于以心理健康的名义完成个体的现代化塑造压力造成的结构性紧张①。杨兆宝指出，因教育理念、教育目标、教育方式和作用机制上同向互补，所以将心理健康教育融入思想政治教育是完全可为的，但也存在教师的学科融合意识淡薄、学科融合能力欠缺、教学方式缺乏灵活性、评价方式呈现随意性等困境②。陈南菲强调，心理育人是落实立德树人根本任务的重要举措。然而，当前社会正处于快速转型期，家庭文化资本薄弱、"三全育人"机制不健全、积极的网络舆论场域尚未形成等，成为我国高校心理育人工作高质量发展面临的一系列现实挑战③。陈虹围绕高校心理育人在时代新人培育中的紧迫性，审视了新时代高校心理育人价值实现的现实困境：课程主渠道作用发挥不足、实践资源有待整合、系统运行机制缺乏、价值导向有待加强和价值实现程度还有待提高④。

三、心理育人融入大学生思想政治教育的路径研究

高校心理育人如何融入大学生思想政治教育，众多学者对这一议题进行了研讨，综合观之，学者们多从大学生思想政治教育的课程育人、服务育人和网络育人等方面探索融合路径。

（一）心理育人融入课程育人的路径研究

马建青着眼高校思想政治教育改革的视角，主张加强和改进大学生心理健康教育工作是加强和改进大学生思想政治教育的重要任务；心理育人要把握大学生心理健康教育课程是大学生心理健康教育工作主渠道的基本定位，通过加强对课程建设的领导、成立教学指导委员会、召开课程教学研讨会、开展课程教学研究、编写使用高质量教材、加强师资队伍建设和利用网络技术资源等，以加强和改进大学生思想政治教育⑤。王彦认为，在思想政治理论课教学中融入心理健康教育是新时期高校思政课教学的新任务，通过更新教育理念、找准

---

① 吕小康：《高校心理育人体系的现实困境与历史反思》，《社会科学》，2023 年第 2 期，第 13 页。
② 杨兆宝：《心理健康教育融入思想政治教育之可为、难为与作为》，《中学政治教学参考》，2024 年第 11 期，第 86~87 页。
③ 陈南菲：《新时代高校心理育人工作高质量发展面临的现实挑战与应对策略探究》，《思想教育研究》，2023 年第 6 期，第 134~135 页。
④ 陈虹：《新时代高校心理育人价值实现研究》，福建师范大学，2021 年，第 107 页。
⑤ 马建青：《大学生心理健康教育课程 30 年建设历程与思考》，《思想理论教育》，2016 年第 11 期，第 91 页。

课程结合点、贴近现实创设情境、提高教师综合素质等，不仅可以提高思政课教学效果，更有利于学生身心健康发展①。杨静主张，通过统一教育目标、渗透教育内容，在教学实践中吸收彼此经验、丰富教学方法，强化人才培养、建立复合团队，推进思想政治教育与心理健康教育有机结合，从而提升学生思想道德水平、塑造健康积极的心态②。王鹏指出，学校要打破课程壁垒，主动将心理健康教育中的学习心理教育、择业心理教育、人际交往心理教育等相关内容有针对性地融入思政课程，助力学生形成积极的心理状态，同时提高个人道德修养③。李国涛认为，加大心理知识的普及力度，丰富思想政治教育的整体内容；善于观察学生，从学生的心理入手选择适合的教学方法；重视心理健康教育，将其纳入学生思想政治教育的工作日程，有助于强化对学生思想政治教育的实效性。

（二）心理育人融入服务育人的路径研究

马喜亭等学者认为，心理育人队伍是服务高校心理育人的关键力量，是高校扎实推进创建全员育人格局、搭建全程育人网络、构建全方位育人阵地的重要抓手；要通过强化领导、顶层设计、压实责任绘制"同心圆"，专兼联合、校院联动、校社连同筑牢"连心轴"，汇聚资源、深入探索、系统培训凝聚"向心力"④。刘阳强调，将心理育人融入高校思想政治教育的第一策略和重要保障，就是要改善队伍的选拔方式、健全队伍的培训机制和优化队伍的考核评价，构建与扩张一支专业化、职业化的师资队伍⑤。吴艳等学者立足"三全育人"背景，提出高校心理育人工作要不断夯实队伍建设、推进学生成长的各阶段全过程有效衔接、推进改革创新与各方有机联动，真正落实全员育人、全过程育人和全方位育人的新时代大学生思想政治教育的基本任务⑥。吴会茹在充分挖掘心理育人的理想信念导向价值和道德人格塑造价值的基础上，探析了以

---

① 王彦：《心理健康教育融入思想政治理论课教学中的相关思考》，《西部素质教育》，2018年第10期，第38页。

② 杨静：《思想政治教育与心理健康教育有机结合的策略研究》，《教学与管理》，2016年第9期，第113~114页。

③ 王鹏：《心理健康教育渗透于思政教育的理路》，《中学政治教学参考》，2022年第40期，第102页。

④ 马喜亭、冯蓉：《建强高校心理育人队伍扎实推进"三全育人"》，《中国高等教育》，2022年第10期，第19~21页。

⑤ 刘阳：《心理健康教育融入高校思想政治教育的策略研究》，中南大学，2023年，第47页。

⑥ 吴艳、韩君华：《"三全育人"背景下高校心理育人工作的路径选择》，《学校党建与思想教育》，2020年第11期，第77页。

优化环境、创新载体、协同机制为关键的心理育人融入高校资助工作的有效路径，将"育人"实践和"心理"发展高度统一于学生思想政治教育①。于淼等学者探究了心理育人融入高校资助育人的有效路径，构建精准化资助管理体系、加强思想政治教育引领、完善学生成长发展机制、培育学生积极心理品质，理解、发现和利用心理育人的现实元素，通过解决学生生活、心理和思政问题，推进心理育人与资助育人在双向融合中走向成熟，全面提升大学生思想政治教育质量②。

（三）心理育人融入网络育人的路径研究

陈南菲呼吁高校心理健康教育工作者牢牢把握信息化发展的时代机遇，注重借力数字化优化心理服务流程，潜心守好心理育人主阵地，运用大数据平台为心理育人服务阵地、宣教阵地、实践阵地赋能，加快构建线上线下优势互补、放大互动效应的一体化心理育人格局，不断提升心理育人成效③。梅萍以新时代高校心理育人的重要抓手"心理疏导"切入，论证了高校心理育人走出价值无涉的思维禁锢，由"育心"转向"育人"；提出打破信息网络的时空束缚，将线下心理疏导与网络心理疏导相结合，扩展心理咨询的场域、拓展心理疏导的渠道，把解决心理问题与解决实际问题结合起来，真正发挥心理育人的思想政治教育功能④。蔡佳等学者通过分析心理健康教育与思想政治教育的协同性与差异性，强调依托现代网络技术、优化网络教育环境、占领网络教育阵地，从育人环境、平台架构和工作模式三方面构建融合教育机制⑤。

总体上看，学者们普遍认为，心理育人融入大学生思想政治教育是一项长期而艰巨的任务，是一项与时俱进的系统工程，只有进行时，没有完成时。毋庸置疑的是，已经取得的研究成果为进一步深入开展相关研究奠定了坚实的基础，也为推动高校大学生思想政治教育做出了积极贡献。与此同时，在梳理文献的过程中，也发现些许薄弱环节。目前，关于心理育人融入大学生思想政治

---

① 吴会茹：《心理育人融入高校资助工作的路径探析》，《新课改教育理论探究》，2021年第10辑，第132页。

② 于淼、刘振海、马宇琦：《心理育人融入高校资助育人工作的探索与思考》，《改革与开放》，2023年第4期，第28～29页。

③ 陈南菲：《新时代高校心理育人工作高质量发展面临的现实挑战与应对策略探究》，《思想教育研究》，2023年第6期，第137页。

④ 梅萍：《新时代思想政治教育心理疏导的发展走向探析》，《马克思主义研究》，2019年第7期，第156页。

⑤ 蔡佳、刘权：《高校思政教育体系中心理健康教育的融入机制》，《品位·经典》，2022年第13期，第93页。

教育的相关研究越来越受到重视，基础性理论研究相对丰富。理论层面，学者们对"心理育人"相关核心概念及其内涵，对心理育人融入大学生思想政治教育的理论依据、内在理路与现实困境等研究主题更为聚焦。实践层面，立足于大学生心理健康教育、大学生思想政治教育在新时代立德树人过程中的特殊重要性，针对当前比较突出的现实困境，有效推进心理育人融入大学生思想政治教育的路径探索非常有限，尚需学界给予更多关注，这也是我们研究的重点。

第二章　新时代大学生身心发展的主要特征

习近平在党的二十大报告中指出："全党要把青年工作作为战略性工作来抓，用党的科学理论武装青年，用党的初心使命感召青年，做青年朋友的知心人、青年工作的热心人、青年群众的引路人。"① 青年大学生立身于民族复兴的伟大征程中，肩负着实现中华民族伟大复兴的历史使命，他们不仅是新时代的见证者，更是美好未来的开创者和建设者。立足新形势新任务，培养健康向上、本领过硬、能堪大任的时代新人，要深入学习贯彻党的二十大精神，从全面建设社会主义现代化国家、全面推进中华民族伟大复兴的战略高度，切实把握新时代大学生思想、心理和行为特点，遵循思想政治工作、教书育人和学生成长规律，因事而化、因时而进、因势而新，不断传承发展、守正创新高校育人工作。

第一节　多样变化的大学生思想状态

由于时代背景各不相同，因此各个时期的大学生思想特点都打上了不同时代的鲜明烙印。20世纪五六十年代的大学生具有强烈的爱国、奉献精神，他们艰苦奋斗，吃苦耐劳。改革开放后，大学生的独立自主代替了过去的被动接受，个性张扬代替了过去的完全依附，法治意识代替了过去的盲从观念。进入21世纪，我国大学生的思想伴随国际思潮的复杂化、国内经济改革的加快化、高等教育的大众化等有了新的发展和变化，而这些变化既离不开其生活和成长

---

① 习近平：《高举中国特色社会主义伟大旗帜　为全面建设社会主义现代化国家而团结奋斗——在中国共产党第二十次全国代表大会上的报告》，人民出版社，2022年，第71页。

的环境，也离不开社会和教育本身产生的影响[1]。"00后"大学生作为新一代的青年群体，成长于社会变革和科技进步的时期，他们接触到的信息和文化更加丰富多元，也能够更加开放和自由地表达自己的价值观。这种多元化的价值体现使得他们在思想上更加包容，愿意倾听和理解不同的观点和文化。

一、价值取向多元，理想信念受到冲击

改革开放以来，随着社会的不断发展、思想的日益解放，当代大学生思想受到不同文化的巨大冲击，其价值观开始呈现出自觉性、多元性特征。尤其是在5G得到快速发展和广泛应用的时代背景下，互联网业已成为社会日常生活中重要的基础性构建，正在以前所未有的发展速度影响着人们的求知路径、思维方式和价值观念[2]。中共中央、国务院印发的《中长期青年发展规划（2016—2025年）》指出："青年思想教育的时代性、实效性有待增强。"[3] 大学生作为活力洋溢的年轻群体，是互联网时代的原住民和互联网作用发挥的主力军，既是互联网生活的积极参与者，又是互联网迭代的忠实追随者。但是，互联网在给大学生带来便利的同时，也通过纷繁复杂的信息投递，极大地影响着大学生的思想，使其价值选择呈现多元化与散发性的特点。这种多元化的趋势在一定程度上使其个性包容并具有创新性，但过多的选择也难免导致大学生陷入无所适从的状态。与此同时，价值多元化往往会伴随着一种"去中心化"的力量，这种力量对他们接受主流价值熏陶，从而坚定理想信念有极大的冲击，造成少部分高校大学生理想信念贫乏化，在重大社会事件和舆论热点中辨别是非的能力不足，甚至由于理想信念的严重匮乏而被错误的思潮蛊惑、裹挟。本书课题组对川渝地区高校的抽样调查数据显示，虽有87.6%的受访学生认为"坚定的理想信念十分重要"，但仍有少部分受访学生存在理想缺失、信念动摇的现实情况。

---

[1] 申小蓉、钟颖峰：《当代大学生思想发展变化的动因及特点研究》，《电子科技大学学报（社科版）》，2007年第1期，第97页。
[2] 孙娜、张浪、唐柏林：《互联网时代大学生心理健康教育模式建构》，《哈尔滨学院学报》，2019年第3期，第130页。
[3] 《学习辅导读本》编写组：《中长期青年发展规划（2016—2025年）学习辅导读本》，人民出版社，2017年，第3页。

二、思想主流积极，功利倾向较为突出

党的十八大以来，以习近平同志为核心的党中央把高校思想政治工作作为一项重大政治任务和战略工程，作出一系列重大决策部署，为高校做好大学生思想引领工作指明了前进方向、提供了根本遵循①。同时，各地高校紧扣"立德树人"根本任务，采取有力有效措施，积极主动开展大学生思想引领工作，以制度化常态化为主线，发动全员育人合力，发挥全方位育人优势，谋求全过程育人实效，认真总结党在一百多年奋斗历程中的理想信念教育宝贵经验，充分运用历史和现实中不断涌现出的模范典型引领作用，通过不断强化的理论教育方法、不断创新的实践育人路径，创造了许多成功做法，也取得了良好育人成效。课题组的调查数据也同样显示，87.9%的受访学生认为在当今社会应该继续倡导艰苦奋斗的精神，有85.8%的受访学生对努力学习、发奋成才有着强烈的意愿，85.7%的受访学生认为人生价值在于社会价值和自我价值的统一。但是成长在市场经济迅速发展的背景下，新时代大学生从小体会竞争的压力。在当今社会的严峻竞争环境下，他们渴望实现自我价值。当发展目标被实体化、求胜心理变迫切时，很多大学生也更加重自我价值、轻社会价值，透过新时代大学生重视实践技能课而轻视社会人文课的现象便可见一斑。此外，在东西方文明相互交流碰撞中，不少大学生在各种消极因素的影响和冲击下，比较在乎自身的利益得失，具有较强的功利心，把自身利益作为日常行为的衡量标准，大学生精致利己主义思想在高校校园中仍然存在。

三、自我意识强烈，集体精神有所淡化

改革开放为我国经济社会的发展带来了一片新天地，也让我们在经济、文化、社会生活等方面迎接着各种机遇与挑战。经济和文化相互影响、相互作用，经济发展的一个重要表现就是促进了人们个性思想的解放。成长在这一环境下的大学生有着强烈的主体意识，个性独立又富有特点。他们追求一种符合自己鲜明个性的独特价值观念，对任何事情都有着强烈的好奇心和敏锐感，喜欢探索与发现新事物，希望形成自己独特的思想、独到的见解，对传统和权威

---

① 李琳：《高职院校共青团在思想政治教育工作中的引领作用——以南京城市职业学院共青团工作为例》，《南京广播电视大学学报》，2018年第1期，第76页。

的认同和质疑并存[①]。但是新时代大学生绝大多数是"00 后"乃至"05 后"，且多为独生子女，从小深受家庭的宠爱，长期生活于家庭和自我的"封闭"空间。相较于"80 后""90 后"，他们是网络时代的原住民，自带"网络基因"，从小享有优渥的物质条件，也有着更加多样化的情感需求[②]。这使他们过度关注自我，更加喜欢强调自我个性，主观意识较强。这也导致他们在集体活动中的集体观念淡薄，具有强烈的危机感和自我表现欲，在团队中不考虑他人感受，不愿与他人合作，缺乏集体主义精神。以自我为中心的观念常常使其比较在乎个人的自我实现，只从个人实际利益出发，注重现实的、经济方面的利益；当个人利益和集体利益发生冲突时，往往忽视国家利益、民族利益和社会利益。

四、接纳能力突出，抗压心理较弱

新时代大学生成长于信息飞速发展的时代，是伴随互联网成长起来的"千禧一代"。新媒体和网络文化的发展，对新时代大学生的生活和学习方式产生了极大的影响，对他们而言，获取资源与信息的渠道变得更加多元化，思维能力以及应变能力显得十分突出，他们更愿意尝试新兴事物和探索未知领域，具备较高的创造力和创新思维。这种创新精神为他们在科技、文化等各个领域的发展都提供了广阔的空间。在面对问题和挑战时，他们往往能够提出独特的解决方案，积极寻求创新性的突破。与此同时，在民主、自由、平等的社会环境中，新时代大学生拥有更多的学习交流机会与平台，知识面得到了丰富拓展，致使他们具有较强的接受新事物的能力。但相比于接受新事物的突出能力，他们抵抗挫折的能力却显得孱弱。这是因为新时代的大学生大多是独生子女，受到家庭较多的关注与保护，在成长过程中面临的外部压力较小，受挫也很少，家庭环境较为宽松。因此，在面临人际关系矛盾冲突与学业学习困难交错时，他们难以适应环境的变化，往往不能及时有效地处理挫折和化解内心冲突。一方面，社会发展与进步给新时代大学生带来了接触新鲜事物的机会和平台，但

---

① 徐建栋：《如何正确看待和引导大学生的政治态度》，《思想教育研究》，2005 年第 6 期，第 3 页。

② 蔡熙文：《融媒体时代下"00 后"大学生思想引领创新路径》，《记者摇篮》，2024 年第 3 期，第 48 页。

没有及时关注他们心理承受能力[①];另一方面,激烈的社会竞争也给大学生带来了巨大的外部压力,以及成长过程中还有可能突发的各种困难与挫折。伴随学校和家长要求的逐步提高,择业压力过大,大学生心理往往会出现问题,其难以正视错误并积极地采取措施或者寻求帮助来有效应对挫折。

第二节 多元呈现的大学生心理特点

心理特点是指一个人心理活动过程中经常表现出的稳定特点,或称为比较具有个性特点的心理活动规律,譬如有的人观察敏锐精确,有的人观察粗枝大叶;有的人思维灵活敏捷,善于跳跃和变化,有的人思考问题深入,别有见解;有的人情绪稳定、内向,有的人情绪易波动、外向;有的人办事果断、雷厉风行,有的人办事优柔寡断、左右徘徊;等等。这些差异体现个体在能力、气质和性格等方方面面的不同[②]。近年来,随着大学校园里突发事件和恶性案件的增加,大学生的心理问题越来越受到社会的广泛关注。纵观当前大学校园里的各种案件和事端,不难发现两个新情况:一是当代大学生群体中所呈现出的心理问题比例高、范围广;二是当代大学生的心理问题更容易演化成为恶性社会事件,危及人身安全。这些新特点,促使我们必须对大学生的心理问题和背后呈现出来的大学生心理特点予以正视、全面分析[③]。

一、人格心理方面

一般而言,人的心理发展往往经历分化、矛盾和统一这几个过程。大学时期是大学生身心发展的关键阶段,是大学生心理发展从幼稚向成熟的过渡时期。一方面,刚入大学校园生活的大学生有着强烈的自尊心,渴望获得学校和社会的理解、肯定与支持。他们大多缺乏自信心,在学习和生活中遭受挫折,

---

[①] 常涛、张正明:《新时期我国大学生心理健康教育探析》,《教育理论与实践》,2006年第2期,第25页。

[②] 李男:《互联网+背景下大学生心理特征的研究》,《计算机产品与流通》,2017年第8期,第181页。

[③] 刘素婷:《培育大学生正确价值取向与良好心理素质的对策》,《商业经济》,2014年第24期,第127页。

很容易产生消极情绪。在步入大学并与老师、同学交流学习后,他们开始尝试构建社会支持系统,逐渐积累了一定的人际交往常识与技巧。因此,在毕业求职、考研深造等人生节点,他们在自我控制、完善自我、承受压力、克服困难等方面的能力有所提升,大多能调整心情、接纳自我,用辩证的观点看待生活中的困难与挫折,达到身心和谐、心态平稳的良好状态。另一方面,在信息技术快速发展的网络时代,当网络传播把一个立体的、更加逼真的、富有虚幻色彩的虚拟世界带到人们面前时,大学生面对纷繁复杂的网络内容,进而其在人格特征方面的内在培育和外在展示深受影响。处于青春期的大学生在网络文化的浸润下,情感显得过于细腻且情绪不甚稳定,有些大学生的情绪充斥着大量不安和恐慌。但通过心理健康教育课堂、文化艺术熏陶、社会实践活动等,教育者积极与大学生开展交流与沟通,及时把握大学生的思想动态,科学给予思想引导与心理干预,使大学生养成积极的心态,学会分辨网络信息的良莠,逐步成为自己情绪的主导者,从而理智地表现自己、证明自己、改变自己、超越自己。

二、学习心理方面

大学时期是一个人人生中最富有活力与激情的重要阶段,学习知识的能力最强,消化知识的能力最快。新时代大学生成长于网络媒体全面普及的21世纪,思想开放且学习兴趣浓厚,大多能明确自身学习目的,具有一定的竞争意识与创造能力。学习心理呈现阶段性的变化特征,主要表现在以下几个阶段:大学一年级的学习心理适应问题。一年级大学生刚刚结束紧张单调的高中学习生活,来到了陌生新奇的大学校园,心里充满了期盼与幻想[1]。一方面,网络媒体的全面普及为大学生提供了浩如烟海的知识和信息,微博、微信、QQ等APP成为他们不可或缺的学习、交往平台;另一方面,网络信息输出片面化、主观化,极易给大学生带来学习认知碎片化的影响,短小精炼的文章、简短的文本信息、来源不明的图片等网络信息来势汹汹,趣味性代替了规范性,碎片化代替了完整性,铺天盖地的网络信息充斥大学生的学习和日常生活中,对大学生的认知和思维危害巨大。如何适应一个陌生的学习生活环境,开始独立自主的生活,是大部分大一学生面临的突出问题。大学二年级前后,大学生开始

---

[1] 肖耀根、盛湘鄂:《大学生学习阶段性心理分析》,《内蒙古师范大学学报(教育科学版)》,2003年第1期,第66页。

面对人生理想与学习目标的重新调整问题。从大学二年级到三年级这一阶段，大学生的学习主动性不高、学习毅力不够坚定的现象逐渐有所改观。随着大学生与社会现实的不断贴近，他们逐步认识到学习的重要性。在学校和老师的引导下，其学习认知由碎片化向完整性、全面性转变。毕业前学习心理调整问题。就业是大学生学习和生活的归宿，在毕业前，就业问题演变成了大学生关注的焦点。他们开始在职业生涯发展与规划方面投入更多的时间和精力，从就业问题出发来认识和安排自己的学习。但随着毕业季的临近，部分大学生面对人才市场的挑选，为求职而相互竞争，在这种学习氛围中，持续的压力和焦虑，容易对大学生心理健康产生诸多负面影响，如情绪波动、注意力不集中、睡眠问题以及身体不适等。严重的情况下，就业问题导致学业压力的剧增还可能引发学生抑郁和焦虑症状，甚至导致心理健康问题的加重[1]。

三、社交心理方面

新时代大学生的社交心理特征主要表现为：一方面，由沉默孤独向热情开放转变。新时代大学生，尤其是刚远离家乡独立生活的新生，面对大学校园这个集体的、复杂的生活空间，教师与同学来自五湖四海，大家的语言特点、生活习惯、经济状况都不尽相同，部分大学生在交往时会出现一些心理问题，在现实生活中不愿袒露心声而变得沉默寡言。但随着学校思想引领工作的深入细致进行，多样化校园社团活动的开展，新时代的大学生开始越来越注重人际沟通，变得更加开朗热情，对于生活充满激情与希望，在社交心理上愿意表现出自己行侠仗义的一面。另一方面，他们也逐渐从现实世界走向虚拟世界。手机作为新文化形态的传播媒介，广泛运用于我们的生活，被誉为继20世纪90年代互联网革命后又一次革命性的媒介形式。越来越多的大学生开始沉迷于手机的娱乐、通信、社交等功能，其关注点更多地转向虚拟世界，而脱离了现实生活与实践，他们的校园生活和正常交往受到严重影响。很多大学生在网上的交际能力与日常生活中的表现大相径庭，在网络上他们会畅所欲言、表达看法观点，但在现实中往往不能较好地向他人表露自身的想法，导致他们不善于识别谁是自己真正的朋友，不善于识别信息的良莠，容易在人际交往中遭受伤害。

---

[1] 崔艳妮：《大学生思政教育人文关怀的价值与路径研究》，《淮南职业技术学院学报》，2023年第3期，第15页。

四、就业心理方面

大学生经历着从高中生到成年人的过渡阶段,他们需要重新思考和建立自己的身份认同。面临择业就业的重要决策"十字口",受到自我认知、学校教育、社会实践等因素的影响,新时代大学生的就业心理呈现阶段性的特征,具体表现为:一年级阶段的就业迷茫心理。刚刚结束高中生活踏入大学校园的大学生对自己的未来规划比较模糊,大部分大学生还不清楚自己的职业爱好,就业心理普遍表现为困惑与迷茫。二年级到三年级这一阶段,随着高校教育教学的深入,丰富多样的团体活动与社会实践的开展,大部分大学生对自我能力与自我兴趣有了进一步的认识,呈现出积极、自信的就业心理。四年级大学生面临就业阶段的复杂择业心理,在经历了几年在校学习和生活的磨炼后,已经具备了比较扎实的专业基础知识和良好的就业心理,个人的生活和学习能力都有了显著提高,自我意识也逐渐增强,就业心理也随之慢慢成熟,但存在对就业形势认识不全面的问题。大学生生活在全面建成小康社会的时代,平时的物质条件比较优越,有部分大学生受享乐主义和拜金主义等消极思想的影响[1],有着过高的就业期望,就业方向趋于功利化。从我国目前的就业形势来看,他们的这种职业选择心理是不可取的。常言道,条条大路通罗马。作为新时代大学生,就业心理不应限于单一和固定的模式,应当选择最适合自己发挥聪明才智的就业平台,探索自己最熟悉的成才成长路径。

第三节 多种体现的大学生行为模式

大学生作为人类结构存在的特殊层面,既归属于社会群体的组成,又是未来社会的行为主体。这种社会双重性结构规定着大学生社会化过程中价值观念和行为选择的变化,表现出大学生对传统社会的无情批判以及强烈的社会参与愿望不能得到社会及时认同的矛盾,使其行为选择陷入困境[2]。近年来,随着

---

[1] 刘君君:《谈当代大学生思想特点与政治工作创新研究》,《学理论》,2014年第28期,第188页。

[2] 李征:《大学生行为选择困境与价值取向》,《学校党建与思想教育》,1989年第3期,第16页。

信息技术和网络技术的飞速发展,流畅的移动设备和层出不穷的应用软件日益成为大学生不可或缺的学习和生活工具。网络新媒体对大学生的学习行为、生活习惯和思想认知产生了极大影响[①]。

一、自主性

新时代大学生成长于市场经济发展、物质资源丰富的时代,这为他们的个性化发展提供了平台和机遇。作为独生子女的他们,受到父母和长辈的过度宠爱,得到了太多来自家庭的重视和呵护,形成了以自我为中心的主观意识,学习生活行为具有自主性,已不再将父母的意见作为主要参考,而是按照自己的意愿进行规划。与此同时,他们具有鲜明和张扬的个性,坚持自己的想法,重视自我价值的实现,这有助于他们形成较好的自我认识,明确人生追求目标,在今后的职业生涯中表现出极强的独立性和创造性。但是,新时代大学生行为的自主性也存在着消极的因素。随着经济全球化的深入发展和中西方文化的交流碰撞,整个社会越来越注重个人价值的实现,新时代大学生在学习生活中过于注重个人发展,实现自身的价值。一些大学生努力的动力并非来自社会责任与国家发展,而是实现个人理想。追求自我价值的实现无可厚非,但是新时代大学生的某些行为与金钱、权力等利益挂钩,变得过于在乎个人得失而忽视集体利益。

二、目的性

在成长过程中,大学生往往具有较高层次和较为明确的学习目标与生活目标,并围绕这些目标,自我鼓励、自我调整、自我成长[②]。他们对事物评判的标准,也开始聚焦于是否有利于自我发展、自我突破、自我实现。一方面,伴随着职业生涯规划的兴起和发展,新时代大学生的学习计划和生活指向越来越目标化,在专业性学习和综合素质的拓展方面也极具方向性。另一方面,新时代大学生生活在一个信息发达的大环境中,信息的来源多样化。在各种文化思潮的影响下,尤其是西方社会的拜金主义和享乐主义思潮的盛行,导致其价值

---

① 温志桃:《网络新媒体对大学生行为产生的影响及对策》,《现代职业教育》,2024年第5期,第33页。

② 周胜林:《学习型社会背景下大学生的行为特点及管理引导研究》,《牡丹江教育学院学报》,2012年第5期,第72页。

观念发生变化。主体意识的变化必然反映到主体行为上，有的事情如果对自己没有积极意义，他们便没有积极性，由此不可避免地导致大学生行为的功利化、目的化倾向。

三、依赖性

新时代大学生行为的依赖性主要体现在师生关系、家庭关系、社交关系等方面。首先，师生关系主要表现在他们需要优秀教师对其进行思想上的引导，指明正确的学习生活方向。其次，新时代大学生大多出生于独生子女家庭，一直是家庭关注的焦点，日常生活中大部分事务都由家长处理，他们对自己日常生活处理较少，生活自理能力及解决问题的能力较差，对父母有着极强的依赖。进入大学以后，统一住校的管理模式要求他们学会自行处理自己所有的事务，这让他们感到迷茫而无所适从。最后，社会现实生活对大学生行为的影响较大，人际关系网络的建构是大学生走向社会的第一步，社会关系是大学生群体归属的标志。

四、时代性

新时代大学生诞生并成长于改革开放大步向前的时代，他们接受高等教育于新时代，所面对的机遇和挑战也是前所未有的。新时代大学生的学习生活往往与时代主题密切相关，大学生行为的时代性具有典型的先锋意义。大学生能够顺应建设美丽中国、实现中华民族伟大复兴中国梦的时代潮流，在学习生活中能够志存高远，敢做敢想。他们有优势、有梦想、有追求，对于很多新事物总是抱有很大的兴趣和信心。然而，社会现实生活及社会流行的价值观念对大学生影响较大，社会舆论的变化、多元化个案的冲击，使大学生在现实中难以找到辨别真伪的价值标准，可能导致个体乃至群体的行为失范。环境变化诱发大学生行为出现了一定的变动性，这也是大学生行为时代性的一个侧面。

第四节　多维考量的大学生党团观念

中国共产党作为我国的执政党，是中国特色社会主义事业的领导核心，代表中国先进生产力的发展要求，代表中国先进文化的前进方向，代表中国最广大人民的根本利益[①]。中国共产主义青年团是中国共产党领导下的先进青年的群团组织，是广大青年在实践中学习中国特色社会主义和共产主义的学校，"是党的忠实助手和忠诚后备军"[②]。根据中共中央组织部党内统计数据，截至2023年底，中国共产党党员总数为9918.5万名，其中大专及以上学历党员5578.6万名，占56.2%；2023年全年发展具有大专及以上学历的党员128.0万名，占53.1%，其中学生91.9万名[③]。而共青团中央基层建设部公布的全国团内统计数据显示，截至2023年12月底，全国共有共青团员7416.7万名，其中学校有团组织190.5万个、团员3824.5万名[④]。不难看出，不管是在党组织还是在团组织里，学生都占据着较大比例。当今世界正处于百年未有之大变局，应对这一不可规避的变局性交锋挑战，一个国家要想在其中掌握主动权、更好地捍卫国家利益，必须紧紧抓住并依靠人才[⑤]。当代大学生党员、团员是人才队伍中的骨干力量和先进代表，其思想政治素质和社会价值行为呈现，直接影响到中国特色社会主义事业的发展成效。一方面，高等教育改革发展的大好形势为学生党员、团员的成长成才提供了新的机遇，同时也对学生党员、团员的质量和素质提出了新的要求，迫切需要学生党员、团员充分发挥先锋模范作用，带头学好专业知识、提高实践能力，不断充实自己、完善自己，带领广大学生共同成长进步，为我国经济社会发展提供源源不断的智力支撑。在此背景下，研究新时代大学生的党团观念，有助于明确大学生对党团的态度，了解大学生的对党团建设的建议，从而有效精准开展好大学生思想政治教育工作，更好促进大学生锻造过硬的思想政治素质、坚守正确的价值追求。

---

① 桂佳：《新时代"馆院共建"模式下党建带团建创新性研究——以中共四大纪念馆与上海工程技术大学高职学院共建为例》，《科教文汇（上旬刊）》，2019年第10期，第30页。
② 王沪宁：《乘新时代东风　放飞青春梦想——在中国共产主义青年团第十八次全国代表大会上的致词》，《中国共青团》，2018年第7期，第9页。
③ 中共中央组织部：《中国共产党党内统计公报》，《党建研究》，2024年第7期，第4页。
④ 共青团中央：《中国共青团团内统计主要数据》，《中国青年报》，2024年5月4日第1版。
⑤ 居丽：《新时代大学生党员发展质量保障机制研究》，《时代报告》，2023年第8期，第7页。

一、专科生党团观念存在的问题

近年来，各类院校都采取了切实有效的措施加强党团建设工作，党团思想观念总体呈现出良好态势。在专科生中，大部分学生认为入党和入团是一件比较光荣的事，申请入党的学生不断增加，学生党员队伍不断壮大；他们能够坚持马克思主义信仰，坚持中国共产党的领导，在入党、入团之前能够认真学习党和团的相关知识；入党、入团后基本能够在思想、学习、工作、行为等方面积极发挥党员、团员的先锋模范作用。同时，学生党团组织在学风建设、校园文化建设、思想政治教育方面发挥了越来越重要的作用，使党团制度建设不断健全，学生管理制度建设不断规范。但同时，我们也要看到专科生的党团观念还存在一些问题，主要表现为：

（一）理论知识较为欠缺

专科生学制较本科生更短，以及自身对理论知识的不重视，导致部分专科生对马克思列宁主义、毛泽东思想、邓小平理论、"三个代表"重要思想、科学发展观、习近平新时代中国特色社会主义思想等理论知识的学习积极性不高；对党和国家的大政方针的学习主动性不强；对学校开设的有关党的理论知识课程学习热情不够，在日常学习中只注重党校培训考试及格拿到毕业证书，而不注重自身理论知识体系的构建和知识的积累，在相关政治理论课程学习中存在迟到早退甚至旷课逃课现象。

（二）服务意识有待加强

中国共产党的性质是全心全意为人民服务，学生党员、团员在学习、生活、学生工作中应做到全心全意为师生服务。学生党团干部是联系教师与学生的桥梁，应充分发挥其纽带作用，密切联系学生，将学生的需求及时有效地反馈给学校相关部门，以便其更好地为学生的学习、生活服务。但现实生活中仍存在一些大学生党、团员服务意识不足的现象，党团干部不能正确认识和履行自己的职责，对自己的本职工作敷衍了事，对本职工作以外的其他工作毫不关心，服务意识不强，尤其是部分学校的党团干部存在"摆官架子""显官威"的情况。

（三）模范作用不够突出

大学生党员和团员是普通大学生中的先进群体，在日常生活学习中应自觉发挥党员、团员的模范作用，以自身端正的学习态度、良好的学习习惯、高效的学习方法，带动身边的同学刻苦努力学习，促进寝室、班级、学校形成良好的学习氛围，同时要积极为同学奉献、树立榜样。但部分大学生党员和团员的模范作用不突出，认为入党以后就万事大吉，无须提升自我，开始放松对自身的要求。甚至存在个别大学生党员在公众媒体上公开发表反党言论，在实际生活中利用党员身份为自己谋取私利等情况。

二、本科生党团观念存在的问题

本科生作为大学生的主体部分，人数众多、思想活跃。相关部门的调查研究表明，现阶段我国大学本科生党团观念总体较为乐观：其一，本科生总体认同中国共产党的领导。中国共产党作为中华民族的先锋队，是中国特色社会主义事业的领导核心。对此，多数本科生对以习近平同志为核心的党中央拥护信任，对党中央治国理政新理念新思想新战略高度认同，对中国特色社会主义和中华民族伟大复兴中国梦充满信心[1]，并积极投身中国特色社会主义建设实践，为实现中华民族的伟大复兴贡献自身力量。因此，大多数本科生在大一时会积极递交入党申请书，但由于发展党员的名额有限及发展党员程序较复杂、要求高等，最终成功发展为党员的本科生人数不多。其二，多数本科生愿意积极主动参与党团活动。本科生大部分有意愿入党、入团的学生或已经是党员、团员的学生表示支持开展党团活动，认为可以提升其理论素养以及理论联系实际的能力，也表示愿意参与党团活动，积极践行全心全意为人民服务的宗旨，积极为教师、同学奉献。当然，大学本科生的党团观念虽总体较为乐观，但同时也存在有待改进、急需引导的方面，主要体现为：

（一）政治信念不够坚定

政治信念是指对马列主义、毛泽东思想等的信仰，对实现社会主义和共产主义的信心。尽管本科生较专科生学历更高，理论知识学习更为扎实，但其学习环境多样，接触新鲜事物多，是一个极易受外界影响的群体。随着经济社会的不断发展，社会各种文化和价值观念冲击着他们的政治信念，导致一部分本科生党员存在不同程度的政治信念模糊、道德约束感和现实责任感低下、不能很好利用马克思主义理论观察分析纷繁复杂的社会现象的情况，缺乏心系国

---

[1] 张智：《新时代学校爱国主义教育的现状和优化路径》，《中国德育》，2023年第8期，第25页。

家、民族发展的远大理想和应有的社会责任。

(二) 入党动机不够纯洁

相关调查显示，部分大学本科生在入学后想加入中国共产党的动机不够纯洁。首先，思想层面的跟风。部分本科生从思想上没有端正入党动机，只是认为入党很光荣，可以使自己多一个党员的光环，所以存在自身思想素养没有达到入党要求时就跟风式地递交入党申请书，完成任务式地参加党校培训的情况。其次，现实利益的驱使。一部分本科生错误地认为入党会给自己的大学生活"助力"，片面地认为党员会在评优评先方面享受优待，将入党作为拓宽就业路径、增加就业实力的砝码，因此会出现"挤破头"想入党的情况。最后，就业层面的推动。随着社会的不断发展，国家对教育的不断重视，高校毕业生的人数逐年增多，大学生的就业压力不断增加，"就业难"已成为不可忽视的社会问题。部分招聘单位在招聘时会优先考虑党员学生，因此吸引了大学生在校期间积极谋求党员身份，故而存在不端正的入党动机。还有的学生对于入党没有自己的主观意愿，一定程度上表现出"随大流"的盲从性，受家长、同学和社会等外在因素的影响，把入党和荣誉光环画上等号。

(三) 入党意愿不够强烈

大学生入学之初，往往满怀热情和憧憬，很多人都希望能加入党组织，甚至出现班级集体递交入党申请书的现象。但是，久而久之，有的大学生觉得入党条件高，自己难以达到，入党与自己无缘；有的大学生受到个别党员不良言行的影响，看不到党员的先进性，认为党员还不如非党员学生；有的大学生在纷繁复杂的社会生活中崇尚自我发展和个人价值的实现，认为政治上的追求对于自己的发展无关紧要，只要专业学习好了、专业能力强了就行，一门心思追求专业的成功，走个人奋斗之路。凡此种种导致大学生忽略了世界观、人生观、价值观的改造，入党热情降低。

三、研究生党团观念存在的问题

研究生作为大学生中学历较高的群体，总体有着坚定的政治方向和良好的思想道德品质，对党的理论、方针、政策，对中国特色社会主义有较高的认可度，能主动自觉学习党团相关知识，关心国家、民族命运，了解个体发展与国家前进的内在联系；目睹改革开放给中国带来的巨大变化，能够认识到个人的命运与国家命脉是紧密相连的。因此，在学习和生活方面，他们思想活跃，成才愿望强烈。研究生阶段也有很多大学生向党组织递交入党申请书，越来越多的研究生党员在学校的建设和管理中发挥着重要作用，给基层党组织带来了活力。但是也应清醒地看到，研究生党员的发展与培养中依然存在一些问题，主要表现为以下几个方面。

（一）党员质量有待提高

第一，研究生人数总体而言较本科生更少，研究生党员在研究生总人数中比重较大。研究生阶段学生的学业任务加重，对党团的基本理论、基本路线、基本方针的学习不够。第二，部分高校的研究生党支部工作人员紧缺，且新手多，经验不足，故而将更多精力放在了发展程序和整理材料上，对研究生党员的后期培养不够，党员质量有待提高。个别高校研究生党组织党员发展制度体系建设甚至还不够健全，入党程序、环节操作等还不够精准规范。在研究生党员发展过程中，突出强调学生干部任职情况或学术科研情况，而对政治立场、入党动机等考察标准缺乏相应的明确规定。第三，尽管大部分高校对研究生党员开展了一定的教育活动，但形式陈旧，党员参与积极性不高，培养形式和力度均有待加强。对于博士研究生党员的教育管理欠缺，考虑到博士研究生承担着繁重的科研任务，或者年龄普遍偏大，便放松了对博士研究生党员的教育管理，将"学历高"同"党性强"画上了等号。

（二）党员意识较为淡薄

第一，学习马克思主义理论等相关知识的自觉性弱化，政治热情减退。研究生在学业方面有较大的科研压力，其在校学习时间往往被各种学习科研任务占据，导致其对党有关理论知识的学习时间减少，学习积极性降低。第二，党员的光荣感异化、责任感弱化。高校研究生中部分党员把光荣感异化为"面子"，与此同时忘却了对党组织所负的责任和应履行的义务。第三，党员的宗旨意识、奉献精神淡化。有的党员在工作中怕吃苦、怕付出；只想享受别人的服务，而不愿意为他人提供服务；不看自己对党组织有何贡献，却希望在自己取得小成绩的情况下得到党组织的"回报"。

（三）入党前后表现不一

在学生党员发展过程中普遍存在重视入党前的教育培养，忽略入党后的再教育现象。党组织对入党积极分子、党员的再教育缺乏计划性、系统性、连贯性，存在着突击式的做法。多数党支部把研究生党员日常学术管理和科学研究任务放在首位，在相当一部分院校的研究生党建工作中，对于已经成为预备党员和正式党员后的研究生的后续管理不到位。首先就是后续的党员日常学习组织不到位，学生党员的后续组织生活整体不够健全或者只是流于形式，缺乏必要的组织管理。其次就是预备党员的预备期考核和考察没有实质性的制度保证，缺乏必要的管理制度。具体而言，一方面表现在思想层面，在入党前，党支部会对发展对象进行严格的考核，积极组织发展对象进行集中学习，开展理论和实践教育，从而促使发展对象在思想上高度重视，努力学习党的有关知识。但在其通过层层考核转为中共党员以后，其学习往往会由于各种因素松懈下来，导致入党前后在思想层面上反差大。另一方面表现在行为层面，在党组织考察的培养阶段时，发展对象往往能够积极主动参加各类研究生实践或者志愿服务活动，但在其加入共产党以后，部分研究生认为党组织不会再对其行为进行严格的监督，抱有侥幸心理，从而放松在行为上对自身的约束，导致入党前后在行为层面反差大。

第三章　新时代大学生思想政治教育的成效与问题审视

大学生思想政治教育作为培养国家栋梁之材的重要一环，不仅承载着传承红色基因、弘扬时代精神的重任，更肩负着引导大学生树立正确世界观、人生观、价值观的神圣使命。新时代的大学生思想政治教育在夯实理想信念、锤炼道德品质、提升社会责任感等方面取得了显著进步。坚持以思想政治理论课作为主渠道，开展的一系列富有成效的思想政治教育活动，让大学生的理想信念、实践能力以及心理素养得到提升，使其更加坚定地拥护党的领导，更加自觉地践行社会主义核心价值观，成为推动社会进步的重要力量。与此同时，信息技术的快速发展，社会环境日新月异，也给大学生思想政治教育带来了前所未有的冲击和考验。思想政治教育内容与实际需求的脱节、教育方式方法的滞后以及教育资源分配不均衡等问题逐渐浮现，需要从社会环境、人民期盼以及高校自身等方面深入剖析、审慎应对。

第一节　新时代大学生思想政治教育取得的成效

进入新时代以来，全国高校对思想政治工作的重视程度显著提升，通过改进教学方法、创新教育理念、完善课程内容、强化课程思政等举措，引导大学生学习思想政治理论知识、积极参加各类社会实践和志愿服务、创新创业活动，使大学生在提高自身品德修为的同时，进一步增强了对国情、社情和民情的了解，增强了能力才干，更为今后的人生发展打下了扎实基础。总体来看，新时代大学生思想政治教育取得了较好成效，为国家发展和民族复兴伟大事业培养了一批批德才兼备的优秀青年人才。

一、思想政治理论课程建设更趋完善

（一）课程目标和方向更加明确

思想政治理论课是大学生思想政治教育的主渠道，对于落实立德树人根本任务、培养一代又一代社会主义建设者和接班人发挥着独有的作用。党的十八大以来，习近平围绕思想政治理论课建设作出一系列重要论述，为新时代办好讲好思想政治理论课提供了根本遵循、指引了正确方向。2016年12月，习近平在全国高校思想政治工作会议上指出："思想政治工作从根本上说是做人的工作，必须围绕学生、关照学生、服务学生，不断提高学生思想水平、政治觉悟、道德品质、文化素养，让学生成为德才兼备、全面发展的人才。"[1] 2019年3月，习近平在学校思想政治理论课教师座谈会上强调："我们办中国特色社会主义教育，就是要理直气壮开好思政课。""用新时代中国特色社会主义思想铸魂育人，引导学生增强中国特色社会主义道路自信、理论自信、制度自信、文化自信，厚植爱国主义情怀，把爱国情、强国志、报国行自觉融入坚持和发展中国特色社会主义、建设社会主义现代化强国、实现中华民族伟大复兴的奋斗之中。""思政课作用不可替代，思政课教师队伍责任重大。"[2] 2024年5月，习近平对学校思想政治理论课建设作出重要指示强调："新时代新征程上，思政课建设面临新形势新任务，必须有新气象新作为。"[3] 习近平对思想政治理论课的定位和方向作出了明确指示，各高校对此的认识和理解愈加清晰，不断改进创新教育教学工作，课程逐步朝着规范化、体系化、科学化的方向发展。

（二）课程和学科建设更加完善

高校思想政治理论课经过最近十余年的发展，日趋形成一个层次丰富、结构完整的有机教学体系，打开了全新局面。一是课程改革创新的顶层设计进一步加强，国家先后出台了一系列政策，让新时代思想政治理论课建设的制度体系更加具有实操性，明确了"如何抓好"的问题。二是课程设置凸显马克思主

---

[1] 张烁、鞠鹏：《习近平在全国高校思想政治工作会议上强调 把思想政治工作贯穿教育教学全过程开创我国高等教育事业发展新局面》，《人民日报》，2016年12月9日第1版。

[2] 张烁、谢环驰：《用新时代中国特色社会主义思想铸魂育人 贯彻党的教育方针落实立德树人根本任务》，《人民日报》，2019年3月19日第1版。

[3] 《习近平对学校思政课建设作出重要指示强调 不断开创新时代思政教育新局面 努力培养更多让党放心爱国奉献担当民族复兴重任的时代新人》，《人民日报》，2024年5月12日第1版。

义中国化最新理论成果,坚持与时俱进,积极推进以习近平新时代中国特色社会主义思想为核心的课程建设,新增了"习近平新时代中国特色社会主义思想概论",并积极加强师资培训。同时各高校规范实践教学,已将其作为思想政治理论课的一项重要内容,带领大学生到学校周边的一些红色文化基地进行实地研学,使他们在学习理论知识的同时也能有更加直观、真切的体验,受到思想上的洗礼,不断培养和激发其爱国主义情怀。三是积极推进马克思主义学科体系建设,持续加强师资人才队伍的引进与培养,基本形成了具有中国特色的马克思主义学科体系,还将教学和科研紧密结合,以学科建设和科学研究的最新成果来支撑思想政治理论课教学内容不断完善、教学形式进一步改进创新。

(三)教学管理机制更加健全

新时代思想政治理论课教学管理机制不断改进创新,从组织领导机构、教学评价管理、深化科学研究等方面出发,进一步明确了"指挥棒"与"责任田"的具体内容。一是从主体责任来看,直接由学校党委负责统筹领导,分管校领导负责组织协调,马克思主义学院负责具体实施工作,不断将党的领导优势转化为工作的有力推进。二是强化"大思政课"建设的资源和力量,调动各方资源和力量加入其中,学校各有关部门从各自实际出发,围绕立德树人这一根本任务,积极协同支持思想政治理论课及其延伸内容的建设,形成了良好的工作局面。三是优化教学评价督导机制,在校级层面设置了教学指导委员会和教学督导委员会,此外部分高校还设置了教学评价中心等机构,打破了原有的"教师+学生"的教学评价机制,增加了专家评价和督导环节,使评价视角更加多元、内容相对客观。

二、思想政治教育的载体和方法持续改进创新

(一)社会实践育人成效明显

高校社会实践教育是促进大学生成长发展的重要环节。大学生社会实践是大学生在接受高等教育过程中,理论联系实际的应用与创新活动,是大学生适应社会发展需要、承担社会责任的活动,更是高校思想政治教育的有效途径和实践育人的重要阵地[1]。这既包含大学生在节假日开展的支教助学、文化传

---

[1] 朱佐想、杨旸、陈晓伟:《大学生实践教育共同体建设的理论内涵与实践路径》,《高校辅导员》,2023年第2期,第60页。

承、助力乡村振兴等志愿服务和社会实践活动，特别是以暑期"三下乡"社会实践为代表，也包含学生在课堂教学以外，有组织的或自行开展的调查研究、实习实训等活动。在 2016 年 12 月召开的全国高校思想政治工作会议上，习近平总书记着重阐述了构建"大思政"格局的重要思想。2021 年全国"两会"期间，习近平提出："'大思政课'我们要善用之，一定要跟现实结合起来。上思政课不能拿着文件宣读，没有生命、干巴巴的。"① 近些年来，社会实践已经成为几乎每一名大学生在大学期间必定会参与的一项活动，育人成效显著。一是在新时代新征程的召唤下，大学生参与社会实践的意愿更加强烈。他们不是被动地去参与，而是主动渴望走出校园走向社会，满腔热情希望锻炼自己的实践能力。他们有了更多机会展示自己的才华和能力，还积累了丰富的实践经验。这对于大学生综合素质培养和心理健康成长有着积极意义，不断引导大学生明晰成长发展路径、转变就业择业观念。二是社会实践活动的量和质均有明显提升。避免开展一些简单重复的低效能活动，注重将社会实践活动与学生的专业知识紧密结合、与社会发展需要紧密结合，如推广国家通用语言文字、法律普及宣讲、乡村振兴调研、支教助学服务、优秀传统文化传承等内容，引导大学生们深入基层、贴近群众，亲身体验新时代社会发展的大浪潮和人民群众的所思所盼，深刻感受到中华民族的伟大复兴进程与自身成长的同步。这种身临其境的实践教育使他们更加坚定了理想信念，产生为国家和人民事业奋斗的热情与动力。三是逐渐形成了具有中国特色的新时代文明实践志愿服务。全国高校已经实现青年志愿者组织的全覆盖建立，志愿服务工作也朝着品牌化、精品化方向发展，如全国层面开展青年志愿服务项目大赛已有 10 年，目前已形成了省、市、校、院（系）四级覆盖。志愿服务已经成为社会文明进步的重要标志和广大志愿者奉献爱心的有效渠道，新时代文明实践志愿服务突出党的全面领导，强调主流价值引领，彰显出深刻的价值导向，其本质特征与"大思政课"立德树人、实践育人的内在要求紧密关联、高度统一、互为补充，逐步融入"大思政课"之中②。

（二）心理健康教育实效性、针对性持续增强

心理育人是新形势下提升思想政治教育质量的重要内容，也是新时代高校

---

① 杜尚泽：《"大思政课"我们要善用之（微镜头·习近平总书记两会"下团组"·两会现场观察）》，《人民日报》，2021 年 3 月 7 日第 1 版。
② 吕宏山、曹圆慧：《新时代文明实践志愿服务融入"大思政课"的理论逻辑、基本思路与实施路径》，《中国志愿服务研究》，2023 年第 4 期，第 3 页。

心理健康教育的新任务、新使命①。新形势下，大学生面临的精神压力和挑战是社会快速发展和转型变化中前所未有的，呈现出低龄化的发展趋势。近年来，高校着力从教育主体、教育过程、教育范围等维度出发，抓紧抓实大学生心理健康教育。一是强化心理健康教育体系建设，应对日益突出的学生心理压力的能力不断增强。这一体系包含必修的课堂教学和日常各项工作，如心理卫生知识普及、心理问题调研与诊断、心理辅导干预等，从而帮助学生更好地认识自己，确保每一位学生都能接受系统的心理健康教育。二是做好心理健康教育师资队伍的引培工作。相对其他传统学科而言，心理教师师资较为薄弱，在面向社会公开招聘优秀专业心理教师补充力量的同时，也通过培训、进修等方式持续提高在职心理教师的业务素质和技能水平，强化队伍建设。三是实现了心理健康教育与学生日常学习生活的深度融合。高校精心策划实施了一系列形式多样的心理健康教育活动，如积极鼓励和引导大学生主动参与心理健康讲座、心理咨询沙龙及心理剧表演等活动；还建立了完善的心理危机干预机制，在每个学期都会通过量表测试、调查问卷和师生个别访谈等多种方式了解大学生可能存在的心理问题，构建学生心理健康档案，特别是心理危机干预库，能够更全面地了解大学生的心理状况，有针对性地提升大学生心理健康意识，增强其自我调节能力和抗压能力。

（三）校园宣传思想文化建设水平不断提升

习近平总书记指出："一种价值观要真正发挥作用，必须融入社会生活，让人们在实践中感知它、领悟它。"②校园宣传思想文化工作正是通过一定的举措，将党的思想理论传递给大学生，帮助他们成长，不仅对大学生理想信念教育和心理健康教育具有引导作用，更在塑造大学生世界观、人生观、价值观方面发挥着重要作用；既是传播先进文化与弘扬社会主义核心价值观的坚固阵地，也是促进学生全面成长、提升其综合素质的可靠途径。党的十八大以来，高校注重结合时代特征和学生实际，创新工作的形式和内容，不断营造健康向上的校园文化氛围。一是伴随着互联网快速发展，青年思想舆论引导进一步强化，大学生思维非常活跃，具有较强的信息获取和分享传播能力，高校对此积极做好引导工作，加强社会主义核心价值观的教育，结合学校自身情况积极宣传宣讲党的创新理论和国家政策方针，壮大主流思想舆论。二是加强精品文化

---

① 马建青、杨肖：《心理育人的内涵、功能与实施》，《思想理论教育》，2018年第9期，第87页。

② 习近平：《习近平谈治国理政（第一卷）》，外文出版社，2018年，第165页。

活动建设，注重打造有学校特色的校园文化活动，增强互动性、参与性，通过举办各种文化活动、建设文化设施场所等方式不断提升校园文化品质，营造积极向上的校园文化氛围，使学生在潜移默化中受到熏陶和感染。三是打造学生喜闻乐见的新媒体平台，推动思想政治工作的传统优势与现代信息技术深度融合，注重贴近学生生活、满足学生需求。高校通过优化官方网站建设，开设微信公众号、微博、抖音、小红书等平台，打破信息壁垒、消除信息误差，积极与学生互动，使网络成为全方位育人的关键阵地，更紧密地贴合学生的实际需求。

三、思想政治工作队伍力量不断增强

（一）思想政治理论课教师队伍专业化水平得到提升

自党的十八大以来，高校非常重视并持续推进思想政治理论课教师队伍的建设工作，教师的整体素质和专业化水平得到提升，影响力进一步扩大。一是从政策制度上予以保障，如国家出台的《新时代高等学校思想政治理论课教师队伍建设规定》明确提出："高等学校要为思政课教师的教学科研工作创造便利条件，配备满足教学科研需要的办公空间、硬件设备和图书资料[①]。"高校普遍将思想政治理论课教师队伍建设作为学校人才队伍建设总体规划的重要环节，在教师队伍的引培与发展、专项经费的预算与分配、校内资源的协调与保障等诸多层面均有所支持。此外，高校还制定了专门的选拔聘用制度和有关专项补贴政策，确保人才招聘流程的规范性和高效率，以及教师队伍的持久稳定。一套"组合拳"下来，思想政治理论课教师队伍得到了较为稳定、健康的发展。二是普遍加强了对马克思主义学院的重视与投入，高校积极调配资源，将马克思主义学院的建设作为一项重点工作推进，通过加大资金投入、优化教学设施、完善课程体系等举措，进一步强化了马克思主义学院在高校思想政治教育中的重要地位。三是持续加大对思想政治理论课教师教学的培养力度，通过组织定期的教学研讨会、学术会议以及公开课、示范课和教学观摩等活动，为广大教师提供交流心得、分享经验的机会与平台，拓宽学术视野，提高教学水平。从宏观层面来看，已基本构建起了一支结构科学、老中青相结合的思想政治理论课师资队伍，为高校思想政治教育的深入发展注入了源源不断的新活力。

---

① 教育部：《新时代高等学校思想政治理论课教师队伍建设规定》，2020年。

（二）辅导员队伍专业化职业化水平进一步提高

辅导员是大学生日常管理的重要力量，也是心理健康教育和职业发展规划的重要指导者，在高校思想政治教育工作中发挥了不可或缺的作用。一是高校通过制定完善的选拔和培养机制，选拔了一批具有优秀素质和专业技能的辅导员，为他们提供了丰富的培训和发展机会，不断提升专业素养和职业能力，从而更好地适应学生工作的新需求和新挑战，为学生提供更加全面和专业的服务。二是辅导员的角色定位更加聚焦。辅导员最重要的核心职责是"思想政治教育"，高校积极引导辅导员队伍聚焦角色定位，将学生资助、学生日常管理、评优评奖、学生活动等各项日常事务性工作化为思想政治教育的载体，注重从具体工作事务中提炼思想政治教育内涵，进一步实现教育育人、管理育人、服务育人。三是辅导员科研能力不断提升，高校加强"辅导员工作室"的建设，大多设立了辅导员专项科研课题，对研究经费也有了一定的保障，鼓励辅导员有组织地开展思想政治教育、社会主义核心价值观培育等方面研究；教育部深入实施"高校思想政治工作骨干在职攻读博士学位专项计划"，重点支持基层一线辅导员攻读博士研究生，为辅导员提供了深造的机会，更在提升辅导员队伍整体素养上起到了积极作用。

第二节　新时代大学生思想政治教育问题

进入新时代，社会环境、经济形势、文化氛围等许多方面都发生了巨大变化，这一时期大学生的成长过程和环境相较以往已明显不同，随着信息技术的快速发展，大学生获取各类信息的渠道非常广，这深刻影响了他们的思维方式、价值观念和行为习惯。传统的思想政治教育内容和方法已经不能适应新的形势，教师的角色和地位也发生了变化，教师需要掌握新的教育技术和教育方法，以便更好地与大学生进行互动和沟通。当前数字技术应用于传统思想政治教育课程体系较为零散，未形成统一的、有深度的思想政治教育体系[1]。此外，在传统的思想政治工作评价体系中，往往过分强调理论知识的灌输和考试成绩，忽视了对大学生的日常表现及其综合素质的评估。这种单一化的考核方

---

[1] 吴恒仲、张桂华：《数字技术驱动大学生思想政治工作创新探究》，《学校党建与思想教育》，2024年第10期，第75页。

式，未必能全面反映大学生真实水平和能力，育人成效也必然大打折扣，可能导致学生对思想政治教育产生排斥和反感情绪。

一、思想政治教育的内容和载体未能完全适应新时代发展需求

（一）教育内容缺乏鲜明的时代性

教育内容缺乏时代性是当前大学生思想政治教育工作面临的一个突出问题。这种不足表现为教育内容未能与当前社会的热点、难点问题紧密结合，对国家的发展战略和时代变化反映不够及时。一是思想政治教育的内容偏向理论化，缺乏生动性和实践性。理论本身是抽象的、概括的，但教育内容未能结合生动形象的现实生活，就会造成学生在理解认知上的困惑。例如，在讨论国家发展战略或国内外形势时，如果仅仅停留在理论层面上，不结合具体的政治、经济和社会现象来分析，学生便难以深入理解和接受。二是思想政治教育内容在时代性上缺乏敏感度。当前学校思想政治教育与学生的实际需求存在一定程度的脱节，滞后于时代的发展需求[①]。随着社会发展日新月异，不断涌现出新事物、新现象，这些无不深刻地影响着大学生的心智成长。部分高校的思想政治教育未能及时捕捉这些变化，有效推进思想政治工作改进创新，导致教育内容相对陈旧，反而起着反向作用。比如，在信息技术高速发展的今天，大学生获取信息的行为呈现娱乐化、碎片化、个性化倾向，必然要求思想政治教育的内容符合他们的行为习惯与实际需要，这就形成了现有思想政治教育模式与大学生个性化需求之间的不匹配[②]。三是教育内容在个性化和区分度上明显不足。每个大学生都有其独特的思想特点和成长背景，但部分高校的思想政治教育手段和形式往往采用"一刀切"，缺乏对不同学生群体的深入分析和差异化教育，不仅使得教育内容难以引起学生的共鸣，也限制了教育的针对性和实效性。

（二）教育载体缺乏创新性与互动性

随着信息技术的快速发展和互联网的普及，大学生的信息获取和交流方式发生了翻天覆地的变化。部分高校对此判断存在偏差，在思想政治教育方面还

[①] 董青：《新时代环境下大学生思想政治教育面临的挑战及对策研究》，《中国教育技术装备》，2024年第3期，第9页。

[②] 高娟：《"Z世代"大学生思想政治教育交互模式探析》，《江苏高教》，2024年第4期，第115页。

拘泥于传统的课堂讲授、纸质教材阅读等传统教育载体，严重脱离当下瞬息万变的时代发展，相关教育载体已经不能满足大学生的学习需求。一是教育载体缺乏互动性和趣味性。传统的思想政治理论课教学往往采取"一言堂"的方式，学生在互动参与机会不足的情况下，只能被动地接受知识。而一般的纸质版教材也常常缺乏吸引力和趣味性，时政热点内容严重滞后，倘若授课教师不主动拓展，则更加无法激发学生的学习兴趣。二是教育载体实时性、灵活性不够。网络已经成为高校师生学习生活的"第一环境"，也是大学生思想政治工作面临的"最大变量"[①]。现实中突发事件和热点问题往往会对大学生的思想观念产生很大冲击，但传统的教育载体往往不能及时有效地做出反应，比如社会上突发某一重大事件时，学生可能已经通过各类社交媒体查看到了相关信息，并且对此有一定的价值观念倾向，如果此时的课堂教育还停留在固定的内容上，不能及时对此做出回应，那么可能使得大学生的价值倾向出现不同程度的偏差。如此循环往复，思想政治教育总是以一种滞后、补位的角色出现，难以对大学生产生更大的吸引力。三是个性化教育方面，传统教育载体也有明显欠缺。这一时期的大学生对独立个体的认知是很强烈的，同时他们的学习方式和接受能力是不一样的，但传统的教育载体往往只能提供统一的教学内容和教学方式，不能满足学生的个性化需求，这就造成了一些学生在学习过程中，或感到吃力，或觉得索然无味，严重影响了学习效果。

（三）思想政治理论课程与其他课程的融合度亟待提升

近年来，思政课程与课程思政的融合发展有一定成效，但在实际教学过程中，二者的融合度和协同性仍存在不足，这种分离和割裂的状态既影响了思政课程本身的教学效果，也在一定程度上限制了课程思政作用的发挥。一是思政课程与其他专业课程的教学内容和方法未能同向而行，在很多情况下，思政课程的内容与其他课程的内容缺乏关联和整合，导致学生在学习过程中难以形成完整的知识体系而显得脱节，学生在学习过程中可能会感到困惑和迷茫，也很难有所收获。二是思政课和其他课的考核评价标准体系也有明显区别。不少高校对思政课程的考核评价往往侧重于理论知识的掌握程度，对大学生实践能力和综合素质的评价缺乏较为权威的标准。而其他专业课程的考核评价则往往侧重于专业知识和技能方面，特别是专业课教师的育人实效难以量化，导致二者之间难以形成协同效应。三是在师资力量方面，思政课程与其他专业课程的教

---

① 冯刚：《习近平关于大学生思想政治教育论述的理论蕴涵》，《重庆大学学报（社会科学版）》，2018年第3期，第178页。

师协同性存在不足。思政课程教师与其他课程的教师交流合作机会很少,特别是在中西部地区的地方性高校,教师教学存在"闭门造车"的问题,导致思政课程和课程思政的师资力量不能得到有效整合和利用。这种割裂状态不仅使思想政治理论课与其他专业课程的融合程度和发展空间受到限制,而且对高校的人才培养质量和水平也造成了影响。

二、政治思想教育的主体与对象存在矛盾

(一)教师对新时代思想政治教育的特性认识不充分

高校思想政治教育在大学生心智成长和思想品格塑造上发挥着非常关键的作用。新时代大学生面临着更加复杂多变的社会环境,他们需要具备更强的创新精神、实践能力和社会责任感。而部分教师仍停留在传统的教育理念和教学方法上,对于新时代思想政治教育的特性认识不够充分。一是教师缺乏对新时代特征全面而深刻的理解。新时代的到来,标志着社会结构发生了深刻变化,科学技术发展日新月异,尤其是青年大学生的思想变得更加多元且复杂,这就要求教师必须具备能够洞悉新时代发展趋势和青年学子内心需求的前瞻性眼光。而实际中仍有一部分教师沉浸于传统的教育理念和模式之中,难以适应新时代的变化和挑战。二是部分教师对思想政治教育的重要性认识不足。这种认识不足并非单纯认为思想政治教育不重要,而是认为思想政治教育只是学校各项教育的一部分,能够按部就班完成相关教学任务即可,未能深入思考和探究相关内容,及时改进创新工作方式方法。这种观念上的偏差,导致他们在教学资源的分配上、教学方式的创新上以及教学效果的考核上都有所不足,进而影响思想政治教育的实际成效。三是教师在思想政治教育的方法手段上创新不够。部分教师仍沿用过时的教育模式和单一的教学方法,如照本宣科、填鸭式教学等,这些方法往往无法激发大学生的学习兴趣和热情。同时,部分教师未能与时俱进地掌握现代教育技术和手段,如不能熟练运用互联网、社交媒体等新媒体平台对大学生进行思想政治教育。而作为新时代的网络原住民,"00后"大学生已经和网络紧密地连在一起,在网络中逐渐形成了具有群体特色的文化和思维方式[1]。师生之间存在的矛盾点不仅限制了思想政治教育的效果,也可能进一步导致部分大学生对思想政治理论课乃至相关的教育工作产生厌恶

---

[1] 张睿、吴志鹏、黄枫岚:《"00后"大学生的思想观念及行为倾向研究》,《思想理论教育》,2021年第6期,第96页。

和抵触情绪。

(二)师生之间互动交流不足

在思想政治教育的管理服务中,师生之间的关系显得较为复杂。一是部分高校基于管理服务主体的角度,更多地从学校宏观教育目标出发,在制定和执行相关政策时忽视大学生个体的差异和多样性,难以充分考虑学生的实际需求和心理特点。这种缺乏针对性和个性化的管理方式,往往会导致政策的执行效果不佳,难以取得理想效果,甚至导致大学生对思想政治教育产生抵触情绪。二是大学生对于思想政治教育也存在认识上的偏差和误区。基于传统的思维观念,大学生可能把思想政治教育看成缺乏实际应用价值和意义的枯燥乏味的理论灌输。这种错误的认识不仅让他们产生了消极的学习态度,同时也限制了思想政治教育在学生个体发展中的积极引导和帮助作用。三是教师和学生之间存在着沟通渠道不畅的问题,部分教师缺乏主动与学生联系沟通的意识,而大多数学生又对教师有一定的畏惧心态,双方对彼此的期望和需求缺乏深入的了解和沟通。这种信息不对称在极大程度上限制了思想政治教育的有效开展和改进创新。

三、思想政治教育的评价考核机制建设不够健全

(一)评价考核机制较为单一

高校思想政治教育质量评价既能反映质量现状,更能用于总结经验,反思不足,反馈建议,不断改进,形成工作的闭环[①]。现行的思想政治教育评价考核机制主要集中在课程考试、问卷调查、简单量表分析等方面,这些方式简单易操作,但往往只能反映学生对理论知识的掌握程度以及一些基本表现,在综合评价学生思想政治素质方面还不够全面客观,导致学生在思想政治教育中过分注重分数和形式而忽略了实质性的内容和意义,同时也限制了教师在教育方法和手段上的改进创新空间。一是过于依赖课程考试。传统的考核方式,其虽然可以在一定程度上考查学生对知识点的掌握程度,但对学生的思想政治素养、道德观念等方面的综合评价往往只能涵盖教材中的基础理论,很容易让学生过分追求分数,同时陷入应试教育的泥沼,忽略了思想政治教育的内在精神

---

① 冯刚:《改革开放以来高校思想政治教育质量评价的回顾与思考》,《教学与研究》,2018年第3期,第88页。

与现实意义。二是调查问卷和量表存在一定的限制。这也是一种使用较为普遍的测评方式，很多高校在新生入学、春季和秋季新学期开学或期末等时间会开展大学生思想动态调研，但这也存在明显的局限性。量表往往设计得较为简单，难以全面反映学生的思想状况。同时，由于调查问卷设计的主观性和被调查者回答的真实性也可能存疑，因此收集到的学生对思想政治教育的反馈，仅能作为参考，不能全方位反映学生的思想政治素养。

（二）前端教学投入大，后端反馈机制重视不够

在思想政治教育中，学校和教师通常会在教学内容和方法上投入大量精力，以提高学生的学习兴趣和教学效果，对于学生的后续发展和行为表现缺乏足够的关注和反馈。这种"一次性"的考核评价办法对学生在思想上、行为上出现的问题不能及时发现解决，难以真正起到政治思想教育的作用。一是没有形成畅通的反馈渠道，学生往往不能及时有效地反馈课程学习的意见，如教学内容的接受度、老师的授课质量和自己的学习效果等，造成"教"与"学"存在脱节的情况，教师对学生真正的需求未能全方位地了解，教学方法也不能有的放矢地进行完善。二是教师对学生的信息反馈的处理不够及时有效。即便有的学校已经建立了沟通反馈机制，但在信息处理上还有明显的欠缺，往往只是简单地收集、记录。部分教师因为教学任务重或其他因素对课程分析不够深入，难以触及教学"深水区"，导致反馈沟通机制无效，无法获得有益的教学参考。三是缺乏及时有效的沟通反馈循环。这本应该是一个动态的循环过程，包括信息的收集、分析、处理和再反馈等环节，但在传统教学模式下，往往在收集了学生的意见信息后或是信息对教师产生了一定的积极影响后就停止了，难以形成持续的过程，即便是个别教师能够坚持，但对于整体而言也不能起到明显作用。

（三）现有评价机制尚未形成合力

在大学生思想政治教育中存在多种相互独立的评价机制各自为政，缺乏有效的整合与协调，导致评价结果存在重复、矛盾等问题，难以形成全面、准确的评价结论，既影响了评价结果的实效性和准确性，又制约了思想政治教育的不断改进完善。一是评价机制的碎片化。思想政治教育的评价机制包括课堂表现、作业成绩、考试成绩、活动参与等多个方面，但这些评价机制之间往往缺乏有效的连接，每个主管部门都有自己的评价标准和方法，如教务部门通过教务系统对学生的成绩表现有一定的评价，共青团组织通过"第二课堂成绩单"能够对学生课外实践锻炼有一定的评价，学生工作部门通过学工系统对学生的

评奖评优情况有一定的评价，但各个评价体系标准不同，缺乏统一性和协调性。二是未能形成统一的数据平台。在如今信息化时代，利用大数据和人工智能技术对学生进行全面、精准的评价已成为可能。然而，目前高校内部各个部门之间的数据壁垒仍未完全打破，同时各个部门的评价标准和维度也完全不一致，导致数据无法有效整合和分析。在这种情况下，即使收集了大量的学生数据，也难以形成有效的学生综合画像，进而无法进行个性化教育和精准评价。三是未能形成全校一盘棋。由于各个部门和教师之间的评价机制相互独立，缺乏统一的指导和协调，因此评价结果往往具有片面性，无法全面反映学生的思想政治素养和综合能力，再加上各部门之间的评价结果也存在差异，就更加削弱了评价机制的公信力和有效性。

第三节　新时代大学生思想政治教育问题的成因分析

新时代大学生思想政治教育正面临着一系列新的挑战和复杂困境。在全球化的背景下，各种思想观念和文化元素相互交织，导致价值观念呈现出多元化的趋势。此外，就业压力、贫富差距、网络舆论等新的社会问题不断出现，对大学生产生着不可忽视的影响。特别是互联网大数据、人工智能等新兴技术的广泛应用，让信息传播的速度增快、范围扩大，信息内容也参差不齐，使大学生更容易受到不良信息的干扰和影响，进而直接影响其思维方式和思想观念。长期以来，高校持续推进学科建设和科学研究，对于思想政治工作的大力投入和研究主要集中在最近十余年，一些高校的思想政治教育师资队伍还存在着结构不合理、专业素养不足、思想政治工作方式方法未能做到与时俱进等问题，无法及时有效应对和满足大学生的思想变化和心理需求。

一、社会环境日新月异带来的挑战

（一）经济社会发展对高等教育提出更高要求

在经济社会高速发展的今天，随着我国主要矛盾的变化，大学生思想政治教育面临着前所未有的挑战。一是教育资源的不均衡分配。随着经济的快速发展，教育资源的分配在不同地区、不同学校之间呈现出明显的差异。一方面，一些发达地区的学校拥有丰富的教育资源，包括优秀的师资力量、先进的教学设施等，能够为大学生提供全面、有针对性和创新性的思政教育。另一方面，一些欠发达地区的学校则可能面临教育资源的匮乏，师资相对短缺，特别是高层次人才的匮乏，这在一定程度上可能导致思政教育的内容单一、方法陈旧，难以满足大学生的实际需求。二是社会竞争压力的增加。就业形势严峻，大学生面临着前所未有的就业压力。为了在激烈的竞争中脱颖而出，他们不得不将更多的精力投入专业技能的学习上，而相对忽视了思想政治素质的培养。这种功利性的心态导致大学生对思想政治教育缺乏足够的重视，甚至产生抵触情绪。三是价值观念的多元化。在经济社会快速发展的同时，大学生的思维方式呈现多元化的趋势，这在一定程度上丰富了大学生的生活，但也让他们的思维方式走向一定的误区，存在一些不足，直接导致他们忽视国家、社会的发展进步，对于个人塑造方面直接趋于现实化[1]。由于他们的价值观念正处于形成和塑造阶段，还不够成熟，分析问题、处理复杂矛盾的能力非常有限，因此很可能会受到个人主义、拜金主义、精致利己主义等错误思想的影响，从而偏离正确的价值轨道。

（二）西方价值观产生的冲击

在全球化的今天，西方价值观通过各种渠道输入我国，对大学生的思想政治观念产生潜移默化的影响。一是网络信息的泛滥。许多西方价值观借着一些网络资讯内容在国内进行传播，尤其是历史虚无主义思潮、新自由主义思潮等不良思潮，对尚未成熟的大学生坚定信念、树立理想具有消极影响[2]，更会对大学生的思想观念产生强烈冲击，导致他们可能会产生对原有价值观的怀疑和否定。同时，一些不良信息还可能诱发大学生的心理问题和道德失范行为。二是文化交流的影响。随着中外文化交流的增多，西方的电影、音乐、书籍等进入国内，这些在丰富大学生文化生活的同时，也会对其思想产生一些潜移默化的影响。大学生以感性方式认识西方社会思潮，看到的仅是表面现象，自然难以发现其本质[3]，进而可能会过度崇拜西方文化，忽视中华优秀传统文化的价值和意义等。这种倾向不仅可能导致文化自信的丧失，还可能影响大学生对国家和民族的认同感和归属感。

---

[1] 孔祥慧：《试论高校辅导员素质提升面临的挑战与基本对策》，《思想教育研究》，2016年第10期，第109页。
[2] 陈琳：《新时代大学生理想信念教育及其实现路径》，《南方论刊》，2023年第4期，第107页。
[3] 苗国厚：《浅析大学生思想政治教育如何应对西方社会思潮的影响》，《学校党建与思想教育》，2015年第22期，第81页。

(三) 家庭教育环境的缺失

在大学生思想政治教育中，家庭一直扮演着至关重要的角色。然而当前许多家庭在教育孩子时存在忽视思想政治教育的倾向。这种倾向可能导致大学生在思想政治教育方面出现缺失和不足。一是家长的教育观念出现偏差，很多家长对孩子的学习成绩过分关注，认为只要学习成绩好，就是教育成功。这种教育理念的偏差，导致家长忽视了对孩子思想品质的培养，把更多的精力投在孩子的学业成绩上，这种教育观念会影响对孩子思想观念的引导和教育，也会限制其综合素质的全面发展。二是家庭氛围不和谐，如父母关系紧张、家庭暴力等，这些问题对大学生的思想教育和心理健康都会产生负面影响，在这种环境下成长的孩子可能缺乏安全感和信任感，对人际关系和社会环境产生消极的看法。这些消极的看法可能会导致他们的思想精神和心理健康出现问题，甚至可能会进一步影响他们对国家和社会的认同感和责任感。三是家庭教育与学校教育的脱节。许多家庭在教育孩子时缺乏与学校教育的有效衔接和配合，一些家长自身教育责任淡化，认为学校教育已经足够全面和深入了，不用对孩子进行额外的思想政治教育。实际上，家庭教育与学校教育的脱节可能导致大学生在思想政治教育方面出现漏洞和不足。学校教育主要侧重于知识的传授和能力的培养，而家庭教育则更注重情感的熏陶和价值观的塑造。只有将两者有效结合起来，才能形成完整的思想政治教育体系。

二、信息化技术发展对思想政治教育的挑战

(一) 网络信息环境的多元化与复杂性

互联网作为信息化时代的重要载体，以其开放性和匿名性等特点，为大学生提供了前所未有的信息获取渠道和交流平台。同时，网络环境的开放和去中心化也将对大学生产生一定的负面影响。一是微传播媒介以人工智能、云计算、混合现实等强大技术为依托，通过大数据精确定位大学生的信息偏好，再借助视频、音乐、图片等高浓缩信息给予其感官刺激，提供大量廉价、快速的虚幻快乐[1]。再加上网络信息开放和去中心化的特点，使得网络信息的质量参差不齐，这就为不良信息的传播提供了可能。二是大学生正处于"三观"养成

---

[1] 姚菲菲：《微传播时代大学生思想政治教育的问题审思与应对策略》，《鄂州大学学报》，2024年第2期，第24页。

的阶段，他们对所有的事物都充满了好奇，而这些不良信息一旦进入他们的视野，就可能会严重干扰他们的正常学习和生活。同时，由于网络环境是去中心化的，造成大学生在网络上难以形成自己的观点和立场，很容易被"带节奏"，导致其在思想和行为上产生错误，价值观被扭曲，身心健康受到伤害。

（二）大学生信息筛选和思辨能力不足

在信息技术快速发展的今天，获取信息非常容易，这也带来了一个严峻问题，即大学生对信息的筛选往往能力不足，批判性的思辨能力也较为欠缺。大学生在面对海量信息时往往显得手足无措。互联网的社交特性可能导致学生陷入信息茧房，只接触与自己观点相近的信息，形成"信息小圈子"，加剧思想的碎片化和偏向化[①]，他们很难把真实的、有价值的内容从众多的信息中筛选出来，对信息的深入分析和评估就更是难上加难。大学生正处于人生的成长阶段，思维方式和价值观念尚未成熟。在面对一些具有争议性的话题时，他们往往缺乏独立的思考和判断能力，容易被外界的言论和观点所左右。这种缺乏批判性思维的能力不仅会影响大学生对知识的理解和应用，更会对他们的个人成长和社会责任感的培养构成障碍。

（三）大学生心理承受能力较差

如今网络信息的传播速度极快，影响力也空前扩大。一些负面的、极端的言论和观点很容易在网络上迅速传播，对大学生的心理产生极大的冲击。大学生正处于青春期，他们的心理承受能力相对较弱，很难正确应对和处理这些负面信息。一些大学生可能会因此产生焦虑、抑郁等心理问题，甚至走上极端道路。此外，大学生还面临着来自学业、就业、人际关系等多方面的压力，这些压力使得他们的心理承受能力变得更加脆弱。在面对网络信息的冲击时，他们往往缺乏有效的应对策略和心理素质，难以保持冷静和理性。这种心理承受能力的不足不仅会影响大学生的身心健康，更会对他们接受学校的思想政治教育产生负面影响。

三、师资队伍建设存在的短板

（一）辅导员队伍学科知识和理论水平不足

在新时代的背景下，辅导员作为大学生思想政治教育的中坚力量，其学科

[①] 张玲、孙瑜：《新时代大学生思想政治教育信息化建设刍探》，《成才之路》，2024年第10期，第34页。

知识和理论水平的高低直接影响着教育工作的质量和效果，整体来看当前辅导员队伍在这方面还存在着明显的短板。一是从选拔机制来看，部分高校在选拔辅导员时，往往更注重候选人的实践经验和社会背景，而对其学科背景和理论水平的要求却相对宽松，绝大多数高校都未限制辅导员的专业。因此目前部分辅导员在所工作的学院（系）的相关学科知识掌握上显得捉襟见肘，难以通过学业辅导深入了解学生的所思所想。对于这个问题，目前部分高校实行"班导师"制度，学生的学业问题专门由本专业出身的"班导师"负责，但也存在相关制度保障不够、监督管理机制不健全等问题，进而导致"班导师"缺位。此外，针对思想政治教育相关的学科素养，辅导员也可能存在不足，比如在处理学生心理问题时，缺乏心理学专业知识的辅导员可能无法提供有效的心理疏导。二是从培训体系来看，虽然大部分高校都为辅导员提供了在职培训的机会，但培训内容却往往侧重于实务操作和管理技能，而对于学科知识和理论水平的提升则缺乏足够的重视。这使得辅导员在培训后，虽然具备了一定的实务能力，但在思想政治理论方面仍然缺乏深度和广度。此外，一些高校还存在培训形式单一、培训内容陈旧等问题，导致辅导员的学习兴趣和积极性不高。三是从职业发展路径和激励机制来看，目前一些高校对于辅导员的职业发展缺乏有效的规划和指导，缺乏明确的晋升机制和激励机制，导致辅导员在职业发展中缺乏动力和目标，难以持续提升自身的学科知识和理论水平。一些辅导员甚至因为看不到职业前景而选择离职或转岗，进一步加剧了辅导员队伍的不稳定性。

（二）思想政治理论课教师教学方法不够多元化、缺乏创新性

思想政治理论课教师的教学方法和手段直接影响着学生的学习兴趣和效果。在新时代背景下大学生的思想观念日趋多元化和个性化，传统的灌输式教学已经无法满足现代思想政治教育的需要。然而，当前思想政治理论课教师在教学方法和手段上存在一些问题。一是教学方法单一。在传统的大课堂形式下，学生始终只是知识的接收者，而不是知识的创造者和共享者。目前部分思想政治理论课教师的教学方式仍然停留在传统的灌输式教学上，过于注重知识的灌输和传授，而忽视了学生的主体性和参与性，缺乏与学生互动的环节，导致课堂氛围沉闷，学生学习兴趣不高。这种单一的教学方法不仅无法调动学生的积极性，还可能使学生对思想政治理论课产生抵触情绪，也降低了思想政治教育的吸引力和感染力。二是教学手段缺乏创新性。随着信息技术的快速发展，多媒体和网络教学等现代教学手段在思政教育中的应用越来越广泛，为思想政治理论课堂提供了更多的可能性。而部分思想政治理论课教师缺乏必要的

现代教育技术的技能，无法充分利用这些教学手段，导致教学效果不佳。

（三）专业课教师发挥课程思政的纽带作用不够

在新时代背景下，专业课程与思想政治教育的融合是提升教育效果的重要途径。当前，部分专业课教师在融合过程中存在一些问题，导致融合纽带作用发挥不够。一是部分教师对思想政治教育的重要性认识不足。他们往往将专业课程与思想政治教育割裂开来，认为两者是互不相关的两个领域。这种观念上的偏差不仅限制了专业课程与思想政治教育的有机结合，也影响了思想政治教育整体效果的提升。例如，在一些理工科课程中，教师往往只关注知识的传授和技能的培养，而忽视了对学生思想道德和价值观的引导和教育。二是教师缺乏跨学科的教学能力。他们往往只关注自己专业领域的知识和技能，对于如何将思想政治教育有效融入专业课程缺乏必要的思考和实践。这导致他们在教学中难以将思想政治教育与专业课程有机结合起来，影响了教学效果的提升。部分教师虽试图将思想政治教育融入其中，但往往缺乏对相关领域知识的了解和掌握，导致效果不佳。三是专业课教师与思想政治理论课教师之间的沟通协调机制也存在一定的问题。由于缺乏有效的沟通机制和合作平台，缺乏定期的交流和研讨机会，因此两者之间的融合难以深入进行，存在障碍和隔阂。这种沟通不畅的情况不仅影响了专业课程与思想政治教育的融合进程，也制约了思想政治教育整体效能的发挥。

总之，新时代大学生思想政治教育经过不断改进创新，取得了显著成效，但同时受限于主观和客观的多方面因素，目前仍然存在诸多亟待改进的地方。新时代大学生思想政治教育要因事而化、因时而进、因势而新，当仁不让地发挥主渠道和主阵地作用，加强顶层设计，完善体制机制，不断更新教育内容、优化教育方式、提升教育资源的配置效率、加强教师队伍内涵建设，为培养德智体美劳全面发展的社会主义建设者和接班人贡献更多力量。

第四章　心理育人融入大学生思想政治教育的价值意蕴

心理育人融入大学生思想政治教育是党对高校人才培养的本质要求，是适应大学生成长发展内在规律的题中应有之义，对促进心理学科和思想政治教育学科融合发展、提升心理育人和大学生思想政治教育的质效具有重要意义。

第一节　新时代党对高校人才培养的本质要求

不同历史阶段，心理育人的内涵不同、地位不同、要求不同，体现了党的高校人才培养观的历史演变。关注心理、重视心理、发展心理，始终是党的高校人才培养观的重要内容。将心理育人融入大学生思想政治教育是新时代党对高校人才培养的本质要求，是培养时代新人的必然要求。

一、心理育人始终是党的高校人才培养观的重要内容

新中国成立 70 多年来，中国共产党始终对"培养什么人、怎样培养人、为谁培养人"这个教育的根本问题不断进行探索，并结合不同历史时期的客观实际，探索出了既一脉相承又体现时代特色的高校人才培养观。这其中，心理育人始终是党的高校人才培养观的重要内容。探究心理育人的发展历程理应从最初的心理育人方式谈起，从党和国家对心理的关注谈起。

（一）发扬革命乐观主义与促进身心协调健康发展

革命时期和新中国成立初期，学生心理没有得到广泛关注，党和国家也鲜有专门政策文件部署开展心理育人相关工作。但是从党和国家领导人早期关于心理健康理念的论述中，可以看出中国共产党人对心理健康的重视和对相关认

识的深入。1917年，毛泽东就在《体育之研究》一书中指出："肢体纤小者举止轻浮，肤理缓弛者心意柔钝，身体之影响于心理也如是。体育之效，至于强筋骨，因而增知识，因而调感情，因而强意志。筋骨者，吾人之身；知识、感情、意志者，吾人之心。身心皆适，是谓俱泰。故夫体育非他，养乎吾生、乐乎吾心而已。"① 这些论述和理念也融入了他此后的革命实践、治国方略和生活方式。比如，毛泽东同志坚持的战略上藐视敌人，战术上重视敌人，强调的正是胜战心理优势。只有心理上占有优势，精神上才能保持高昂士气和顽强意志，才能做到临危不乱、当机立断、克敌制胜。

我们党在长期的革命实践中孕育出了鲜明的革命文化，其重要内核就是革命乐观主义。革命乐观主义本质上就是一种积极的心理品质。1980年，邓小平指出："在长期革命战争中，我们在正确的政治方向指导下，从分析实际情况出发，发扬革命和拼命精神，严守纪律和自我牺牲精神，大公无私和先人后己精神，压倒一切敌人、压倒一切困难的精神，坚持革命乐观主义、排除万难去争取胜利的精神，取得了伟大的胜利。搞社会主义建设，实现四个现代化，同样要在党中央的正确领导下，大大发扬这些精神。如果一个共产党员没有这些精神，就决不能算是一个合格的共产党员。不但如此，我们还要大声疾呼和以身作则地把这些精神推广到全体人民、全体青少年中间去，使之成为中华人民共和国的精神文明的主要支柱，为世界上一切要求革命、要求进步的人们所向往，也为世界上许多精神空虚、思想苦闷的人们所羡慕。"② 邓小平这一讲话，既强调了革命乐观主义在革命战争中的重要作用，也强调了其对社会主义建设和现代化建设的重要作用，还强调要把这种精神品质推广到全体人民、全体青少年中间去。这说明党和国家已经开始注重心理品质，已经开始关注青少年群体的心理健康。此外，邓小平一生"三落三起"，个人生活与家庭成员也屡遭不幸，但他从不怨天尤人，始终保持乐观的心态。"我一向乐观，天塌下来我也不怕，因为有高个子顶着。"③ 这些至理名言更是成为他的重要人生哲学，成为他健康长寿的重要秘诀。

可以看出，毛泽东同志与邓小平同志都强调健康，包括躯体健康和心理健康，都强调关注青少年这个特殊群体，都认为身体和心理相互联系、相互作用，积极健康的心理品质对身体机能的锻造、精神意志的塑造具有重要作用，

---

① 毛泽东：《体育之研究》，人民体育出版社，1958年，第9页。
② 邓小平：《邓小平文选（第二卷）》，人民出版社，1994年，第367~368页。
③ 邓璨：《邓小平"三起三落"展现的人格风范及现实启示》，《邓小平研究》，2024年第4期，第119页。

只有身心协调的健康才是真正的健康。毛泽东、邓小平同志关于身心健康理念的重要论述，奠定就了党和国家开展心理育人工作的历史基础。

(二) 加强学生的心理健康教育和德育工作

1989年，世界卫生组织重新界定健康的概念，健康的定义从"身体、心理、社会功能三方面的完满状态"转向躯体健康、心理健康、社会适应良好和道德健康四个方面，形成了"四维健康观"。此次概念变化，首次将道德健康纳入健康的内容，心理品质和道德品质成为四维健康观的重要内容。随着健康概念的变化，越来越多的德育工作者和研究者开始探究心理因素对学生品德发展的独特作用。1986年，班华首次提出"心育"概念，引起教育界广泛关注。1991年，班华发表《心育刍议》，首次系统阐述与心育有关的问题，论述了心理教育与素质教育的关系。班华提出："心育即心理教育，是有目的地培养受教育者良好心理素质，提高心理机能，充分发挥心理潜能，进而促进整体素质的提高和个性发展。"[①] 班华还首先提出了心理－道德教育概念，论述心理教育与道德教育融合的思想，成为心理－道德教育实践模式的开拓者。由此，心理健康教育理论得以不断发展，全国一些高校开始建立心理咨询中心，开展心理讲座和心理辅导等实践活动。

20世纪90年代初至21世纪初，高校学生心理健康教育政策体系初步形成，这一阶段高校心理育人工作逐步走向规范，并进入快速发展的阶段。这里，我们可以基于政策变迁的视角从两个方面进行考察。

其一，"心理健康教育"的正式提出及其重要地位的确立。1994年，《中共中央关于进一步加强和改进学校德育工作的若干意见》指出："增强适应时代发展、社会进步，以及建立社会主义市场经济体制的新要求和迫切需要的素质教育。"其明确指出，要"通过多种方式对不同年龄层次的学生进行心理健康教育和指导，帮助学生提高心理素质，健全人格，增强承受挫折、适应环境的能力"[②]。由此，"心理健康教育"在正式文件中被提出来，心理健康教育成为一种国家意志和教育部署。同时，学生的心理素质被纳入了素质教育和德育工作范畴。1995年，《中国普通高等学校德育大纲》提出了高等学校德育的十个目标，其中之一就是"具备良好的个性心理品质和自尊、自爱、自律、自强的优良品格，具有较强的心理调适能力"，并强调德育的内容包括心理健康知识教育、

---

① 班华：《心育刍议》，《教育研究》，1991年第5期，第1页。
② 教育部思想政治工作司：《加强和改进大学生思想政治教育重要文献选编（1978—2014）》，知识产权出版社，2015年，第145页。

个性心理品质教育、心理调适能力培养，而"加强心理健康和心理素质方面的咨询与指导"则是开展高校德育工作的重要途径。至此，心理健康教育在德育工作中的地位得以明确下来，心理健康教育成为德育目标、内容、方法的重要内容。1999年，《中共中央 国务院关于深化教育改革全面推进素质教育的决定》要求进一步改进德育工作的方式方法："针对新形势下青少年成长的特点，加强学生的心理健康教育，培养学生坚韧不拔的意志、艰苦奋斗的精神，增强青少年适应社会生活的能力。"[1] 心理健康教育与德育、素质教育形成了相互融通、密不可分的关系。但是还没有出台心理健康教育相关的专门文件。

其二，国家和教育行政部门开始出台专门的心理健康教育指导文件。进入21世纪，高等教育政策中涉及心理健康教育的文件日渐增多，"大学生心理健康教育"在我国高等教育中开始有了独立的政策面貌。2000年至2010年这十年，"高等教育政策中涉及心理健康的相关文件有17部，比过去的14年多出7部，另有5部文件的标题含有'大学生心理健康教育'"[2]。2001年的《教育部关于加强普通高等学校大学生心理健康教育工作的意见》是首个面向大学生心理健康教育的文件，指出了大学生心理健康教育工作的重要性，主要任务和内容，原则、途径和方法，要求加强高等学校大学生心理健康教育工作队伍建设、规范大学生心理健康教育工作的管理。2002年、2003年，教育部办公厅又先后印发《普通高等学校大学生心理健康教育工作实施纲要（试行）》《关于进一步加强高校学生管理工作和心理健康教育工作的通知》。2005年，教育部、卫生部、共青团中央联合印发《关于进一步加强和改进大学生心理健康教育的意见》；同年，教育部办公厅发文成立普通高等学校学生心理健康教育专家指导委员会。随着这一系列政策文件的密集出台，高校心理育人工作进入规范化发展阶段，大学生心理教育工作有了明确的发展方向和实施路径。

（三）心理健康纳入党和国家战略规划

2001年，《中华人民共和国国民经济和社会发展第十个五年计划纲要》提出："……加强青少年的思想政治、道德品质、心理健康和法制教育，努力建立适应社会主义市场经济发展的思想道德体系。"[3] 思想政治教育和心理健康成为"十五"期间加强思想道德建设、形成共同理想和精神支柱、建设精神文

---

[1] 中共中央、国务院：《关于深化教育改革全面推进素质教育的决定》，1999年。
[2] 王珠：《我国大学生心理健康教育演变与展望》，《黑龙江高教研究》，2020年第12期，第136页。
[3] 国家发展计划委员会：《中华人民共和国国民经济和社会发展第十个五年计划纲要学习辅导讲座》，人民出版社，2001年，第50页。

明的重要内容。这也是首次从国家发展的高度重视和加强青少年心理健康教育。党的十六届六中全会审议通过的《中共中央关于构建社会主义和谐社会若干重大问题的决定》强调:"注重促进人的心理和谐,加强人文关怀和心理疏导,引导人们正确对待自己、他人和社会,正确对待困难、挫折和荣誉。加强心理健康教育和保健,健全心理咨询网络,塑造自尊自信、理性平和、积极向上的社会心态。"① 党的十七大报告从推动社会主义文化大发展大繁荣层面要求:"加强和改进思想政治工作,注重人文关怀和心理疏导,用正确方式处理人际关系。"② 2010年,根据党的十七大关于"优先发展教育,建设人力资源强国"的战略部署制定的《国家中长期教育改革和发展规划纲要(2010—2020年)》明确要求"加强心理健康教育,促进学生身心健康"。③ 至此,心理健康教育得到了多方面的支持,已经全面融入教育发展和经济社会发展,成为提升学生素质、提升教育质量、塑造社会心态、推进经济社会发展的重要战略主题。

(四)心理健康教育走向标准化建设

2011年2月,教育部办公厅印发的《普通高等学校学生心理健康教育工作基本建设标准(试行)》指出,加强和改进大学生心理健康教育,是"促进大学生健康成长、培养造就拔尖创新人才的重要途径,是全面贯彻党的教育方针、建设人力资源强国的重要举措,是推动高等教育改革、加强和改进大学生思想政治教育的重要任务。"④ 至此,心理健康教育被提升到了新的战略高度。具体而言,文件从大学生心理健康教育体制机制建设、大学生心理健康教育师资队伍建设、大学生心理健康教育教学体系建设、大学生心理健康教育活动体系建设、大学生心理咨询服务体系建设、大学生心理危机预防与干预体系建设、大学生心理健康教育工作条件建设等七个方面提出了22条建设标准,为推进大学生心理健康教育工作标准化、科学化建设提供了行动指南和操作手册。

同年5月,教育部办公厅印发《普通高等学校学生心理健康教育课程教学

---

① 《中共中央关于构建社会主义和谐社会若干重大问题的决定》,人民出版社,2006年,第25页。
② 胡锦涛:《高举中国特色社会主义伟大旗帜 为夺取全面建设小康社会新胜利而奋斗——在中国共产党第十七次全国代表大会上的报告》,人民出版社,2007年,第35页。
③ 《国家中长期教育改革和发展规划纲要(2010—2020年)》,人民出版社,2010年,第18页。
④ 教育部思想政治工作司:《加强和改进大学生思想政治教育重要文献选编(1978—2014)》,知识产权出版社,2015年,第437页。

基本要求》，着力发挥课堂教学在大学生心理健康教育工作中的主渠道作用，这标志着心理健康教育正式被纳入大学课程体系。文件从课程性质与教学目标、主要教学内容、课程设置与教材使用、教学模式与教学方法、教学管理与条件支持、组织实施与教学评估等方面对大学生心理健康教育课程教学基本要求作出了详细规定，为保证学生在校期间普遍接受心理健康课程教育提供了制度保障。

二、心理育人成为新时代培养时代新人的重要抓手

进入新时代，以习近平同志为核心的党中央站在确保党的事业薪火相传、确保中华民族永续发展的战略高度，鲜明提出党管青年原则，围绕"什么是时代新人、怎样培养时代新人"等重大问题作出一系列重要论述。2013年5月4日，习近平在同各界优秀青年代表座谈时指出："青年时期多经历一点摔打、挫折、考验，有利于走好一生的路。要历练宠辱不惊的心理素质，坚定百折不挠的进取意志，保持乐观向上的精神状态，变挫折为动力，用从挫折中吸取的教训启迪人生，使人生获得升华和超越。"[①] 良好的心理素质成为习近平眼中"时代新人"的必备素质，心理育人成为培养时代新人的重要抓手。

（一）心理育人纳入高校思政工作"十大"育人体系

党的十八大以来，党和国家从战略层面、发展规划层面和政策设计层面对心理育人工作展开了部署，出台了许多具体规定。2012年，党的十八大报告强调："加强和改进思想政治工作，注重人文关怀和心理疏导，培育自尊自信、理性平和、积极向上的社会心态。"[②] 2016年，《中华人民共和国国民经济和社会发展第十三个五年规划纲要》从增强教育改革发展活力、加强重大疾病防治和基本公共卫生服务、关爱未成年人健康成长、健全权益保障和矛盾化解机制等四个方面分别对心理工作进行了部署，强调要"全面加强体育卫生、心理健康、艺术审美教育""加强国民营养计划和心理健康服务""加强未成年人心理健康引导""健全社会心理服务体系，加强对特殊人群的心理疏导和矫治"。[③]

---

① 习近平：《在同各界优秀青年代表座谈时的讲话》，《十八大以来重要文献选编（上）》，中央文献出版社，2014年，第282页。
② 胡锦涛：《坚定不移沿着中国特色社会主义道路前进　为全面建成小康社会而奋斗——在中国共产党第十八次全国代表大会上的报告》，人民出版社，2012年，第32页。
③ 《中华人民共和国国民经济和社会发展第十三个五年规划纲要》，人民出版社，2016年，第146~177页。

2016年12月，习近平在全国高校思想政治工作会议讲话时指出："要坚持不懈促进高校和谐稳定，培育理性平和的健康心态，加强人文关怀和心理疏导，把高校建设成为安定团结的模范之地。"①2017年9月，中共中央办公厅、国务院办公厅印发《关于深化教育体制机制改革的意见》，强调要建立促进学生身心健康、全面发展的长效机制，切实加强心理健康教育。②同年10月，党的十九大报告再次强调："加强社会心理服务体系建设，培育自尊自信、理性平和、积极向上的社会心态。"③至此，心理育人工作以学校为重点已经全面延伸至人才培养、社会治理、国民健康等各领域，覆盖大学生、未成年、社区居民等各个群体。

2017年12月，教育部党组印发《高校思想政治工作质量提升工程实施纲要》（以下简称《实施纲要》）。《实施纲要》是新时代提升高校思想政治工作质量的顶层设计，首次从体制机制、项目带动、队伍建设、组织条件保障等方面进行系统设计，构建起了一体化的"十大"育人体系。《实施纲要》将构建心理育人质量提升体系作为重要任务，将大力促进心理育人作为重要内容。《实施纲要》指出："坚持育心与育德相结合，加强人文关怀和心理疏导，深入构建教育教学、实践活动、咨询服务、预防干预、平台保障'五位一体'的心理健康教育工作格局，着力培育师生理性平和、积极向上的健康心态，促进师生心理健康素质与思想道德素质、科学文化素质协调发展。"④至此，"心理育人"这一概念首次在政策文件中被提出来，并被确定为一种育人理念、育人方式。心理育人在高校思想政治工作中的重要地位和作用进一步凸显，心理育人的理念得到广泛传播。

（二）构建中国特色高校学生心理健康教育服务体系

2018年7月，教育部党组印发《高等学校学生心理健康教育指导纲要》（以下简称《指导纲要》）。这是对2002年《普通高等学校大学生心理健康教育工作实施纲要（试行）》的全面修订。《指导纲要》明确指出："心理健康教育是提高大学生心理素质、促进其身心健康和谐发展的教育，是高校人才培养体

---

① 张烁、鞠鹏：《习近平在全国高校思想政治工作会议上强调 把思想政治工作贯穿教育教学全过程 开创我国高等教育事业发展新局面》，《人民日报》，2016年12月9日第1版。
② 中共中央办公厅、国务院办公厅：《关于深化教育体制机制改革的意见》，2017年。
③ 习近平：《决胜全面建成小康社会 夺取新时代中国特色社会主义伟大胜利——在中国共产党第十九次全国代表大会上的报告》，人民出版社，2017年，第49页。
④ 中共教育部党组：《高校思想政治工作质量提升工程实施纲要》，2017年。

系的重要组成部分，也是高校思想政治工作的重要内容。"① 编制《指导纲要》的总体思路在于，"坚持育心与育德相结合、教育与咨询相结合、发展与预防相结合，聚焦人文关怀和心理疏导，着力构建中国特色高校学生心理健康教育服务体系，培育学生自尊自信、理性平和、积极向上的健康心态，促进学生心理健康素质与思想道德素质、科学文化素质的协调发展"②。这是我国首次提出构建具有中国特色的高校学生心理健康教育服务体系。我国大学生心理健康教育有了明确的指导思想、发展目标、原则、任务和保障机制，构建了"教育教学体系、实践活动体系、咨询服务体系、预防干预体系""四位一体"的服务体系，标志着高校心理育人工作向着专业化、体系化方向发展。

（三）"五育并举"促进心理健康

党的二十大报告强调："重视心理健康和精神卫生。"③ 为贯彻落实党的二十大精神和《中国教育现代化2035》，提升学生心理健康素养，2023年4月，教育部等十七部门联合印发《全面加强和改进新时代学生心理健康工作专项行动计划（2023—2025年）》（以下简称《行动计划》）。《行动计划》是新中国成立以来，整合力量最大，覆盖学段最广，内容体系最全的一项心理健康工作专门文件。《行动计划》强调："以习近平新时代中国特色社会主义思想为指导，全面贯彻党的教育方针，坚持为党育人、为国育才，落实立德树人根本任务，坚持健康第一的教育理念，切实把心理健康工作摆在更加突出位置，统筹政策与制度、学科与人才、技术与环境，贯通大中小学各学段，贯穿学校、家庭、社会各方面，培育学生热爱生活、珍视生命、自尊自信、理性平和、乐观向上的心理品质和不懈奋斗、荣辱不惊、百折不挠的意志品质，促进学生思想道德素质、科学文化素质和身心健康素质协调发展，培养担当民族复兴大任的时代新人。"④ 这指出了新时代学生心理健康工作的指导思想和基本理念，指明了时代新人应具备的心理品质和意志品质。《行动计划》提出"五育并举"促进心理健康，强调以德育心、以智慧心、以体强心、以美润心、以劳健心。其中，"以德育心"就是要"将学生心理健康教育贯穿德育思政工作全过程，融

---

① 中共教育部党组：《高等学校学生心理健康教育指导纲要》，2018年。
② 教育部：《教育部思想政治工作司负责人就〈高等学校学生心理健康教育指导纲要〉答记者问》，2018年。
③ 习近平：《高举中国特色社会主义伟大旗帜　为全面建设社会主义现代化国家而团结奋斗——在中国共产党第二十次全国代表大会上的报告》，人民出版社，2022年，第49页。
④ 教育部等十七部门：《教育部等十七部门关于印发〈全面加强和改进新时代学生心理健康工作专项行动计划（2023—2025年）〉的通知》，2023年。

入教育教学、管理服务和学生成长各环节，纳入'三全育人'大格局"①。这意味着心理育人工作向着融合发展迈出了更大的步伐，学生心理健康成为德智体美劳"五育并举"的交叉点、增长点和突破口。

《行动计划》以促进学生健康全面发展为主旨，从加强心理健康教育、规范心理健康监测、完善心理预警干预、建强心理人才队伍、支持心理健康科研、优化社会心理服务、营造健康成长环境等方面作了详细规定，让我国健康教育、监测预警、咨询服务、干预处置"四位一体"的学生心理健康工作体系更加健全，学校、家庭、社会和相关部门协同联动的学生心理健康工作格局更加完善。《行动计划》还要求："将学生心理健康工作纳入对省级人民政府履行教育职责的评价，纳入学校改革发展整体规划，纳入人才培养体系和督导评估指标体系，作为各级各类学校办学水平评估和领导班子年度考核重要内容。"②由此，学生心理健康工作全面纳入了省级政府评价、纳入了学校发展规划、纳入了学校督导评估指标体系，使得心理育人工作有了更坚强的组织保障和制度保障。

通过对我国心理育人工作发展历程的梳理，我们可以清晰地认识到，党和国家对大学生心理的关注始终一脉相承，良好的心理品质一直是党和国家高校人才培养观的重要内容，心理育人始终是高校思想工作的重要组成部分，心理健康教育在大学生思想政治教育中的价值和功能日益显著，心理健康教育在高等教育和经济社会发展中的重要地位和作用日益突出，心理育人的指导思想、基本原则、目标任务、内容体系、方法途径、组织保障更加健全、完善。

第二节　适应当代大学生成长发展规律的题中应有之义

当代大学生成长发展规律是当代大学生成长发展过程中普遍存在的规律，是大学生这个群体具有的共同特征。当代大学生的成长发展包括生理、心理、思想、品德、行为等多方面的成长。这些方面所呈现的现象和特征，构成了当代大学生成长发展的心理成长规律、思想品德规律、学习适应规律、日常行为

---

① 教育部等十七部门：《教育部等十七部门关于印发〈全面加强和改进新时代学生心理健康工作专项行动计划（2023—2025年)〉的通知》，2023年。
② 同①。

规律等，深刻影响着当代大学生的成长轨迹。心理育人融入大学生思想政治教育，能够一体化推进大学生心理成长、思想品德涵养和日常行为塑造，符合大学生的成长发展规律。

一、适应大学生心理成长规律的需要

人的心理是人脑对客观世界的积极反映，是人类社会实践的产物。"人的心理包含着过去、现在和未来的事件。过去事件表现为记忆经验，现在事件表现为全部映象、体验、智力活动等，未来事件表现为意图、目的、幻想等。可以有条件的区分为心理过程、心理状态和心理特征，感觉、知觉、表象、注意、记忆、想象、思维、情绪、意志等属于心理过程，是心理的动态方面；情绪过程中的激情状态和心理状态等属于心理状态；能力、气质和性格上的特点则属于心理特征，是心理的比较稳定的方面。"[①] 当代大学生群体广、思维活跃，既具有一般的心理成长规律，也具有符合其年龄阶段和学习生活环境的独特规律。

大学阶段，学生的心理成长规律首先就是自我意识显著增强。大学生自我意识是大学生个体对自己生理、心理以及自己与社会关系的自我察觉和认识。"自我意识包含了自我认识、自我体验、自我控制三种形式，体现了心理过程的知、情、意的统一。"[②] 自我认识包括自我观察、自我评价等内容，是对自己的主动认识，是对自己社会角色的一种定位。自我体验主要体现在大学生日益趋向"成人感"，自尊心和自信心得到充分发展，希望得到关注、尊重、认可，人际交往领域扩大，更加注重情感体验，情感丰富但情绪波动较大。自我控制包括自我监督、自我教育、自我调节等内容，是自我意识的意志成分。大学生富有激情和理想，充满了爱国主义情感、集体主义情感、道德感、荣誉感和社会责任感，但经常也会陷入理智与情感的矛盾和冲突，需要进行调节。

其次，大学生的心理成长规律还体现在认知水平和能力快速发展。现代心理学认为，"认知"是人类认识客观事物，获得知识，对外界信息进行加工的活动。"认知"是一个过程，包括知觉、学习、记忆、思维、言语等过程。大学时期，学生认知能力达到了最佳水平，大学生的观察力、记忆力、想象力、判断力、各种思维能力及分析问题、解决问题的能力快速提升，他们思维活

---

① 辞海编辑委员会：《辞海（第六版）》，上海辞书出版社，2009年，第2535页。
② 谭德礼、江传月、刘苍劲等：《当代大学生思想特点及成长成才规律研究》，人民出版社，2012年，第37页。

跃、好奇心强、求知欲旺盛，但是他们分析、判断问题还不够全面，思想认识容易受他人误导，部分学生"后叛逆期"特征显著，心智还不够成熟，需要从多方面进行引导。

大学生的心理成长是一个螺旋上升的过程，是一个从不成熟到成熟的发展过程。心理健康教育是大学生思想政治教育的重要组成部分，心理健康是大学生健康成长的基础，大学生心理健康状况影响着大学生的思想观念、道德品质和日常行为。因此，将心理育人融入大学生思想政治教育既有利于促进大学生在知识学习、智力认知、情绪控制、心理调适、社会适应等方面走向成熟，也能用思想教育的方法促进大学生心理健康发展。

二、适应大学生思想品德规律的需要

思想是指"客观存在反映在人的意识中经过思维活动而产生的结果"[①]。品德通常是指"品质道德"或"道德品质"，是个体依据一定的道德行为准则而表现出来的比较稳定的倾向和特征。"思想品德是指人们在一定的思想的指导下，在品质道德中所表现出来的稳定的心理和行为的总和。思想的内容是社会制度的性质和人们的物质生活条件所决定的，因此，思想指导下的品质道德就与一定的社会发展水平相适应。思想品德成长规律就是指品质道德活动的规律，是主体品质道德心理和行为内在的、本质的、必然的联系。"[②] 教育心理学认为，品德具有心理结构，品德的培养涉及道德认识、道德情感、道德意志、道德行为，即"知、情、意、行"四种心理成分。"道德认识在道德行为中起定向作用，道德情感是道德行为的推动力之一；道德行为是实现道德动机、达成道德目标的手段，也是评价一个人品德的客观标志；道德行为的执行有赖于道德意志。"[③] 探究大学生的思想品德规律要从品德心理结构出发，考察其主要特征和变化规律。

当代大学生思想品德规律主要体现在四个方面。第一，思想认识的一元性和多元性并存。思想主流积极健康向上，具有强烈的爱国主义情怀、民族自尊心、自信心和集体荣誉感，但思想上的差异性、多样性客观存在，西方多元社会思潮也不断加剧对大学生的渗透和影响。第二，民主参与意识和权利维护意

[①] 中国社会科学院语言研究所词典编辑室：《现代汉语词典（第6版）》，商务印书馆，2012年，第1230页。
[②] 张军琪：《当代大学生成长规律研究》，西南交通大学，2021年，第87页。
[③] 莫雷：《教育心理学》，教育科学出版社，2012年，第250页。

识不断增强。在日常的学习生活中,当代大学生参与民主管理、民主监督,行使民主权利的意识十分突出,注重平等交流和个人独立思考,但是民主参与能力还不足。第三,政治认同日益增强。当代大学生积极认同我国的主流意识形态,对党和国家及一系列政治思想在感情和意识上具有归属感,政治信仰、政治立场坚定,对政治参与保持高度的热情和浓厚的兴趣,但是政治判断力还不强,有序的政治参与不足。第四,道德观念和价值观日益成熟。当代大学生普遍认可社会主义核心价值观,对中华优秀传统文化的道德观念比较推崇。但是各种思想文化的交融交锋,对大学生"三观"的形成和塑造产生了影响。在价值观方面,大学生对待自己的态度、对待他人的态度、对待社会的态度更加理性平和,但更加强调个性、平等、开放、灵活,而不愿意限制自己的思想,不愿意拘泥于固有形式。这在一定程度上可能导致他们自我意识过于强烈,容易在思想和心理上走向孤僻自闭,在行动上不能很好地融入社会,承担好社会角色。

当代大学生思想品德的成长变化过程实质上是品德的心理结构变化发展的过程,是学生内化社会道德规范、道德价值,逐渐确立社会规范的遵从态度的过程。学生品德的养成是道德认识、道德情感、道德意志和道德行为的形成和培养的内在统一,是品德的多种心理成分共同起作用的结果。将心理育人融入大学生思想政治教育,用心理的方式开展思想教育、政治教育和道德教育,帮助他们解决思想认识上的困惑,帮助他们形成与社会主义道德相适应的道德观念和价值体系,以适应当代大学生思想品德的成长变化规律。

三、适应大学生学习与日常行为规律的需要

学习是指"个体经过一定练习后出现的,并且是后天习得的,能够保持一定时期的某种变化。是个体在适应环境过程中,心理上产生的适应性变化过程"[1]。学习是大学生的主要任务,学习是不断适应新的学习内容、学习方法、学习情境的过程,是获得知识技能的过程,是掌握事物发展规律的过程,是习得和养成品德的过程。学习的过程会受到心理条件的影响,而影响学习的心理条件既包括观察力、记忆力、思维力、想象力、注意力等智力因素,也包括兴趣、动机、情感、意志和性格等个性品质。大学阶段,学生的智力水平和个性品质得到极大发展,受这些因素的影响,大学生的学习适应性呈现出一系列规

---

[1] 辞海编辑委员会:《辞海(第六版)》,上海辞书出版社,2009年,第2604页。

律性特征。首先，学习内容丰富多元，既有通识课程也有专业课程，既有学科知识也有提升文化艺术修养和个性品质的课程，既有课本内的知识，也有课本外的知识，既有第一课堂也有第二课堂、第三课堂。但是他们学习可能不够系统、不够全面，对专业经典书籍阅读不深不透，存在浅尝辄止、用什么学什么的功利化倾向，理论功底较为欠缺。其次，学习方法灵活多样，更加注重自主式、互动式、探究式、体验式学习。通过基础教育的培养，大部分大学生养成了良好的学习习惯，自主学习意识较强，但也有部分学生不太适应大学的学习形式和学习环境，面对艰巨的知识学习任务和高标准的学习要求而丧失学习兴趣和动力，产生惰性，出现拖延症甚至学习困难综合征等心理问题。大学时代，学生十分注重和教师互动和朋辈榜样互动，特别是随着数字教育的快速发展，学生与网络世界、虚拟"媒介"互动频繁，获取知识与信息的渠道更加多元，但是部分学生自控力差、分辨能力不足，容易陷入网络游戏或被不良信息误导。

在心理学上，"大学生日常行为是指当代大学生在学习、生活和实践中对成长环境的反应。当代大学生日常行为成长规律就是指当代大学生在平常的生活、学习和实践中，各种行为内在的、本质的和必然的联系"[1]。可见，大学生的日常行为规律包含日常学习规律、生活规律和实践活动规律，前面我们已经对学习适应规律进行了探讨，这里主要围绕大学生的日常生活规律和实践活动规律进行讨论。首先，自我管理意识和管理能力逐步增强。现阶段大学生以"00后"为主，他们大多是独生子女，家境优越，对父母有过度依赖心理，中学阶段适应了统一的学习、生活节奏，所以低年级大学生往往自我管理意识和能力较弱。随着入学教育、大学职业生涯规划和学生社团活动等活动的开展，大学生自我管理、自我教育的能力逐步增强，但个别学生的日常消费行为不够理性，存在透支消费、超前消费的现象。其次，大学生日常行为文明程度越来越高。大学生崇尚美、追求美，积极参与校园文化艺术活动和美育活动，文化艺术修养不断提高；同时，富有同理心、共情能力和社会责任感，乐于助人，与人为善，具有较好的公民行为素养。

大学生思想政治教育要求适切开展思想引导、心理疏导、学习指导、行为督导和生活向导。做好这些引导工作就必须熟悉大学生的成长规律，而且要综合运用多种方法和规律。当前，心理育人已不仅限于心理健康教育，而是"五育并举"的融合教育。将心理育人融入大学生思想政治教育能够促进大学生心

---

[1] 张军琪：《当代大学生成长规律研究》，西南交通大学，2021年，第110页。

理成长规律、思想品德规律、学习与日常行为规律共同起作用，推进育心、育德、育人一体发展，更好发挥心理育人的思想政治教育功能，更好促进"育心"与"育德"在"育人"这一新时代重大课题上的统一，更好满足时代新人的培养要求。

第三节 心理育人融入大学生思想政治教育的理论意义

心理育人融入大学生思想政治教育涉及心理学、思想政治教育、教育学、党史党建学、伦理学等多学科知识，有利于培育新的学科交叉点和生长点，促进相关学科交叉发展、融合发展，开辟学科交叉研究的新领域、新范式。

一、有利于丰富思想政治教育心理学的范畴体系

心理学是研究普遍心理现象与规律的科学。我国的心理育人工作虽起步较晚，但世界心理科学的诞生已有百余年。经过百余年的发展，心理科学已经高度分化，形成了一百多个分支学科。心理学研究的基础是普通心理学，包括认知心理学、情绪心理学、人格心理学、神经心理学等分支学科，并且这些分支学科还可以细分为更多分支学科。比如，认知心理学还可以细分为感觉心理学、记忆心理学、思维心理学等学科。普通心理学研究的是一般意义的心理现象与规律，是所有其他心理学分支学科的基础。普通心理学按照不同主体、不同领域又可以分为不同的心理学科。从主体划分来看，普通心理学可以分为儿童心理学、青少年心理学、教师心理学、罪犯心理学等学科。从领域划分来看，普通心理学可以分为教育心理学、医学心理学、社会心理学、运动心理学、商业心理学等学科。这些相互联系、相互影响的分支学科构成了庞大的心理学学科体系，也让心理学融入了不同的学科领域。

从心理学和品德、思想政治教育的结合来看，又先后产生了德育心理学和思想政治教育心理学。德育心理学是教育心理学的一个分支，20世纪40年代从苏联的心理学分化而来，它研究的是品德的心理结构及其在教育影响下形成的过程和规律。也就是研究我们前面谈到的道德认识、道德情感、道德意志、道德行为这四种品德结构的心理成分及形式特点，并在此基础上提出符合心理学规律的道德教育方法和措施。德育心理学的代表理论是美国心理学家科尔伯

格提出的"三水平六阶段"道德发展阶段论，其揭示了儿童道德观念从认知的低级形式到高级形式的发展过程。我国学者朱仁宝在《德育心理学》一书中指出，"《德育心理学》是一门新兴的应用学科，它是心理学理论在德育实践中的应用，又是德育学的一个分支学科，它还是借助于教育学、伦理学、社会学、美学等相关学科知识构建的一门具有综合性、交叉性的学科。它是在学校德育工作中提出，并为学校素质教育与德育实践活动服务的"[①]。随着德育心理学的发展，思想政治教育心理学随之产生。思想政治教育心理学"以思想政治教育领域中的心理现象、心理活动和心理规律为研究对象，是研究思想政治教育和人的心理之间关系的一门学科，其目的是根据人的心理特点和心理规律实施思想政治教育，从而提高思想政治教育的实效性"[②]。近年来思想政治教育心理学的研究成果越来越多，杨芷英主编的《思想政治教育心理学》、王仕民主编的《思想政治教育心理学概论》等著作是其典型代表。

将心理育人融入大学生思想政治教育能够进一步丰富拓展心理学的学科类别、学科分支，充分挖掘心理学科的思想教育功能、政治教育功能和道德教育功能，实现心理学研究的空间转向；能够进一步明确和巩固思想政治教育心理学的学科定位和学科地位，进一步揭示思想政治教育所蕴含的心理学原则与方法，更好地认识思想政治教育中的心理效应，赋予思想政治教育心理学学科新的范畴体系。

二、有利于创新"五育融合"的研究范式

近代以来，"五育"概念经历了一个不断丰富发展的过程，不同时代呈现出不同的内涵和价值指向。19世纪末，严复在《原强》一书中率先提出"三育论"，主张"鼓民力、开民智、新民德"，成为从德智体三要素出发构建育人目标的开创者。1906年，王国维撰写《论教育之宗旨》，从人的个体发展角度提出教育的宗旨在于培养"完全之人物"，提出教育之事，在体育基础之上可分为知育、德育（即意志）、美育（即情育）三部分。王国维开辟了近代中国"美育"的先河，由此"四育并举"的教育思想也得以萌发，但这里的"美育"和我们今天所提及的概念有所不同。1917年，在《体育之研究》一书中，

[①] 朱仁宝：《德育心理学》，浙江大学出版社，2005年，第3页。
[②] 杨芷英：《思想政治教育心理学》，中国人民大学出版社，2024年，第6页。

毛泽东提出"体育一道、配德育与智育,而德智皆寄于体,无体是无德智也"[①],"体育于吾人实占第一之位置,体强壮而后学问道德之进修勇而收效远"[②],强调首倡体育,实现德智体全面发展。1957 年 2 月,毛泽东在《关于正确处理人民内部矛盾的问题》中提出:"我们的教育方针,应该使受教育者在德育、智育、体育几方面都得到发展,成为有社会主义觉悟的有文化的劳动者。"[③] 这一重要论述成为新中国全面发展的社会主义教育方针,对我国教育事业的发展产生了持久的指导作用,此后四十余年,党的教育方针始终围绕德智体三要素展开。20 世纪末,素质教育的理论探讨和实践得到极大发展,1999 年,《中共中央 国务院关于深化教育改革全面推进素质教育的决定》明确指出:"实施素质教育,必须把德育、智育、体育、美育等有机地统一在教育活动的各个环节中。"[④] 由此,"三育"扩展为"四育","美育"及"四育并举"的社会主义教育培养目标在党的教育方针中得以正式确立。随后,党的十六大、十七大、十八大报告均强调培养德智体美全面发展的社会主义建设者和接班人。2015 年,修订的《中华人民共和国教育法》明确"培养德、智、体、美等方面全面发展的社会主义建设者和接班人",党关于"美育"的教育方针通过法律形式转化为国家意志。2018 年,习近平总书记在全国教育大会指出,要"培养德智体美劳全面发展的社会主义建设者和接班人",明确将"劳动教育"纳入全面发展教育。[⑤] 由此,"四育"扩展为"五育",确立了新时代人才培养目标。从"三育"到"四育"再到"五育",强调的是教育发展在要素上的全面性、体系上的完整性和地位上的同等重要性,强调"五育并举",不可偏废,解决的是"智育"一家独大,其他教育不受重视、被边缘化的问题,回答的是"培养什么样的人"这一问题。

在教育实践过程中,"五育"被割裂,"五育"五张皮,"五育"条块化,"五育"发展不平衡的状况客观存在。有学者提出,"五育并举"不仅仅是"五育"的简单相加,而是要通过"并"在"五育"之间做乘法,实现"五育"的倍增效应。这些认识推动了"五育融合"的提出,推动"五育并举"走向"五育融合"。"五育融合"重在"融合",是一个动态的过程,解决的是"五育"

---

① 毛泽东:《体育之研究》,人民体育出版社,1979 年,第 3 页。
② 同①,第 4 页。
③ 毛泽东:《关于正确处理人民内部矛盾的问题》,人民出版社,1964 年,第 23 页。
④ 中共中央、国务院《关于深化教育改革全面推进素质教育的决定》,1999 年。
⑤ 张烁、王晔:《习近平在全国教育大会上强调 坚持中国特色社会主义教育发展道路 培养德智体美劳全面发展的社会主义建设者和接班人》,《人民日报》,2018 年 9 月 11 日第 1 版。

彼此孤立、各自为政、无序竞争的问题，回答的是"怎么培养人"的问题。2019年，中共中央、国务院印发《中国教育现代化2035》，明确提出"更注重学生全面发展，大力发展素质教育，促进德育、智育、体育、美育和劳动教育的有机融合"。① 2020年，中共中央、国务院先后就加强和改进体育、美育、劳动教育工作发布了三个政策文件。《关于全面加强和改进新时代学校体育工作的意见》提出学校体育具有"弘扬社会主义核心价值观，培养学生爱国主义、集体主义、社会主义精神和奋发向上、顽强拼搏的意志品质，实现以体育智、以体育心"的独特功能。② 《关于全面加强和改进新时代学校美育工作的意见》明确提出："美育是审美教育、情操教育、心灵教育，也是丰富想象力和培养创新意识的教育，能提升审美素养、陶冶情操、温润心灵、激发创新创造活力。""加强美育与德育、智育、体育、劳动教育相融合，充分挖掘和运用各学科蕴含的体现中华美育精神与民族审美特质的心灵美、礼乐美、语言美、行为美、科学美、秩序美、健康美、勤劳美、艺术美等丰富美育资源。"③ 《关于全面加强新时代大中小学劳动教育的意见》指出，劳动教育"具有树德、增智、强体、育美的综合育人价值"。④ 这些政策文件的出台表明，"五育融合"已经从一种学术主张成为国家意志，成为党和国家新时代的教育方针。同时，"以体育心""美育是心灵教育""劳动教育具有综合育人价值"等表述，也体现了心理育人工作在"五育融合"过程中的重要作用。

"五育融合"强调整体性、交融性，难点在于如何促进五者相互融通、有机渗透，实现"你中有我，我中有你"的良好发展格局，这迫切需要寻找一个契合点，把原先相互分离、相互割裂的教育形态连接起来。石中英等学者提出，将人格教育和社会主义核心价值观教育作为"五育融合"的桥梁和纽带，主张转变观念，主张加强顶层设计，提升教师"五育融合"的意识与能力，构建引导"五育融合"的学校评价体系⑤。其实，心理育人也是这样一个契合点和连接点。《全面加强和改进新时代学生心理健康工作专项行动计划（2023—2025年）》强调"五育并举"促进心理健康。"五育"当中任何一育都要注重

---

① 中共中央、国务院：《中国教育现代化2035》，2019年。
② 中共中央办公厅、国务院办公厅：《关于全面加强和改进新时代学校体育工作的意见》，2020年。
③ 中共中央办公厅、国务院办公厅：《关于全面加强和改进新时代学校美育工作的意见》，2020年。
④ 中共中央、国务院：《关于全面加强新时代大中小学劳动教育的意见》，2020年。
⑤ 石中英、董玉雪、仇梦真：《从"五育并举"到"五育融合"：内涵、合理性与实现路径》，《中国教育学刊》，2024年第2期，第69页。

培养学生健康的心理、健全的人格，良好的心理素质是学生"五育"协调发展的重要基础。反之，心理育人也会促进"五育融合"。因为，做好心理育人工作就要研究学生的思想、身心发展的阶段性特征和规律，就要研究学生品德的心理结构及养成，就要研究学生的学习动机和学习策略，就要研究如何通过德育、智育、体育、美育和劳动教育的教育者、内容、方法、环境等来加强和改进心理育人工作。因此，心理育人工作成为联结"五育"、促进"五育融合"的桥梁和纽带，也为推进"五育融合"提供了新的研究视角和研究范式。

三、有利于建构中国自主的知识体系

党的二十大报告指出："我们必须坚持解放思想、实事求是、与时俱进、求真务实，一切从实际出发，着眼解决新时代改革开放和社会主义现代化建设的实际问题，不断回答中国之问、世界之问、人民之问、时代之问，作出符合中国实际和时代要求的正确回答，得出符合客观规律的科学认识，形成与时俱进的理论成果，更好指导中国实践。""加快构建中国特色哲学社会科学学科体系、学术体系、话语体系。"[1] 学科体系、学术体系、话语体系的核心内涵在于知识体系。2022年4月，习近平在中国人民大学考察时提出："加快构建中国特色哲学社会科学，归根结底是建构中国自主的知识体系。"[2] "中国自主的知识体系"中的"中国自主"表明我们要构建的知识体系源于中国本土的历史与实践。"知识体系"则表明是一个有序组合的知识整体，而不是一些零散的观点。"中国自主的知识体系"的显著特征在于自主性、在地性、本土化，富有中国特色。随着"中国自主的知识体系"概念的提出，越来越多的学科纷纷根植于中国式现代化这一伟大实践，开始进一步丰富和发展自己的学科体系、学术体系、话语体系，出现了"中国教育学自主知识体系建构""中国心理学自主知识体系建构""思想政治教育学自主知识体系建构""中国美学自主知识体系建构""迈向自主法学知识体系的比较法研究范式"等研究主题和学科发展新动向。

一般来讲，心理学在我国是一个西学东渐的产物，其学科内涵带有深刻的西方色彩。但"若以现代心理学学科的体系为规范来看，古代乃至中世纪以

---

[1] 习近平：《高举中国特色社会主义伟大旗帜　为全面建设社会主义现代化国家而团结奋斗——在中国共产党第二十次全国代表大会上的报告》，人民出版社，2022年，第17~18、43页。

[2] 中共中央宣传部、中央国家安全委员会办公室：《习近平新时代中国特色社会主义思想学习纲要（2023年版）》，学习出版社、人民出版社，2023年，第199页。

往，中国和西方都没有心理学。西方心理学史的研究，以古希腊文明为本原，当代科学心理学可溯源到古希腊哲学家对人类思想与灵魂的解释。在近代西方心理学传入中国之前，我们的文明有过同样的思考吗？答案是肯定的"[1]。中国有着未曾中断的五千年文明史，也是世界心理学思想最早的策源地之一。我国传统文化中的心理学思想十分丰富，比如潘菽先生归纳的人贵论、天人论、形神论、习性论、知行论、情二端论、节欲论、唯物论的认识论，探讨了心理与生理的关系问题、心理的先天与后天关系问题、情绪情感的分类问题和心理动力学思想等问题。再如，燕国材归纳的"形与神、心与物、知与虑、藏与壹、情与欲、志与意、智与能、质与性"八对范畴学说[2]。这些思想博大精深、内涵丰富，是中国心理学自主知识体系的文化根源。正如潘菽所言："我国古代思想家关于心理学的光辉见解的整理和阐述，是建立我国心理学体系的一项必要的研究工作。"[3] 基于中国古代心理学思想的研究，20世纪，潘菽先生、高觉敷等学界先驱携手创建了中国心理学史学科，促进了心理学研究的中国化，该学科成为心理学自主知识体系的重要组成部分。

思想政治教育作为一种实践活动来讲，在世界范围内都存在，阶级社会中统治者都会用一定的思想意识、道德观念、行为准则对其社会成员施加有计划、有系统的影响，国外称之为公民教育、道德教育等。"而作为独立学科形态的思想政治教育是中国特有。我们可以称之为是学科研究取向上的'中国向度'，意思是思想政治教育作为学科存在的意义主要在于结合中国的意识形态建设实际，指导中国的思想政治教育实践，并获得理论上的创新成果的意识形态教育类学科。"[4] 我国思想政治教育学科自1984年正式诞生以来，在40年的建设发展过程中逐渐与政治学、教育学和伦理学等学科交叉融合，与心理学、管理学、社会学等学科的基本理论、研究方法与研究范式进行融合，学科体系、学术体系与话语体系更加丰富多元。当下，思想政治教育学科自主知识体系建构成为思想政治教育学科建设的关键一环。有学者提出："新时代构建思想政治教育学科自主知识体系要坚持马克思主义的指导，要把握好习近平新时代中国特色社会主义思想的世界观和方法论，要扎根于中华优秀传统文化的

---

[1] 杨鑫辉、李锐：《追溯中国心理学自主知识体系的文化根源——杨鑫辉教授专访》，《苏州大学学报（教育科学版）》，2024年第1期，第99页。

[2] 杨鑫辉、李锐：《追溯中国心理学自主知识体系的文化根源——杨鑫辉教授专访》，《苏州大学学报（教育科学版）》，2024年第1期，第100页。

[3] 潘菽：《论心理学基本理论问题的研究》，《心理学报》，1980年第1期，第7页。

[4] 刘新庚、高超杰：《思想政治教育学科的理论属性新论》，《学术论坛》，2013年第4期，第86页。

沃土。"① 建构思想政治教育学科自主知识体系，就是要建构其学科知识体系、知识构成体系、知识生产体系，"通过坚实的实践基础、丰厚的文化资源、科学的方法论建构起知性和理性结合、历史性和发展性结合、创新性和创造性结合的学科自主知识体系，从而体现思想政治教育的原始创新、学科特色、学术特色和中国特色"②。

心理育人融入大学生思想政治教育旨在探究心理育人与大学生思想政治教育的相互关系，明确心理育人融入大学生思想政治教育的目标原则，探索心理育人融入大学生思想政治教育的路径模式，将进一步完善和发展心理学科、思想政治教育学科的理论性知识、实践性知识、方法性知识和制度性知识；将基于自主知识体系的自主化、在地化、系统化特征，更加注重心理学科与思想政治教育学科在大学生这个特定研究对象之下知识生产的本土性、知识内容的融通性、知识结构的系统性、知识运用的原创性，在完成研究范式转换、解决大学生成长成才实际问题过程中，实现自主知识体系的重塑升级。

第四节　心理育人融入大学生思想政治教育的实践意义

心理育人融入大学生思想政治教育既是一个理论问题，也是一个实践问题，其最终目标是解决问题，帮助大学生解决成长路上的心理问题、思想困惑，对提升大学生的人格水平和心理素质，提升大学生的认知能力和学习成效，提升大学生的道德水平和综合素质具有重要意义。

一、有利于提升大学生人格水平和心理素质

在心理学上，人格是指个体在社会行为上的一些意识倾向与各种相对稳定的心理特性的总和，这些特征是个体气质、性格、动机、兴趣、体质等多方面整合的结果。人格集中表现在个体的外在言行、品质和个体的内在心理两个方

---

① 山东大学马克思主义学院：《新时代思想政治教育高端论坛暨思想政治教育学科自主知识体系建构研究学术研讨会举行》，2023年。
② 山东大学马克思主义学院：《新时代思想政治教育高端论坛暨思想政治教育学科自主知识体系建构研究学术研讨会举行》，2023年。

面，二者可能一致，也可能不一致，因此，人格是一个复杂的心理学概念。人格既是影响心理健康的重要因素，也是心理健康状况的重要指标，人格可以称为个体的心理面貌。"国内学者根据人格研究的词汇学假设，通过系统搜集中文人格特质形容词建立起了中国人人格的七因素模型，并编制了相应的测量工具。中国人的人格由外向性（活跃、合群、乐观）、善良（利他、诚信、重感情）、行事风格（严谨、自制、沉稳）、才干（决断、坚韧、机敏）、情绪性（耐性、爽直）、人际关系（宽和、热情）和处世态度（自信、淡泊）七个维度，18个次级因素（括号内）构成。"[1] 研究表明，人格与个体心理健康的身心症状指标之间、与个体心理健康的行为抑制指标之间、与个体心理健康的自我和谐指标之间、与个体心理健康的主观幸福感及积极动机指标之间存在显著的相关性[2]。塑造健康人格是大学素质教育的重要内容，也是每个大学生认识自我、塑造自我、实现自我应承担的一项义务，在学校心理健康教育中发挥着不可替代的重要作用。

良好的心理素质意味着个体心理健康，其认识、情感、意志、行为、人格等完整、协调，能够积极地融入社会、适应社会，处于高效、满意、持续的心理状态。对于大学生心理健康的标准，国内学者提出了不同的解读。其一，认为心理健康意味着个人的心理特点符合相应的心理发展的年龄特征，能够坚持正常的学习和工作，有和谐的人际关系，能够与社会协调一致，有完整的人格[3]。其二，认为心理健康有八个方面的衡量标准，包括：了解自我、悦纳自我，接受他人、善于与人相处，正视现实、接受现实，热爱生活、乐于工作，能协调与控制情绪、心境良好，人格完整和谐，智力正常，心理行为符合年龄特征[4]。可以看出，学者对心理健康标准有不同的见解，但是评价的维度基本相同，都是从认识自我、完善自我，与他人、社会和谐相处的视角进行分析的，都强调人格塑造在培养良好心理素质中的重要作用。同时，我们可以看出，良好的心理素质也是良好的思想品德素质的重要内容。

大学生人格水平和心理素质同步发展才能实现更加全面的发展。心理育人融入大学生思想政治教育，其实践意义首先在于能够促进大学生健康人格和良好心理素质的协调发展。其一，培养学生健康的心理基础，实现身心和谐，有

---

[1] 郭英、张雳：《高等教育心理学》，高等教育出版社，2014年，第159页。
[2] 郭英、张雳：《高等教育心理学》，高等教育出版社，2014年，第160页。
[3] 黄希庭、徐凤姝：《大学生心理学》，上海人民出版社，1998年，第437～439页。
[4] 郭英、张雳：《高等教育心理学》，高等教育出版社，2014年，第164页。

效避免出现焦虑、失眠、头痛、抑郁、注意力不集中等心因性临床反应，让大学生的心理特点与其所属年龄阶段人员的共同心理特征保持高度一致，激发他们的朝气和活力。其二，能够引导大学生正确地认识自我、评价自我、悦纳自我，树立正确的自我意识，客观全面看待他人对自我的评价。其三，能够帮助大学生建立良好和谐的人际关系，正确处理与同学、老师、家人、亲朋和社会群体的关系，能够接纳他人，并且能够与一部分人建立较为亲密的关系，有效避免诸如"马加爵事件""朱令事件"等因不和谐人际关系引发的惨剧。其四，能够促进大学生个性人格的完整统一，引导他们树立积极的世界观、人生观、价值观，树立远大理想和抱负，培养坚强意志和奋斗精神，始终做到知情意行的统一。其五，能够促进大学生提升环境适应能力，增强适应和改造自然环境、社会环境的能力，让他们既能够坦然面对、接受现实，又能够积极创造条件改善自身成长发展的环境和客观条件。

二、有利于提升大学生认知能力和学习成效

"学习"是大学生的主要任务，也是心理学研究中的核心课题，引导大学生热爱学习、善于学习、全面学习是大学生思想政治教育的重要任务。我国心理学者通常将学习划分为知识的学习、学习策略的学习、智力与创造力的培养、动作技能的学习、学习的迁移和道德品质的学习等。学习成效受多方面因素的影响。

首先，学习成效受到学习动机的直接影响。"学习动机是指引起学生学习活动、维持学习活动，并指引学习活动朝向教师所设定目标的心理倾向。"[1] 学习动机按不同的方式划分具有不同的类型，"从学习动机的社会意义来讲，学习动机可以划分为正确的、高尚的和错误的、低下的学习动机；从起作用时间长短来讲，可以划分为直接的近景性学习动机和间接的远景性学习动机；从学习动机的范围来看，可以划分为普遍型学习动机和偏重型学习动机；从学习动机产生的诱因和来源来看，可以划分为内部学习动机和外部学习动机。学习动机对学习行为具有启动作用、维持作用和监控作用。"[2] 一般而言，学习动机越强，学生学习活动的积极性越高，学习效果越佳。但是学习动机水平和学习成效之间并不是完全成正相关的，这还取决于任务的困难程度，随着任务难

---

[1] 莫雷：《教育心理学》，教育科学出版社，2012年，第257页。
[2] 莫雷：《教育心理学》，教育科学出版社，2012年，第258~260页。

度的加大，学习动机水平有随之下降的趋势。教育心理学上的学习动机理论非常丰富，比如行为主义的学习动机理论（重视外部强化）、人本主义的学习动机理论（重视内在潜力）、成就动机理论（给学生设置合理的任务难度）、学习动机的归因理论（训练努力归因）、自我效能感理论（培养学生的高自我效能感）、学习动机的自我价值论（帮助学生认识学习目标）。培养大学生的学习动机要善于从这些学习动机理论中获取教育意义，尤其要注重培养激发学生的内部学习动机。

其次，认知与人格因素影响学习成效。学习成效不仅受学习动机的影响还受个体认知发展、智力水平及学习风格、非智力因素（自我概念、归因与控制点、焦虑）等方面因素的影响。其中，认知发展水平是学习的基本前提，是影响个体学习的重要心理因素。提高认知发展水平也是学习活动的重要目标之一。学习本质上是一种综合认知活动，认知的发展又以个体掌握的一定知识和技能为中介，因此，认知发展与学习是相互影响、相互促进的。个体的认知水平会受不同心理成分的影响，会经历一个连续的、渐进的发展过程。但是不同年龄的个体认知水平又存在显著的差异，具有认知发展的年龄特征。基于不同年龄阶段的认知水平差异，皮亚杰、布鲁纳等心理学家提出了认知发展阶段理论，对个性化开展大学生心理健康教育和思想政治教育提供了理论借鉴。

心理育人融入大学生思想政治教育，有利于帮助大学生解放思想上、认知上的困惑，激发学生的学习兴趣、维持好奇心，引起求知欲，从而让学生产生学习的愿望和意向；有利于引导学生根据自身的身心发展和思想认知特点设置合适的学习目标；有利于教师为学生选择难易适合的学习内容和方法，让学生不断获得成功体验，增强自我效能感；有利于指导学生掌握韦纳的成败归因理论，客观认识能力、努力程度、工作难度、运气、身心状况等因素对学习成效的影响，引导学生进行正确的归因，改变不正确的归因，在做"努力归因"时联系现实，在做"现实归因"时强调努力；有利于引导大学生在学习活动中整合感觉、知觉、记忆、思维、想象等认知活动，在系统训练大学生认知功能的基础上提升其学习的成效。

三、有利于提升大学生的道德水平和综合素质

前文谈到，品德具有心理结构，品德的培养涉及道德认识、道德情感、道德意志、道德行为，即"知、情、意、行"四种心理成分。道德认识的形成要求学生掌握道德知识，熟悉道德规范的内容，认同道德规范的社会意义，能够

进行恰当的道德评价。将心理育人融入大学生思想政治教育，能够在思想政治教育过程中将抽象的道理和大学生身边具体道德事例结合起来、和大学生的身心发展特点结合起来，让学生更好理解道德观念的实质；能够运用假设的或真实的道德两难事件，组织学生进行讨论，从而提高其道德推理水平，促进学生道德认识的发展。道德情感是"人的道德需要得到满足或未得到满足时而产生的内心体验"[①]，道德情感的形成过程实质是道德需要的形成和发展过程。将心理育人融入大学生思想政治教育，能够将教师传授的道德观念以具体的、生动的案例和富有情绪色彩的言语表达出来，让学生在领会道德要求的过程中产生情绪体验，从而加深对道德观念的认识。同时，在思想政治教育过程中恰当运用情绪追忆、情感换位、角色扮演等移情训练，能够提高学生的移情能力，引导学生设身处地地站在别人的角度，理解和欣赏别人，从而增强学生的道德敏感性，增加亲社会行为，减少侵犯行为。将心理育人融入大学生思想政治教育还有利于培养学生坚定的道德信念，让学生学会克服困难，磨炼道德意志；还有利于引导学生掌握适宜的道德行为方式、社会技能，掌握实现道德动机的手段，加深学生对不同道德行为后果及社会意义的认识，从而克服和消除不良道德行为。

高校心理育人和思想政治教育的目的和落脚点在于育人，实现育心与育德的统一，促进大学生身心健康素质、思想道德品质和科学文化素质的协同发展、全面发展，培养堪当民族复兴重任的时代新人。而良好的心理素质是人全面发展的基础，是提升大学生综合素质的内生动力，对思想道德素质、科学文化素质、身体健康素质等产生重要的制约作用，因此，心理育人是促进大学生全面发展不可或缺的教育手段。将心理育人融入大学生思想政治教育，能够培养大学生健全的人格和健康的心理品质，帮助他们运用科学的认识方法更好地掌握专业知识和技能，形成与社会主义道德相适应的价值判断与行为选择，真正成为有理想、敢担当、能吃苦、肯奋斗的新时代好青年。

---

① 莫雷：《教育心理学》，教育科学出版社，2012年，第248页。

第五章　心理育人融入大学生
思想政治教育的理论基础和目标原则

心理育人融入大学生思想政治教育作为一项教育实践活动，必须遵循教育的社会制约性，并以此为基础制定基本目标和原则，以确保心理育人融入大学生思想政治教育体系构建的正确方向。同样，心理育人融入大学生思想政治教育作为追求更加科学育人的一套理论和方法，在符合社会发展实际、遵循社会发展规律的同时，离不开科学理论的指引，通过汲取经典学说精华，不断提高心理育人融入大学生思想政治教育建设的科学化水平，从而更好地实现预期目标。

第一节　心理育人融入大学生思想政治教育的理论基础

虽然心理育人和大学生思想政治教育理论根基有所区别，但其内在逻辑与价值追求紧密相关。心理育人是做好大学生思想政治教育的重要抓手，思想政治教育又为心理育人搭建了广阔的舞台，并最终指向人的健康成长与发展。研究发现，心理育人融入大学生思想政治教育有着广泛的理论基础，精神分析理论、行为主义理论、人本主义理论都能为其提供理论指引和策略参照。

一、精神分析理论

精神分析理论由奥地利著名心理学家弗洛伊德创设。现阶段，国内外诸多相关理论和方法均基于精神分析理论而诞生，且在不断继承与批判中发展。因此，心理教育工作者应充分认识并掌握精神分析理论内涵，取其精华，去其糟粕，不断完善心理育人教育理论。

（一）精神层次

早期，弗洛伊德提出"冰山理论"，主张人的心理构成为意识、前意识和潜意识。意识是指个体可以直接察觉到的心理活动[1]，由个体当前察觉到的心理内容组成；前意识介于意识和潜意识之间，指可以召回的心理内容；潜意识也称无意识，是指个体不可能察觉到的心理现象，往往包含大量和人的本能欲望、非道德冲动相联系的观念与经验。潜意识是精神分析的核心内容，是海面下看不见的巨大部分，而意识仅为冰山露出海面的一角，在人的心理活动中，三个区域始终保持着动态平衡状态。潜意识中本能的冲动或动机欲望蕴藏着巨大生命能量和精神内驱力，受人类理智、社会道德和伦理规范约束，只能以"合理化"的形式表现或被压抑在潜意识之中，被压抑的东西不会消失，它们会形成各种心理症状并以各种形式外化出来。

（二）人格结构

弗洛伊德提出人格"三我"结构，即本我、自我和超我。该结构探讨了自我心理防御机制，展现个体如何以本能冲动为基础，成为具有社会属性和文明标志的人的过程。本我由一切与生俱来的本能冲动所组成，受"快乐原则"支配，即先天的本能和欲望；自我是现实化的本能，代表理智和常识，受"现实原则"支配，即满足生存需要又力保不受伤害；超我是道德化的自我，代表良心和自我理想，追求至善至美[2]，受"道德原则"支配，即社会化的结果。三者之间处于"冲突—协调"的矛盾运动中。弗洛伊德将自我比喻为一个仆人，认为自我和本我、超我及现实之间是"一仆三主"的关系，受"本我推动，超我包围和外界感染"三种危险对自身的威胁，促使自我发展一种机能，用一定的方式调解冲突，缓解焦虑，使现实能够允许，超我可以接受，本我又能有满足感。心理防御机制主要包括压抑、否认、置换、合理化、投射、代偿、升华、退行、幽默、认同、抵消、反向形成和过度补偿等多种形式，这些表现形式在我们进行心理健康教育过程中经常可以观察到，其同时具备积极和消极意义。

（三）心理健康

就健康观念而言，弗洛伊德认为，健康与不健康是一个连续谱，心理异常

---

[1] 马莹：《弗洛伊德精神分析理论的认知特征及其在中国的适用性研究》，南开大学，2006年，第19页。

[2] 何东亮：《弗洛伊德分析心理学中的辩证思想》，《苏州大学学报（社会科学版）》，2001年第4期，第133页。

人与心理正常人之间并无本质的不同，心理正常人也存在压抑，在他们的内心中也储存着被压抑的冲动，他们也会有许多琐碎而不重要的症状表现。因此，弗洛伊德指出："我们不再认为健康和疾病，正常人和神经症病人之间有鲜明的区别，我们不再认为神经症的特性必须视为普遍低级的证据。"①

就实现方式而言，个人要实现心理健康可以从以下几个方面入手：第一，学会正视自己、接纳自己。能正视自己的本能、愿望和冲动，不是压抑而是尽可能用理性的眼光去看待，以社会和个人都能接受的方式妥善地表达和满足。第二，学会爱。弗洛伊德在研究中发现，人受性驱力的驱使，若只想获得一己的满足，就可能受到社会和文明的排斥。因此，人们需要扩展自己的爱，把自己融入他人和集体中，使自己成为一个社会的文明之人。人的本质是社会性，人只有在和他人的合作共享中才能得到真正满足，才能建立起巩固持久的合作关系，促进个人与社会的和谐发展。弗洛伊德学会爱的思想对于以独生子女为主要教育对象的大学生心理健康教育有着重要启示。第三，学会工作。"防止痛苦的另一种技巧是通过使用我们的心理装置所容许的力比多移置，用这种方法使其功能极大地增加了灵活性。在这里它的任务是，以这种方式使本能的目的改变方向，使它们不受外界阻挠。本能的升华作用对完成任务助了一臂之力。如果一个人能充分提高他从心理的和智力的工作资源中获得快乐的能力，他的收获就是最大的。在这种情况下，命运对他几乎无能为力。"② 按照弗洛伊德的观点，一个人如果可以从工作中得到快乐，那他就可以从内部精神中得到满足，从而获得健康快乐的生活。这与马克思"我的劳动是自由的生命表现，因此是生活的乐趣"③ 的思想不谋而合。

二、行为主义理论

行为主义理论由美国心理学家华生在巴甫洛夫条件反射学说的基础上创立，主张摒弃意识、意向等主观内容，只研究可观察到且能客观加以测量的刺激和反应。

（一）经典性条件反射

经典性条件反射认为一定的刺激必然引起一定的反应，而一定的反应也必

---

① 弗洛伊德：《弗洛伊德论美文选》，知识出版社，1987年，第9页。
② 车文博：《弗洛伊德文集（第5卷）》，长春出版社，1998年，第230页。
③ 中共中央马克思恩格斯列宁斯大林著作编译局：《马克思恩格斯全集（第42卷）》，人民出版社，1979年，第38页。

然来自一定的刺激，即适应性行为与非适应性行为都可以通过"刺激—反应"这一经典条件反射而形成。

（二）操作性条件作用

大多数人类可被观察到的行为都是通过操作性条件反射而形成的，即在没有观察到的外部刺激下发生，是个体主动适应的行为，行为后果直接影响行为发生的频率。若后果获得奖励，则该行为发生频率倾向增加（正强化），若获得惩罚，则该行为发生频率倾向减少（负强化）。

（三）社会学习理论

个体在很多习得行为的过程中并未直接得到过强化，学习的产生是通过模仿过程而获得的，即人的社会行为是通过观察学习获得的。尤其在儿童成长过程中，观察学习是他们行为形成的重要途径。该理论强调行为、环境、个体之间的交互作用，其为心理健康教育方式的发展提供了理论视角。加强校园文化建设，促进班级寝室良好心理环境的形成，对于加强大学生心理健康教育是一个值得关注的重要方面。

（四）认知行为理论

认知行为理论是在对早期行为主义"刺激—反应"理论的批判基础上发展起来的，认为外部刺激并不能直接引起个体的情绪和行为反应，在刺激和反应之间存在着复杂的认知过程，不同的认知导致不同的情绪和行为，即对人们行为产生影响的不是事件本身，而是人们对事件的认知、判断和评价，调整不良情绪和异常反应应从改变认知入手。因此，在心理健康教育的内容发展中，在强调相关能力培养的同时，对于有利于改变大学生认知观念的知识性内容也是不容忽视的。

三、人本主义理论

人本主义理论以正常人为研究对象，认为真正的心理学应研究正常人的心理，应以人的价值、尊严、潜能、创造性、积极情感及自我实现等方面为研究内容；认为人的发展的自然倾向不是趋乐避苦的狭隘私利，而是在生活需要基本满足的基础上，对精神需求或真善美等心理需要的追求。

（一）以人为中心的教育思想

罗杰斯是美国人本主义理论的创始人之一。他认为，每个人均有一种内在本然的实现趋向，这种实现趋向给人提供了强大的生存动力，促使个人探索环境、学习知识，并追求更能充分发挥潜能和让自己更加满意的生活方式。罗杰斯创立了来访者中心疗法，它既不探究来访者的潜意识领域，也不企图改变来访者的行为反应，而是激发来访者主体内在的潜能进行自我理解，改变自我和对他人的看法，产生自我指导行为①。罗杰斯以人为中心的教育思想重新确立了心理咨询中咨询师与来访者的关系，使咨询变成了人与人的交流，凸显了人的价值、尊严、需要、理解等人性要素。

此外，对于心理咨询人员的从业资格问题，罗杰斯也发表了自己的独特见解，认为一个没医学学位的人也能从事心理咨询，改变了当时心理咨询领域过分依赖心理测验甚至滥用心理测验的局面，极大地推动了心理咨询领域的拓展。

（二）自我实现的健康追求

在马斯洛理论体系中，需要层次理论和健康人格理论是其重要组成部分。需要层次理论把人的需要从低到高依次分为五级，认为人的行为由动机所驱动，人的动机由需要所激发，人的需要是人的本性，各级需要既是依次排列的层级关系，又是一个连续统一体。当优势需要得到基本满足后，更高的需要才会产生并支配人的意识生活②。自我实现需要是最高层次的需要，即个体渴求充分发挥自我潜能，充分实现自身需要。在马斯洛看来："音乐家必须演奏音乐，画家必须绘画，诗人必须写诗，这样才会使他们感到最大的快乐。是什么样的角色就应该干什么样的事。我们把这种需要叫作自我实现。"③

马斯洛将理想的心理状态称为自我实现，健康人格理论是马斯洛"自我实现者"的健康人格的具体表现：能准确地知觉现实并保持适当关系，能接纳自然、自我和他人，有独处和自立能力，有自己的信念和人生目标，能对诸多人生经验保持新鲜的愉快体验，改善人际关系，具有很强的道德感等。这些表现常被作为心理健康的判定标准，但上述标准不可独立应用，应结合多方面因素，全面看待心理健康。

---

① 刘灵：《人本主义疗法在改善农村事实孤儿厌学情绪中的运用——以湖北省新洲区个案为例》，中南民族大学，2018年，第5页。
② 刘玉玲、陈晓一：《马斯洛关于人格健康人的研究》，《华北水利水电学院学报（社会科学版）》，2005年第1期，第59页。
③ 马斯洛、罗杰斯、弗洛姆等：《人的潜能和价值——人本主义心理学译文集》，华夏出版社，1987年，第168页。

（三）马克思主义人学理论

马克思主义人学理论是马克思从哲学层面对"人"所做的系统而又深入的研究，是关于人的本质及其全面发展的科学理论体系[1]。它关注人的生存和发展，以人的本质、人的需要、人的全面发展和人的价值为主要内容，其中人的全面发展是核心。心理育人融入大学生思想政治教育研究的对象是大学生，属于马克思主义人学研究对象的特殊群体，因此，马克思主义人学理论对本研究有指导和启示意义。

具体来说，马克思主义人的全面发展理论是心理育人融入大学生思想政治教育研究的目标依据，为高校心理育人价值实现的目标设置指明方向。实现人的全面发展是高校思想政治工作的终极目标，也是高校心理育人的价值追求。一方面，心理育人融入大学生思想政治教育研究的目标与人的全面发展内容具有内在一致性，即在满足教育对象合理需要的基础上，促进大学生认知、情感、意志和行为、个性、心理素质等得到健康、充分和协调的发展。心理育人还要促进教育对象的社会性发展，不断发展和丰富自己的社会关系，为大学生的德智体美劳全面发展奠定坚实的基础，以培养社会主义建设者和接班人为终极目标。马克思主义人的全面发展是实现人的个性、能力、需要和社会关系等方面自由而全面的发展。可见，人的全面发展内容是丰富的，心理育人融入大学生思想政治教育研究目标在本质上与人的全面发展内容是一致的，也与高校立德树人促进学生全面发展的根本目标是一致的。另一方面，心理育人融入大学生思想政治教育研究的目标设定是以人的全面发展为目标依据的。实现人的全面而自由的发展是高校立德树人目标的最终追求，也是人类社会发展的永恒主题[2]。因此，高校要在国家和社会发展的现实要求以及教育对象成长成才现实需要的基础上，以人的全面发展理论为依据，构建高校心理育人融入大学生思想政治教育研究的目标体系。该目标体系不仅要关心个体的心理成长、心理素质的提升，开发个体的心理潜能，也要关心弱势群体学生的成长，为不同弱势群体学生提供精准的心理帮扶；不仅要关心个体内在成长，也要引导个人正确看待个人与社会、个体与外部世界的关系，正确地认识人在社会中的角色定位，在促进心理和谐发展中实现人的全面发展。高校心理育人融入大学生思想政治教育研究应在马克思主义关于人的全面发展理论的指导下，从社会发展需

---

[1] 张春和：《人类命运共同体理念的价值体系研究》，电子科技大学，2022年，第59页。
[2] 王章豹、张漂漂：《习近平高等教育重要论述对马克思主义教育思想的继承和发展》，《南京航空航天大学学报（社会科学版）》，2021年第4期，第3页。

要和"现实的人"的实际情况入手,尊重人的独特性和人的价值,把促进人的自由全面发展作为其最终的价值旨归[①]。

综上所述,精神分析理论、行为主义理论、人本主义理论等哲学(特别是人学)、心理学、教育学相关思想、学说或理论为心理育人融入大学生思想政治教育的研究与实践奠定了基本的理论基础。这些思想、学说或理论有诸多共通之处,并非截然分开的。心理学、教育学同属人学的学科,无论是心理学取向的心理健康教育,还是教育学取向的心理健康教育,它们的理论基础都是共通的。此外,从微观角度出发,除了哲学、心理学和教育学的有关思想,还有许多理论对心理育人融入大学生思想政治教育研究的某一方面或某些方面构成专门的支持。

第二节 心理育人融入大学生思想政治教育的目标指向

心理育人融入大学生思想政治教育,作为一种强调"心育"与"德育"有机融合的教育理念和实践方式,是高校在"大思政"背景下延伸拓展的重要育人手段,也是高校实现立德树人落地见效、提升大学生思想政治教育质量的创新探索,对促进大学生"心理健康素质与思想道德素质、科学文化素质协调发展"[②]起着举足轻重的作用。依据心理育人融入大学生思想政治教育的理论基础,遵循大学生身心发展规律,明确心理育人融入大学生思想政治教育的使命要求,有助于笃定前进的方向和目标,推动大学生思想政治教育高质量发展,从而为培育身心健康、全面发展的时代新人提供强有力的支撑。

一、着力形成大学生思想政治教育"三全育人"格局

心理育人融入大学生思想政治教育是一个多主体、宽口径、全链条的复杂系统工程。推进心理育人融入大学生思想政治教育工程,需要"全面统筹办学

---

① 郑鹏丽:《马克思人的全面发展理论与大学生成长成才教育研究》,山西师范大学,2015年,第2页。
② 中共教育部党组:《中共教育部党组关于印发〈高校思想政治工作质量提升工程实施纲要〉的通知》,2017年。

治校各领域、教育教学各环节、人才培养各方面的育人资源和育人力量"[1]，聚焦系统设计，从建立健全体系、配齐建强队伍、融会贯通环节等方面切入，一体化构建大学生思想政治教育的"全员、全过程、全方位"育人格局，实现心理育人与大学生思想政治教育的协同协作、同向同行。

形成"家庭—高校—社会"协同的全员育人体系。家庭层面，家长承担着心理育人的重要主体责任，对大学生的价值观形成、人格养成、情绪管理、行为倾向等具有重要的影响[2]。当前，高校大学生心理危机产生的一个重要根源，就在于作为育人主体的家长普遍缺乏必要的心理健康常识和科学的心理健康教育理念，从而忽视了对大学生在成长过程中的心理与情感问题及发展需求的密切关注和及时疏导。高校层面，可探索常态化开办家长会、开展暖心家访、开设家长学校，在把握学生心理特点、成长规律以及身心健康动态方面，给予学生家长更多的专业化支持与科学指导，引领大学生的家庭成员主动、深入参与心理育人实践。社会层面，要积极建立服务大学生心理健康需求的咨询、转介与就诊"绿色通道"，推进高校心理服务机构与社会专业医疗机构密切合作，打通"医教深度融合、院校协同育人"的"最后一公里"，切实为大学生的青春、健康、成长保驾护航。此外，大学生作为自己的"心理健康第一责任人"[3]，要"积极进行心理健康自助互助"[4]，主动关注自己的心理变化，学习心理调控的知识技能，正视内心深处的需求，做好心理健康自我教育。

形成"时时育人、处处育人"贯通的全过程育人链条。大学阶段是青年成长的"拔节孕穗期"，是青年大学生的世界观、人生观、价值观逐步形成的关键时期。探索心理育人融入大学生思想政治教育，就要将其有组织、有计划、持续性地贯通人才培养全过程。一是贯通学生成长，要将心理育人纵深贯穿学生成长成才的各阶段、横向串联学生学习生活的各环节。根据学生个体差异和个性化需要，有针对性地普及心理健康知识与技能，帮助其树立自助与求助的积极意识，能够理性面对成长过程中的困难与挫折；同时，通过强化教育、预防、干预和追踪反馈工作，完善心理健康教育服务的"学校、院系、班级、宿舍/个人"四级预警网络[5]，实现心理健康教育与思想政治教育纵横融合的全

---

[1] 教育部办公厅：《教育部办公厅关于开展"三全育人"综合改革试点工作的通知》，2018年。
[2] 许继亮：《高校建立健全心理育人机制论析》，《思想理论教育》，2022年第12期，第111页。
[3] 国家卫生计生委、中宣部、中央综治办、民政部等二十二部门：《关于加强心理健康服务的指导意见》，2016年。
[4] 中共教育部党组：《高等学校学生心理健康教育指导纲要》，2018年。
[5] 教育部等十七部门：《教育部等十七部门关于印发〈全面加强和改进新时代学生心理健康工作专项行动计划（2023—2025年）〉的通知》，2023年。

过程育人。二是贯通教育教学，要特别关注新生入学适应期、中期学业鉴定期、评优评奖期、实习实践期、求职就业期等大学生成长成才的关键时期，动态搜集并评估分析大学生的心理大数据，精准研判把握各类学生群体在不同学习阶段、不同生活场景中可能存在心理压力、心理困惑、心理危机的重点时段。三是贯通管理服务，要通过积极开放心理咨询服务机构、开设 24 小时心理热线等方式时刻关注大学生的心理动态、及时提供服务，"针对学生不同阶段的典型心理问题和不同场景下容易出现的心理问题设计和完善相应的课程、活动、服务流程及预警机制"[①]；还要通过强化学风建设、丰富校园文化、心理健康教育宣传等有力举措，教育引导广大学生志存高远、积极聚焦学习与成长、自觉关注身心健康与全面发展，切实增强积极向上的心理素质与勇于奋进的道德品质。

形成"思政课程—课程思政"衔接的全方位育人闭环。一方面，思想政治理论课作为高校开展大学生思想政治教育的主渠道，是对大学生进行价值引领、品德塑造、心灵浸润的关键课程。发挥思政课程显性教育功能，对大学生进行系统理论教育，能达到立竿见影的效果。同时，坚持问题导向，将"思政小课堂"与"社会大课堂"有机结合，用生动活泼的思政课引领大学生坚定信念、明辨是非、涵养品德、启迪智慧，为大学生成长成才打下坚实的思想理论基础。另一方面，高校将心理育人融入大学生思想政治教育，把思想政治教育主渠道由"思政课程"延伸至大学生所学各类专业课程、大学生心理健康教育等通识教育课程及其教育教学全过程，实现"课程思政"育人的全覆盖；充分发挥心理健康教育"课程思政"的隐性育人功能，融入心理体验教学，通过行为训练增强内化认同，唤醒大学生理论积淀、德性涵养和心灵浸润的内在张力，极大地拓展大学生思想政治教育的育人方式与育人场域。高校构建融入心理健康教育的思想政治教育自主知识体系，从顶层设计完善，到制度机制保障，着力推动"各类课程"与"思政课程"同向同行、显性教育与隐性教育衔接互补，能够有效形成全方位育人的大学生思想政治教育协同效应，切实通过课堂主渠道培养学生自尊自信、理性平和的健康心态，提升主动预防保健、珍爱生命、涵育情操的心理素养。

---

① 童天朗：《构建高质量高校心理健康教育体系》，《中国高等教育》，2021 年第 19 期，第 55 页。

二、着力增强大学生思想政治教育亲和力和针对性

心理的认知过程是思想形成的基础,心理育人为大学生思想政治教育奠定心理基础[①]。相较于以理论灌输为主的传统思想政治教育方式,心理育人在教育实践中更注重人文关怀与心理疏导,更加关注对大学生的心理需要与情感诉求的满足与回应,能够更精准地研判潜藏在大学生心理状况背后的思想特点与行为规律,从而提高大学生思想政治教育的实效性。

突出人文关怀,增强大学生思想政治教育亲和力。亲和力是一种"可亲近力量",是大学生思想政治教育发生的原始动力,有助于提升受教育者对思想政治理论的理论认同、情感认同和价值认同[②]。长期以来,大学生思想政治教育重理论灌输而轻人文关怀,在一定程度上直接削弱了思想政治教育的亲和力。将心理育人融入大学生思想政治教育,就是要借力心理健康教育"以心育德""心德融合"的价值追求,彰显新时代大学生思想政治教育的人文关怀取向,切实增强大学生思想政治教育的亲和力与感染力。其一,突出对学生心理与思想道德的统筹关注。心理育人融入大学生思想政治教育的过程,是心理健康教育与思想政治教育深度融合的发展过程。心理育人导向下的心理健康教育,要跳出"解决学生心理问题"的专业阈限传统,积极关注对学生心理潜能的挖掘开发、对生命意义的价值探问、对积极心理素质与道德品质塑造以及应对挫折困难与防范风险能力的培养。其二,突出对学生主体性需求的服务满足。积极回应学生主体性需求,适时给予学生人文关怀,构建亲密和谐的师生关系,是影响大学生思想政治教育亲和力的一系列关键性因素。坚持以学生为本,教育内容的确定、教育方式的遴选、教育效果的反馈等各环节,都始终关照学生、亲近学生、服务学生,有助于消解学生对传统思想政治教育"理论宣教"的逆反心理,有效提升大学生对思想政治理论教育与价值引领的接受度与满意度,有力增强大学生学习实践马克思主义的理论自觉与行动自觉。其三,突出贴近时代与学生生活的与时俱进。"人的本质不是单个人所固有的抽象物,在其现实性上,它是一切社会关系的总和。"[③] 心理育人融入大学生思想政治

[①] 宋洁宇:《"大思政"视域下高校心理育人质量提升路径研究》,大连海洋大学,2023年,第19页。

[②] 马莹:《思想政治教育亲和力提升研究》,吉林大学,2023年,第1页。

[③] 中共中央马克思恩格斯列宁斯大林著作编译局:《马克思恩格斯选集(第1卷)》,人民出版社,2012年,第135页。

教育，要密切关注当代大学生所处的历史方位、使命任务以及现阶段感兴趣的热点与焦点问题，既体现世俗生活中的共享链接，又能引发心理情感上的亲近共鸣。唯有如此，大学生思想政治教育才不是空洞说教、乏味转述，而是与时俱进、真实生动、亲近时代、亲近学生的思想政治教育。

重视心理疏导，增强大学生思想政治教育针对性。心理疏导是指教育者通过恰当的心理沟通方式，运用专业的心理学知识帮助学生解决心理问题、强化精神状态的一种心理疗法[1]，常被借鉴运用到思想政治教育中，助力学生健康成长与发展。2018年，教育部印发的《高等学校学生心理健康教育指导纲要》强调："坚持育心与育德相统一，加强人文关怀和心理疏导。"[2] 这意味着"心理疏导"作为一种心理育人模式有了明确的政策依据。思想政治教育范畴的心理疏导，强调人的内在积极力量与群体、社会文化等外部环境的共同影响与交互作用[3]。因此，要将"心理疏导"作为心理健康教育与思想政治教育紧密结合的创新方法，把心理育人的心理学原理和方法融入大学生思想政治教育日常，使之更契合大学生的心理需求与成长发展期待，切实增强大学生思想政治教育的针对性。第一，重视心理问题疏导。当前，高校心理疏导的问题干预取向仍是主流[4]。由此，心理育人融入大学生思想政治教育，要秉持健康第一的理念，从制度机制顶层设计上做好对大学生心理问题的预防与监测，依托校内外心理健康服务专门机构做好心理危机预警与主动干预工作，及早发现存在严重心理健康问题的学生、及时解决有特殊服务需要的学生的心理问题。第二，重视价值观念疏导。处在价值观形成时期的青年大学生，理想信念、价值观念等很容易受到复杂多元的社会思潮冲击，进而产生心理问题。因此，迫切需要高校以社会主义核心价值观教育引导学生正确处理理想与现实、个人与社会、当前与长远的关系，帮助学生塑造健康的人格与心灵，树立正确的是非观、荣辱观、义利观、得失观等，收获更高境界的心理健康。第三，重视线上线下疏导。当今世界，青年一代也是网络的一代。随着网络信息技术的迅猛发展，新时代大学生对心理疏导的技术支持与时空场域都提出了新的、更高要求，表现

---

[1] 郑航月：《心理疏导在思政教育中的作用发挥》，《中学政治教学参考》，2023年第34期，第91页。

[2] 中共教育部党组：《中共教育部党组关于印发〈高等学校学生心理健康教育指导纲要〉的通知》，2018年。

[3] 梅萍：《新时代思想政治教育心理疏导的发展走向探析》，《马克思主义研究》，2019年第7期，第157页。

[4] 梅萍：《新时代思想政治教育心理疏导的发展走向探析》，《马克思主义研究》，2019年第7期，第154页。

为对传统门诊式心理咨询的冷淡,而对打破时空束缚的线上咨询服务的热衷,心理疏导的模式也由传统的"面对面现场咨询"拓展到"键对键的线上咨询",更好地满足了网络一代大学生的现实心理需求,为进一步有针对性地做好大学生网络思想政治教育奠定坚实基础。

三、着力培育身心健康、全面发展的时代新人

身心健康是各级各类人才在祖国大地建功立业的必备素质。高校心理健康教育落实立德树人根本任务,必须服务于造就时代新人的育人目标[①],这与新时代大学生思想政治教育的目标任务相一致,也成为心理育人融入大学生思想政治教育的内在基点。大学生作为新时代最灵敏的"晴雨表",其身心健康、全面发展是中国青年挺膺担当中华民族伟大复兴大任的重要基石;这既是党中央关心、人民群众关切、社会关注的重大课题[②],也是心理育人融入大学生思想政治教育的目标追寻。

坚持强心赋能,培育身心健康的时代新人。身心健康是时代新人敢担大任的基础条件,更是党和国家对时代新人身心素质的期许[③]。大学阶段是青年大学生积累知识、塑造人格、形成"三观"的重要时期。心理品质对学生的成长和发展至关重要。将心理育人融入大学生思想政治教育,就是要整合心理健康教育与思想政治教育的学科优势与育人共识,形成强心赋能的强大合力;通过塑造过硬的心理品质、形成稳定的人格特征,引导大学生自我调节、主动适应,在社会实践与未来事业中充分发挥创造性和能动性,为成就自身的青春梦想、实现个人的价值追求打下坚实基础。一是关注个体的心理成长。心理育人强调心理因素对于大学生思想道德发展的重要影响,只有遵循学生心理成长规律,有针对性地对学生真实的心理过程施加及时而有益的影响,心理育人融入大学生思想政治教育才能达到预期效果。要将人文关怀熔铸到对学生的教育管理和服务过程中,主动倾听学生心理需求和思想困惑,针对学生在心理认知、情绪情感和意志品质等方面的具体问题进行干预引导,为学生心理成长提供必

---

① 沈贵鹏:《新时代高校心理健康教育的行动取向》,《思想理论教育》,2024年第4期,第96页。
② 教育部等十七部门:《教育部等十七部门关于印发〈全面加强和改进新时代学生心理健康工作专项行动计划(2023—2025年)〉的通知》,2023年。
③ 林伯海、吴成玉:《新时代好青年"四大品质"要求的时代价值》,《思想理论教育导刊》,2023年第2期,第140页。

要支持，帮助学生化解思想问题、实现身心的平衡。二是提升个体心理素质。心理素质是提高个体整体素质的"阿基米德点"[①]，在保障大学生全面成长成才的过程中起着极其重要的作用。要以积极健全的人格为育人导向，努力培养大学生不懈探索求知、勇于创新创造、敢于直面困难、乐于帮助他人等良好的人格特质与珍爱生命、热爱生活、理想平和、自尊自爱、健康向上的心理品质，为积极投身实现"中国梦"的伟大实践奠定良好心理基础。三是挖掘个体的心理潜能。既要教育引导大学生保持身体机能正常与心理和谐统一，还要挖掘、激发大学生的心理潜能，促进大学生的积极成长与发展。在切实尊重大学生的个性差异基础上，以大学生的个性化成长需求为新的生长点，为学生提供更多接纳与鼓励、肯定与赞赏等正向心理支持，结合学生成长实际，统合协调其与事件相关的认知、情感及意志行为，丰富其社会关系与社会支持；对学生少一些批评、惩罚等消极评价，有意识地引导和干预学生消极的"知、情、意、行"，强化其社会性适应与发展能力。

坚持"五育融合"，培育全面发展的时代新人。根据马克思主义人的全面发展理论，"实现人的全面发展"既符合当前国家和社会对高等教育人才培养的战略要求，也符合新时代大学生自身成长成才的客观需要，是高校落实立德树人的根本目标。大学生的全面发展离不开其自身心理层面的健全发展。将心理育人融入大学生思想政治教育，就是要依据大学生身心发展特点与思想政治教育规律，发挥心理健康教育关注内心和谐建设、激发内在潜能、引导向上向善等思想政治教育功能优势，为学生心理健康提供有效支持，夯实大学生全面发展的前提和基础。一方面，要厘清心理育人与"五育融合"的关系。高校培育全面发展的时代新人，要基于国家和社会的发展需求和当代大学生的成长需要，坚定推动德智体美劳"五育融合"，丰富心理健康教育与"五育"互动融合的功能价值。准确理解和把握"德育是心理健康教育的价值导向，智育是心理健康教育的前提条件，体育是心理健康教育的体质基础，美育是心理健康教育的基本内涵，劳动教育是心理健康教育的重要途径"[②]的内涵要义，为指导实践缕清关系、提供遵循。另一方面，要践行"五育并举"，助力大学生全面发展。高校通过德育帮助大学生塑造道德品行、树立正确价值观念、培养道德情感与道德行为；通过智育为大学生未来的可持续成长与创造性发展储备科学

[①] 卢爱新：《我国大学生心理健康教育发展研究》，华中师范大学，2007年，第2页。
[②] 俞国良、靳娟娟：《心理健康教育与"五育"关系探析》，《教育研究》，2022年第1期，第136页。

文化知识与智识智慧，培养作为学习者的大学生塑造未来的能力，最终实现个人和社会的幸福；通过体育传授大学生健康的知识与技能，帮助其养成科学健身的生活习惯，增强体质与生理机能，提高身体综合素质，助力维持心理的平衡与稳定；通过美育激发大学生心理的积极变化，培育大学生审美情趣，使其愉悦身心、净化心灵，激发大学生对美好事物的追求和对美好生活的向往；通过劳育培养大学生的劳动意识、劳动技能、劳动意愿等，注重在劳动实践中调节身心，形成良好的劳动观念、劳动习惯、劳动态度，锤炼吃苦耐劳的意志品质，为适应未来的社会生活提供有力支撑。

第三节 心理育人融入大学生思想政治教育的基本原则

在明确了目标指向以后，我们需要厘清心理育人融入大学生思想政治教育的基本原则，以确保其建设工作始终沿着正确的轨道进行，有力保证融入和教育的效度、深度、广度。归纳起来，心理育人融入大学生思想政治教育需要遵循以下六个方面的原则。

一、中国特色性原则

思想政治教育有着鲜明的政治属性，内蕴社会主义主流意识形态特征。在将本身更具有普适性的心理育人与其相联系时，在共融过程中的心理健康教育也浸润了表征明显的政治立场与价值导向。中国的教育体系尤其是高等教育领域是坚持党的全面领导的坚强阵地，是坚持社会主义办学的关键龙头，在世界教育发展格局中是中国特色鲜明的教育体系。我们处在"两个一百年"奋斗目标的历史交汇期，更是在着力打造中国特色思想政治教育体系，把立德树人作为根本任务，努力培养德智体美劳全面发展的社会主义建设者和接班人，不断解决好"培养什么人、怎样培养人、为谁培养人"这个根本问题。心理育人作为大德育的有机组成部分，在与思政教育并轨相融中应充分服务于这个最大特点，坚持将中国特色性作为其始终遵循的首要原则。

心理健康教育在西方已经形成较为系统成熟的理论与实践体系，在我国吸收借鉴外来的心理健康教育工作成果时如何让其最大程度中国化、具有中国特色是关键性问题。目前在马克思主义尤其是辩证唯物主义的作用下，心理育人的运用在中国得到了长足发展①。它与思想政治教育相结合，以社会主义核心价值观为引领，在大学校园内日益普及。

具体而言，很多大学生的心理健康问题也超出了一般心理问题咨询范畴，与思想政治教育工作密切关联，教育部门也把心理育人成效作为考核高等院校思想政治工作的重要指标。因而无论从实践路径还是学理逻辑来看，心理育人融入大学生思想政治教育的前提是遵循中国特色，依照中国实际，解决中国大学生从心理健康到思想武装的问题。把握住这个最重要的原则，两者的深度融合与实际运用可以规避一些潜在问题。其中需要我们警醒的就是异化博爱、自由、宽容等价值词汇的内核，通过所谓的心性解放来削弱大学生的政治认同。西方文化渗透往往将其特定的意识形态话语伪装美化成普适性的心理学范畴概念，从而进入大众关注的心理健康问题领域。在借助娱乐性表达后，其更容易触发大学生群体的关注以及潜在接受，从而实现心理、情绪性话语场域暗藏着与社会主义主流意识形态相左的政治、思想观念的输入，导致大学生思想政治教育受到极大挑战。而中国特色原则的一以贯之，则可以从源头切断这一路径，使得心理育人融入思想政治教育统摄于中国的德育体系。

二、内在统一性原则

为适应高等教育心理健康教育和思想政治教育的创新转型发展，迎合时代发展对教育的新要求，我们探索思想政治教育和心理健康教育的创新发展之路，将大学生心理健康教育与思政教育的各自优势充分结合起来，寻找协同育人的发展之路，使育人效果达到最佳水平。心理健康教育与思想政治教育存在共同的工作目标、相互重叠的内容、互相支撑的师资队伍，这使二者的融合成为可能②。要达到心理健康教育融入思想政治教育的有机有效，应该充分关注两者深层的统一性，即为了学生的全面健康发展。

2018年教育部在《高等学校学生心理健康教育指导纲要》中提出，在高校教育过程中要坚持育心与育德相统一，在教育过程中注重人文关怀和心理疏导，促进学生心理健康素质与思想道德素质、科学文化素质等综合素质协调发展。对学生的心理素质的培养和心理障碍的预防是育心重要的育人功能，育人

---

① 杜亚男：《高校心理健康教育与思想政治教育结合30年得失研究》，浙江大学，2017年，第17页。
② 黎素珍：《论大学生思想政治教育与心理健康教育的融合》，《福建论坛（人文社会科学版）》，2018年第S1期，第171~172页。

成效指向实现教育的最终目标，即培养全面健康发展的人。育德的重点在于培养学生良好的思想道德品质，以及高尚的道德情操和正确的人生观、世界观和价值观，树立远大的人生追求和理想抱负。两者无疑在目标维度上具有高度统一性。在大学校园，出现一定心理问题的大学生往往思想道德上也伴随认知误区，相应具有较高思想道德素养的大学生也表现出较强的悦己悦人的能力[1]。因而坚持育心与育德相统一的原则，一方面是中国高校心理健康教育和思想政治教育发展最卓越的优势特点，另一方面也体现了高校教育工作发展的总趋势。为了提高心理健康工作和思政工作的教育效果和教育质量，必须做到以学生的心理健康发展状况为出发点，以学生的思想道德素养的培育为落脚点，相互融合，协同作用[2]。总而言之，在心理健康教育与思想政治教育的具体工作开展过程中，坚持育心和育德相统一，才能增强思想政治教育和心理健康教育的效果，培养学生成为全面健康发展的人。

三、以人为本原则

思想政治教育在学界一般以宏大叙事的方式展现，其话语体系在具体解决大学生思想问题时显得水土不服。日常开展的思想政治教育内容与大学生的实际生活存在一定程度的脱离，方式方法也主要依靠单一的说教灌输，最终很难达到预期理想的教育效果。心理健康教育本身就是从个体的认知情感、意志行为等出发去研究与应用，原本更应富有对个体与生命高度尊重的特质，但由于对心理抑郁、焦虑、恐惧等多种心理疾病的不科学的认知态度、应对机制，以及整体社会的重视不充分，因此大学校园内的心理健康教育开展有些流于形式，甚至将工作重点放在规避责任上。究其原因都是某种程度上忽视了方式方法的人性化，没有有力贯彻以人为本的原则。育心与育德的融合更应把学生看成鲜活的个体，具有主观能动性的人，避免单纯依靠行政命令、强制性手段来进行管理教育，要坚持凸显人文关怀、生命成长关怀。

心理健康教育的融入要坚持以学生为中心的核心理念，一切活动都紧紧围绕促进学生全面发展开展，将学生作为认识和发展的主体，走进学生生活并倾听学生的声音，围绕学生的发展需求开展教育，充分挖掘学生各方面的潜力，

---

[1] 马建青、石变梅：《30年来高校心理健康教育对思想政治教育的影响探析》，《思想理论教育》，2018年第1期，第99页。

[2] 朱小根：《以心理健康教育为抓手增强高校学生思想政治工作的有效性》，《教育与职业》，2012年第6期，第61页。

发挥学生的学习积极性和主观能动性，不断引导学生参与各种训练和练习活动，达到自我调节、自我优化的效果[①]。尤其是将其与思想政治教育对接时，应以平等、接纳、开放、尊重的心态给予学生共鸣，对个体给予最大的理解，让学生的信任度和参与度不断提高。在育心与育德结合中贯彻以人为本的原则，意味着要主动走进学生群体，对大学生的内心感受、情感需求和思想诉求等给予关注和重视，让他们体会到学校、教师能够给予专业指导与帮助解决问题。全方位地贯彻以生为本的理念，能够引导学生培养自身良好的心理素质和思想道德素养，坚持高尚的价值观念和思想品质，树立积极向上、理性平和的心态，立鸿鹄之志，为远大的理想和追求而奋斗，在实现自身梦想、成人成才的同时也树立为党和国家做贡献的信心和决心[②]。

四、交互作用性原则

以系统观来看心理健康教育和思想政治教育，两者在德育系统中具有很强的协同性，在交互作用中实现育人工作的达成。加强大学生心理健康教育与思想政治教育的交叉融合，互相补充，改善并升华二者结合达到的教育成效，成为提高大学生心理健康教育和思想政治教育工作实效性的关键点。心理健康教育和思想政治教育的协同创新发展，不仅产生了非线性相互作用，还超越了心理健康教育与思想政治教育单独作用所产生的效果[③]。

加强大学生心理健康教育工作已成为新时代新形势下高校思想政治教育工作不可分割的组成部分。社会转型引发价值观念发生变化并呈现出多样化的发展趋势，社会环境和生活空间变得日益复杂化，导致接踵而至的社会、学业、生活、情感、就业等给大学生带来各种心理压力。大学阶段又是从青春期向成年期转型的重要阶段，也是心理成熟度发展较高的阶段，但大学生的思想价值观念、认知、意志、情感与行为能力的发展水平均未完全达到稳定状态，处理压力事件、舒缓负面情绪、控制自我意志的能力有所欠缺，无论是人际交往、生活就业，还是情感问题引发的一系列不良事件，都反映了学生的心理健康素

---

① 耿晓颖：《谈大学生心理健康教育工作中学生的主体作用》，《哈尔滨金融高等专科学校学报》，2010年第3期，第99页。

② 张科：《谈高校思想政治教育与心理健康教育的功能互补》，《教育探索》，2011年第10期，第147页。

③ 马建青、石变梅：《协同创新：高校心理健康教育与思想政治教育结合的发展之路》，《学校党建与思想教育》，2018年第11期，第27页。

养和思想价值观的双向缺失。这也印证了将育心与育德工作融合，在共同作用下落实立德树人根本任务的至关重要性。

只注重大学生的思想行为和价值观念规范，忽略心理健康教育在教学过程中的作用、对心理关怀不到位，最终也容易致使宣扬的思想价值观念无法内化[①]。单纯的道德说教可能导致学生产生抵触情绪，加剧心理不平衡，并不能实质性地促进自我认知。故此，心理健康教育成为强化思想政治教育效果的重要措施和不可或缺的补充。从实际来看，学生思想和行为出现问题往往与心理健康问题有关。一些阶段性的心理问题没有得到及时疏导，进而会影响其世界观、人生观和价值观的稳固。从心理健康视角深化思想政治教育，能有效拓宽其工作维度。相应地，思想政治教育的有效开展，为大学生树立正确的思想道德观念，可以从根本上保证其稳定的情绪情感以及健康正面的心理心态。

促进心理健康教师与思想政治教育工作者之间协同配合，加强彼此对专业技能的借鉴学习，有利于提升学校育人工作的实际效果。为管理优化，可以在高校内创立统一管理、统一领导的独立机构，将思想政治教育工作者、心理健康教育工作者、班级学生工作者均纳入其中，为心理健康教师和思想政治教育工作者提供更加便捷的沟通交流渠道[②]。在各方的通力合作配合下，促进高校的心理健康教育与思想政治教育充分有机融合，不断提高育人质量。

五、相对独立性原则

当下我们关注心理育人与思想政治教育的紧密联系，注重两者的多维融合，视角更多放在两者交叉、彼此作用的区域。两者虽都位于德育系统之下，但各自具有自身独特的学科原理和教学特色。倘若忽视这种独立性，对彼此边界划分不明晰，反而会对两者的交互协同产生负面作用。进而在处理大学生实际的心理问题、思想问题的个案时，因误判而采取不当的解决问题的方式方法，教育效果自然无从谈起。

心理育人主要以培养学生良好的心理素质、提高学生的心理健康水平、充分发掘学生心理潜能为目标。伴随世界多极化、经济全球化、社会信息化、文化多样化，丰富的信息与物质为人们的工作、生活和学习方式带来效率提高、

[①] 王荣、腾飞：《融合心理健康教育的思想政治教育路径探究》，《思想理论教育》，2015年第3期，第100页。

[②] 李琳琳：《大学生心理健康教育与思政教育的融合路径》，《中学政治教学参考》，2022年第37期，第98页。

便利化提升的同时,高强度的信息传递与快节奏的机制运转等现代社会属性,也使得当代大学生被动裹挟于信息洪流中。由于大学生自身心智尚未完全成熟,因此易于出现一些无助、焦灼等群体性的心理特点。此时教育工作者不应用"思政化"方式去开展教育工作,重点是要及时进行心理干预,处理其情绪波动与心理困惑,满足学生的心理与情感需求。教师要改变灌输式和说教式的教育方法,走进学生群体中去并倾听学生的感受,从而及时了解学生的心理动态并对其进行适当疏导①。价值感、满足感、自豪感、成就感、安全感、被尊重感等是大学生发展过程中需要满足的心理需求,也是在日常心理健康教育过程中需要被关注的要点。

培养学生的思想品质、提高学生的政治素养、提高学生的道德水平、培养学生的法律意识等则是思想政治教育的主要维度。大学生的道德观念、思想政治观念、价值倾向如若存在一定问题,常常导致心理健康同样出现问题。因而判断大学生外在行为表现的根本诱因、判断心理问题与思想问题两者的引发顺序就显得十分关键。面对这种情况,思想政治教育工作者只采取情绪上引导调节,未深入了解大学生的价值观念层面产生的偏差问题,那么不仅错失解决时机,而且让大学生形成错误认知,觉得自身道德思想观念是正确的,从而继续以此指引自己的行为活动。在课堂内外,我们都要注重对大学生的思想政治教育,及时研判学生一些特殊言行背后潜藏的思想动态变化,以润物无声的教育方式实现价值倾向的浸染。

六、动态生成性原则

象牙塔式的教育环境早已被打破,当今复杂社会和校园生活的共生关系,也给思想政治教育和心理育人工作带来了诸多挑战和难度。逐渐具象实体化的地球村的生存环境,复杂多样的大系统观念的知识环境,均深刻影响着育人工作。在此背景下,我们更要坚持用发展动态的眼光看待思想政治教育和心理育人工作。在现代社会变化急剧加速的情况下,不仅学生的成长是动态生成、教育课程是动态生成的,而且学生呈现的心理健康和思想政治问题也是动态生成、不断变化的,这就要求我们要用动态生成的视角精准高效地应对各类教育现象、处理各种教育问题。

---

① 王鹏:《心理健康教育渗透于思政教育的理路》,《中学政治教学参考》,2018年第40期,第102页。

第五章 心理育人融入大学生思想政治教育的理论基础和目标原则

立足大学校园，一些大学生思想多元化、价值观失衡、情绪和行为问题接踵而至，心理与思想问题的频发也呈现出复杂面貌。其中一个重要诱因就是大学生作为网络原住民，深度参与网络生活，也在主动与被动交叠中受到网络世界无孔不入的影响。大量的教育问题直指信息媒介，例如网恋、非主流意识思想的侵入等。甚至一部价值观念不正的影视剧、一位触犯法律的公众人物、一个不健康的娱乐消费方式，都会使学生的心理思想产生变化，相应生成一定的心理思想问题。但同时我们也认识到，网络极大地拓宽了思想政治教育和心理健康教育的渠道与手段，利用网络可以更加快速有效地掌握学生情况，回应有关问题。网络的开放性、交互性等特点使思想政治教育工作和心理健康工作开展变得更为直接、高效。因此，做好思想政治教育网络工作，建立高校的党建、团建红色网站，建设健康、安全的校园心理网站，充分发挥网络在高校教育过程中的作用，可以促进思想政治教育和心理健康教育的动态发展。

对于当下的教育工作者来说，创新教育方法和手段，紧跟时代的步伐显得尤为重要。经验主义、案例教育法等传统教育方式方法，无法应对处于心理思想不断变化的大学生个体和多样的教育现象问题。将心理育人有机地融入思想政治教育的全过程，应以动态生成的原则，不断更新教育观念、创新工作方法、拓展专业技能。思想政治教育工作者应深入学习心理健康的专业知识，提高自身的专业素养，对学生所出现的问题做出精准辨别，有针对性地开展教育工作，要用科学的丰富的心理学和思想政治知识培养大学生积极进取、乐观向上、健康发展的积极品质[1]。

---

[1] 张向战:《"与时俱进"与高校思想政治教育创新》,《河南师范大学学报（哲学社会科学版）》,2004年第5期,第201页。

第六章　心理育人融入大学生思想政治教育的路径建构

习近平总书记在全国高校思想政治工作会议上强调："要坚持把立德树人作为中心环节，把思想政治工作贯穿教育教学全过程，实现全程育人、全方位育人，努力开创我国高等教育事业发展新局面。"[①] 2024 年 1 月，全国教育工作会议指出，要着力构建落实立德树人根本任务新生态新格局，启动实施立德树人工程，以身心健康为突破点强化五育并举，引导学生坚定听党话、跟党走[②]。这为新时代高校人才培养工作提供了基本遵循，也为心理育人融入大学生思想政治教育工作模式指明了前进方向。新时代大学生是进行伟大斗争、建设伟大工程、推进伟大事业、实现伟大梦想的中坚力量，他们的心理状态和素质能力、精神面貌和价值取向，对加快推进教育现代化、建设教育强国、办好人民满意的教育意义重大，也直接影响着中华民族伟大复兴的实现进程。立足新时代大学生身心发展特点和大学生思想政治教育实际，着眼于培养德智体美劳全面发展的社会主义建设者和接班人，开展心理育人融入大学生思想政治教育工作应从"政治引领为核心、价值引领为根本、学习引领为基础、文化引领为支撑、榜样引领为源泉、创新引领为动力"六个维度，对应"政治品格塑造、理想信念基因、勤学报国情怀、先进文化传承、典型人物示范、创新创业意识"六个育人版块，以身心健康为突破点强化五育并举，着力构建落实立德树人根本任务新生态新格局，强力助推大学生健康成长、全面成才。

[①] 张烁、鞠鹏：《习近平在全国高校思想政治工作会议上强调　把思想政治工作贯穿教育教学全过程　开创我国高等教育事业发展新局面》，《人民日报》，2016 年 12 月 9 日第 1 版。

[②] 曹建：《2024 年全国教育工作会议召开》，2024 年。

第一节　坚持政治引领为核心，把爱国报国的情怀铸入学生的灵魂

2016 年 12 月，习近平总书记在全国高校思想政治工作会议上指出："我们的高校是党领导下的高校，是中国特色社会主义高校。"① 2018 年 9 月，习近平总书记在全国教育大会上强调："我国是中国共产党领导的社会主义国家，这就决定了我们的教育必须把培养社会主义建设者和接班人作为根本任务，培养一代又一代拥护中国共产党领导和我国社会主义制度、立志为中国特色社会主义奋斗终身的有用人才。"② 这些重要论断，体现出习近平总书记对高校思想政治工作的重视，更为新时代大学生政治引领工作指明了前进方向。随着全球化深入发展，我国对外开放的领域不断扩大，中西方思想文化交流、交融、交锋日益频繁，尤其在互联网新媒体领域，西方思想文化更是以一种较为隐蔽的方式影响大学生的成长。因此，新形势下做好高校大学生的政治引领工作显得尤为迫切。

一、以"四个意识"补足大学生的精神之钙

习近平总书记在庆祝中国共产党成立 95 周年大会上强调："全党同志要增强政治意识、大局意识、核心意识、看齐意识，切实做到对党忠诚、为党分忧、为党担责、为党尽责。"③ 大学生是党坚实的青年群众基础，无论是在革命、建设还是改革时期，以大学生为代表的爱国知识青年始终冲锋在前，为党的事业作出了重要贡献。如今，党的第一个百年奋斗目标——全面建成小康社会已如期实现，未来的 2035 年、2050 年还有更多的社会主义建设目标等着去完成。以大学生为代表的青年群体必将成为党的伟大事业的中流砥柱。此时更

---

① 张烁、鞠鹏：《习近平在全国高校思想政治工作会议上强调　把思想政治工作贯穿教育教学全过程　开创我国高等教育事业发展新局面》，《人民日报》，2016 年 12 月 9 日第 1 版。
② 张烁、王晔：《习近平在全国教育大会上强调　坚持中国特色社会主义教育发展道路　培养德智体美劳全面发展的社会主义建设者和接班人》，《人民日报》，2018 年 9 月 11 日第 1 版。
③ 习近平：《在庆祝中国共产党成立 95 周年大会上的讲话》，《人民日报》，2016 年 7 月 2 日第 2 版。

应重视培养大学生的政治信仰和理想信念,确保我国的现代化建设和党的伟大事业后继有人。高校要积极引导广大青年学子牢固树立"四个意识",切实坚定理想信念,补足青年大学生成长成才的精神之钙。

一是要牢固树立政治意识。强化政治意识,关键是坚定信仰不迷失。近年来,国际社会环境纷繁复杂,中西方意识形态领域斗争异常激烈。尤其是西方的思想价值观念常常披上所谓"民主""自由"的外衣,借机通过大学生社团、新媒体平台等途径在高校传播,对高校思想政治工作提出了更大的挑战。高校需要认真研判,教育引导青年学子坚持正确的政治路线、政治立场、政治方向、政治道路,严格遵守政治纪律和政治规矩。特别是针对当代大学生总体上对党和国家"忠诚"但政治情感、政治认知、政治评价依次降低的政治意识现状[1],思维活跃、好奇心强、求知欲旺盛的心理成长特征,以及善于思考但考虑问题还不成熟、逻辑推理能力较强但看待问题不够全面、捕捉信息的能力较强但是非判别能力欠缺的思想道德特点,高校应重点加强大学生在思想政治理论方面的中国化、生活化的学习研究,将学习习近平新时代中国特色社会主义思想融入大学生当下的政治生活,让大学生积极研读马列经典著作,从而正确认知国内外政治经济社会发展形势,全面准确理解党的路线、方针和政策,积极团结在社会主义旗帜下,投身于国家现代化建设浪潮[2]。高校还要针对不同年级、不同阶段大学生的群体性心理特征与行为规律,认真开展"与信仰对话""四进四信""青春使命""技能成才强国有我""学习新思想做好接班人"等主题党日活动、团日活动,并恰当结合"五四"青年节、"七一"建党节、"十一"国庆节等重要时间节点,在政治实践中不断武装头脑,帮助大学生合理运用政治思想观念来分析和处理学习生活中面临的各类问题,增强其对中国特色社会主义事业的政治认同、理论认同和情感认同。

二是要牢固树立大局意识。强化大局意识,关键在于培养大学生的责任担当。大局意识对责任与担当的实践指向,应既是大学生自我认知的结果,又是实现爱国奋进的必然途径,是高校铸魂育人的落脚点[3]。身处和平年代的新时代大学生,随着改革开放成长起来,没经受血雨腥风的洗礼,也没经历艰苦岁

---

[1] 张怀英:《"00后"大学生政治意识现状实证分析》,《高教发展与评估》,2023年第1期,第113页。

[2] 冯刚:《关于高校大学生国情教育与形势政策教育的思考》,《科教文汇(上旬刊)》,2010年第5期,第14页。

[3] 包巍:《全民族抗战动员对培育当代大学生大局意识的价值》,《学校党建与思想教育》,2020年第10期,第64页。

月的磨难，生活和学习条件相对较为优越，但其生活的环境却更为复杂、多元，面对的世界更加充满诱惑、充满挑战。尤其随着全球化和互联网的深入发展，"美剧""英剧""肯德基""麦当劳"等西方生活方式和文化元素早已进入寻常百姓的家庭，这也使得新时代大学生受到西方文化的潜移默化影响。当前，青年大学生以自我为起点、坚持平等主义原则的"以己观世"思想观念，表现为既有大局意识，又反对国家兜底的悖论性社会心态[1]。高校需要从实际出发，立足于大学生的学习和生活实际。其一是深入开展党史和国史教育，引导大学生"要认真学习党史、国史，知史爱党，知史爱国"[2]。帮助大学生学习了解中国共产党自成立以来为中国人民的幸福和中华民族的复兴所作出的巨大贡献，从而识大体、顾大局、观大势、谋大事，学会用发展眼光和辩证思维观察形势、分析问题、处理问题。其二是充分发挥高校党支部、团支部的战斗堡垒作用，认真落实党支部的"三会一课"制度、团支部的"三会两制一课"制度，使大学生更加明晰自己的责任和义务，增强政治觉悟。其三是重点开展形势与政策教育，以引导大学生对当前的国际局势和未来我国的奋斗目标有清晰的认识和判断，学会正确处理好个人利益与集体利益、学习成才与择业交友等方面的相互关系，培养大局意识、责任意识和积极进取的奋斗精神，塑造更多具有世界眼光、家国情怀、时代特色的优秀学子。

　　三是要牢固树立核心意识。强化核心意识，关键是确保党的集中统一领导。《中共中央关于加强党的政治建设的意见》明确指出："坚持和加强党的全面领导，最重要的是坚决维护党中央权威和集中统一领导；坚决维护党中央权威和集中统一领导，最关键的是坚决维护习近平党中央的核心、全党的核心地位。"[3] 新时代大学生肩负着国家富强和民族复兴的时代使命，更应牢固树立并不断强化核心意识，确保在政治上、思想上和行动上自觉同以习近平同志为核心的党中央保持高度统一，成长为社会主义事业的合格建设者和可靠接班人。一方面要牢牢把握社会主义办学方向，全面贯彻落实党的教育方针，要将"两个维护"重要思想作为新时代大学生思想引领工作的"纲"和"魂"，在课程设置、师资培训、考核验收等多方面严格落实新时代高校思想政治工作和宣传文化工作的新部署、新要求。另一方面要认真做好高校的党建工作，坚持以

---

[1] 付宇、李秀玫、桂勇：《以己观世：理解当代青年思想观念与社会心态》，《青年探索》，2024年第1期，第72页。

[2] 习近平：《在中央党校建校80周年庆祝大会暨2013年春季学期开学典礼上的讲话》，《人民日报》，2013年3月3日第2版。

[3] 中共中央：《中共中央关于加强党的政治建设的意见》，2019年。

党建带团建，发挥思想政治教育的政治引领功能，把握思想政治话语的团结凝聚性，抓好意识形态工作，坚定政治方向[①]。在大学生群体中深入开展各类政治学习教育活动，形成思想政治教育的合力，力争使每一个大学生都能科学地认识到治党治国治军、内政外交国防和改革发展稳定的内在逻辑，让他们真正明白中国特色社会主义事业的领导核心是中国共产党，而中国共产党的核心正是以习近平同志为核心的党中央，进而牢固树立起核心意识，坚决维护习近平总书记核心地位，维护党中央权威和集中统一领导。

四是要牢固树立看齐意识。强化看齐意识，关键是确保大学生群体在思想和行动上的齐整有力。"经常增强大学生党员的看齐意识，实现大学生党员思想看齐，行动跟上，既是大学生党员政治修养的具体体现，更是大学生党员的基本政治要求和重要政治责任。"[②] 教育引导大学生牢固树立起看齐意识，首要明确的就是"向谁看齐"的问题，这是大学生政治引领工作举旗定向的关键。在中国特色社会主义进入新时代的今天，高校要引导大学生向以习近平同志为核心的党中央看齐，牢牢把住新时代大学生成长成才的思想关、政治关。一是要坚持正确的指导思想，始终坚定对马克思主义的信仰、对社会主义和共产主义的信念，积极引导广大青年学子深入仔细地学习、研究、传播习近平新时代中国特色社会主义思想。二是要广泛开展教育实践活动，如"学习习近平七年知青岁月""青年大学习"等活动，使大学生在实践锻炼中更加深入领会习近平的成长经历及其治国理政重要思想的形成脉络与精神实质。三是要重点发现一批勤奋刻苦、品学兼优的大学生，通过开展心得分享、结对帮助等形式，让其充分发挥榜样的示范作用，引导更多的大学生把向党中央看齐、向朋辈榜样看齐作为一种思想境界、一种自觉行动，始终保持青年学生的蓬勃朝气、昂扬锐气和浩然正气。

二、以"四个自信"激发大学生的奋斗热情

习近平总书记指出："坚持不忘初心、继续前进，就要坚持中国特色社会主义道路自信、理论自信、制度自信、文化自信，坚持党的基本路线不动摇，

---

① 刘涵、彭继红：《从古田会议看思想政治教育新话语与核心意识的培育》，《理论月刊》，2018年第12期，第62页。

② 韩文彬、任伟：《增强大学生党员"四种意识"的路径选择》，《高校辅导员》，2016年第4期，第55页。

不断把中国特色社会主义伟大事业推向前进。"① 在中国共产党的领导下，中国人民和中华民族在革命、建设、改革开放的历史征程中形成了宝贵的精神财富和文化资源，而"四个自信"则是集中体现，是实现中国特色社会主义事业的强大精神力量，也是新时代做好大学生思想政治引领工作的内驱动力。党的十九大宣告我国进入中国特色社会主义新时代，绘就了我国未来发展的宏伟蓝图，更为我国广大青年指明了奋斗方向。在此形势下，高校应积极作为，深入学习研究"四个自信"理论要点，解决大学生"懂"和"信"的困惑，通过一系列举措教育引导青年大学生更加坚定"四个自信"，从而激发奋斗热情。

一是要始终坚定道路自信。坚定道路自信的根本就是要始终坚定中国特色社会主义发展道路的信念毫不动摇。"道路自信"事关新时代中国特色社会主义事业的前途命运，坚定"道路自信"，在其现实性上，就是在对我国的发展道路问题上始终有着清晰的客观认识和感性的心理认同②。近代以来，中华民族深陷危机，不同阶级的先进分子尝试过不同的道路来挽救中华民族。他们尝试过复辟封建王朝、资本主义君主立宪、资本主义民主共和等道路，但最后都以失败告终。中国共产党成立以后，以毛泽东为代表的无产阶级领导者带领中国革命走向成功，从十年内战时期的革命根据地，到抗日战争时期的敌后根据地和解放区，最终带领全中国走向社会主义③。如今正是全党全国各族人民全面建设社会主义现代化国家、向第二个百年奋斗目标进军的关键时期，坚定道路自信更有其独特意义。高校要持续深化大学生理想信念教育，利用好线下广泛的教学、实践资源，持续开展"学党史知党情跟党走""我的中国梦"等主题研讨交流会、学习报告会等活动，助力青年大学生补足精神之钙、夯实理想之基，从心理上确认、确定、确信中国道路是历史和人民的正确道路，积极引导广大新时代大学生深刻认识到只有坚持党的领导、坚持中国特色社会主义道路不动摇，中华民族才能实现从站起来、富起来到强起来的历史飞跃。此外，高校要坚持与时俱进，把握好互联网发展的大势，灵活运用新媒体教育实践平台，重点推送革命、建设、改革等不同时期的英模人物故事，以真实的历史感染青年、引领青年，使其能认识到从新中国成立，到社会主义制度建立，再到

---

① 习近平：《在庆祝中国共产党成立 95 周年大会上的讲话》，《人民日报》，2016 年 7 月 2 日第 2 版。

② 张尹：《"四个自信"：新时代高校思想政治教育的价值彰显与实践落脚》，《思想政治教育研究》，2021 年第 6 期，第 67 页。

③ 张海鹏：《近代中国历史发展选择了社会主义道路》，《当代中国史研究》，2009 年第 6 期，第 33~34 页。

走上中国特色社会主义道路是来之不易的,更是经过了历史和人民的检验,从而引导广大青年在新时代更加坚定中国特色社会主义的发展道路毫不动摇。

二是要始终坚定理论自信。中国特色社会主义理论体系是在革命、建设、改革的长期历史实践中探索出来的符合中国国情的智慧结晶和理论成果。在面对西方思想观念不断渗透进高校师生群体的紧迫现实,我们更需要多方联动,做好大学生的政治引领工作。其一是要坚持以思想政治理论课作为"理论自信"教育的主要阵地。"要根据大学生的心理认知水平与知识储备状况讲清讲透马克思列宁主义、毛泽东思想、邓小平理论、'三个代表'重要思想、科学发展观、习近平新时代中国特色社会主义思想等基础理论,帮助学生学深悟透基础理论的深刻内涵。"[①] 通过"毛泽东思想和中国特色社会主义理论体系概论""马克思主义基本原理概论"等课程,引导大学生深入学习、研读重要理论思想,意识到"'理论自信'不仅是对我国理论的认可和肯定,也是对我国理论能够在历史进程中不断发展和完善,通过长期不断努力对存在不足进行改进的自信"[②]。其二则是运用互联网大数据平台,结合大学生的情感需求和心理发展状况,通过开展线上知识推送、测评等形式,调研不同年级大学生对思想政治理论的掌握程度与认同情况,更有针对性地指导思政课堂的教学活动。其三是要将思政课堂与校园文化活动相结合,抓住青年大学生理想信念形成与心理成长成熟的关键期,以纪念"一二·九"运动、"五四"运动等为载体,营造良好的学习氛围,让大学生学懂马克思主义、用好马克思主义,并坚持用马克思主义中国化最新理论成果——习近平新时代中国特色社会主义思想武装头脑、指导实践,使广大新时代大学生深刻了解到中国特色社会主义理论是指导中华民族不断奋斗前进的行动纲领和指南。

三是要始终坚定制度自信。"制度自信是一种积极的精神状态,是对制度存在和发展的历史必然性及前途命运的肯定信念和实践信心。"[③] 大学生是国家和民族的未来与希望,他们是否坚定制度自信,关系到中国特色社会主义的发展前途。随着互联网技术的不断发展,大学生接触各类信息的渠道更多、速度更快、内容更复杂,在此情况下,高校应认识到过去灌输式、说教式的思想

---

① 张灵:《对大学生思想政治教育三个环节的思考》,《学校党建与思想教育》,2023年第22期,第45页。

② 张鑫:《试探究提升当代大学生"理论自信"的途径》,《科教文汇(中旬刊)》,2019年第7期,第32页。

③ 杨林香:《大学生"制度自信"的支撑要素及制约因素分析》,《思想理论教育导刊》,2015年第4期,第109页。

政治教育方式已经行不通，需要调整工作思路，不断适应变化的形势。其一，高校要将"制度自信"融入思政课程计划、标准和教材等教学各环节全过程。思政课是触动心灵的课程，要通过思想政治理论课程将"制度自信"内化于心、外化于行，增强大学生的内心力量和自我价值感。既要讲好"理论思政"，通过思想政治理论必修、选修课程，引导大学生充分认识中国特色社会主义制度体系架构、运行机制和价值效益，深刻领会中国特色社会主义制度是历史的必然、人民的选择；更要做好"实践思政"，教育引导大学生在课程实践与生活实际中感知"制度自信"的现实意义，切实增强学生的内心力量和自我价值感[1]。其二，高校要利用好寒暑假相对集中的假期时间，组织大学生开展社会实践活动，深入机关单位、企业工厂、基层乡村，亲身体验具体的工作和生活，如此才能让大学生从理论和实践这两大维度认识到现阶段推动国家治理的政治制度、经济制度、文化制度等一系列制度体系的主要内容、精神实质和重大意义。其三，高校应立足现实情况，通过抗震救灾、载人航天、体育盛事、重大庆典等具有社会影响的热点、焦点事件与赛事活动引导大学生以理性客观、实事求是的态度分析对比中西方不同的制度，使他们从历史和现实的角度认识到中国特色社会主义制度是中国人民长期奋斗、历经艰辛总结形成的制度成果，并在中西方文化交汇中正确看待中西方的制度差异，充分感知中国特色社会主义制度在社会发展的各个方面体现出的优越性，助力大学生以更强的信心、更足的干劲投入学习生活和祖国建设事业。

四是要始终坚定文化自信。"文化自信是一个国家、一个民族、一个政党对自身文化传统和内在价值的充分肯定，也是对自身文化发展进程和生命力的坚定信念。"[2] 广大新时代大学生要坚定文化自信，需要深刻认识和理解中华民族优秀传统文化、革命文化和社会主义先进文化的精神内涵。当今世界是全球化的世界，既有机遇也有挑战，尤其是在意识形态领域，中西方思想文化正在激烈交锋。"00后"大学生很多都是吃着西式快餐、看着好莱坞大片、用着苹果手机长大的，西方文化对新时代大学生有着潜移默化的影响。"青年兴则国家兴，青年强则国家强。"[3] 青年的成长成才关乎国家和民族的发展大计。

---

[1] 余晓慧、樊慧：《"四个自信"融入高校思政课课堂教学全过程研究》，《学术探索》，2024年第4期，第152页。

[2] 韩震：《中国文化建设的历史方位——兼论文化自信》，《理论参考》，2011年第11期，第7页。

[3] 习近平：《决胜全面建成小康社会 夺取新时代中国特色社会主义伟大胜利——在中国共产党第十九次全国代表大会上的报告》，人民出版社，2017年，第70页。

高校应充分发挥思政工作的主阵地作用,"用大学生喜闻乐见、易于接受的方式讲清楚中华优秀传统文化、革命文化与社会主义先进文化中蕴含的价值理念、人生智慧、道德理想、行为规范以及世界感知的方式"[①],实现以文化人、以文育人。一方面,高校要从大学生的生活与学习实际出发,教育引导大学生养成正确的生活方式、思维方式。尤其针对部分大学生以看国外影视、用国外产品为荣,甚至形成相互攀比的不良风气要予以教育,"引导大学生实现文化自信与价值观自信的有机统一"[②]。另一方面,高校要在延续以往传统的基础上,创新开展"高雅艺术进校园""新时代·青年说·再出发"等大学生喜闻乐见的精品校园文化活动,引导广大新时代大学生坚定对中华民族五千多年的文化自信,坚决杜绝任何形式的历史虚无主义和民族虚无主义。

三、以爱国主义激励大学生的责任担当

中华民族数千年的发展历史,是无数英雄儿女创造出来的辉煌历史,这是中华民族的文化瑰宝。其中,以爱国主义为核心的民族精神激励着一代又一代中华儿女为中华民族的发展而艰苦奋斗。正如习近平总书记所讲:"5000多年来,中华民族之所以能够经受住无数难以想象的风险和考验,始终保持旺盛生命力,生生不息,薪火相传,同中华民族有深厚持久的爱国主义传统是密不可分的。"[③] 在中国特色社会主义进入新时代的今天,青年大学生已经成为建设社会主义的生力军,是大有可为、大有作为的一代。但是,高校也要清醒地认识到,随着信息技术不断发展,每一位大学生的学习和生活几乎离不开互联网,而这也给恐怖主义、极端主义、分裂主义提供了可乘之机,出现了极个别大学生被洗脑、利用甚至策反的案例。面对如此形势,就迫切需要加强大学生政治引领工作,大力弘扬爱国主义精神,引导大学生学习探究精神内涵、加强宣传解读精神事迹、积极开展社会实践活动,逐步形成与祖国长期共生共荣的心理依赖和情感寄托[④],从而激励大学生将个人小目标与国家大目标有机结

---

① 刘文波、杨高寒:《以习近平文化思想指引青年践行文化使命研究》,《学校党建与思想教育》,2024年第10期,第16页。
② 项久雨、吴海燕:《培育文化自信与价值观自信:当前大学生思想政治教育的着力点》,《思想理论教育》,2016年第10期,第24页。
③ 《习近平在中共中央政治局第二十九次集体学习时强调 大力弘扬伟大爱国主义精神 为实现中国梦提供精神支柱》,《人民日报》,2015年12月31日第1版。
④ 严秀英、金东植:《爱国主义情怀的生成逻辑对教育的启示》,《青海民族大学学报(社会科学版)》,2023年第4期,第119页。

合，勇敢担当家国梦想。

一是要组织学习领会精神内涵。爱国主义是个人或集体对祖国的一种积极和支持的态度，集中表现为民族自尊心和民族自信心，为保卫祖国和争取祖国的独立富强而献身的奋斗精神。首先，针对当前"爱国主义在经济全球化进程、多元化社会和新媒体的合力冲击和挑战下遭遇了现实的困境，导致当前部分大学生的爱国情感淡薄、爱国意识薄弱、爱国行为欠缺理性"[①] 等问题，高校要主动作为，将引导学生自觉把追求人生价值与践行家国责任统一起来的生涯规划教育作为爱国主义教育的重要内容，切实教育引导学生理性认识、合理消化在实现个人价值和承担爱国主义使命担当时产生的负面情绪和心理问题[②]。其次，加强爱国主义精神的宣传解读，尤其是关于国家意识的教育。一方面要注重发挥思想政治理论课、国防军事教育课的重要作用，推动爱国主义进教材、进课堂、进头脑，让广大学子真正领悟到爱国奋斗的精神内涵。另一方面则要以相关的学术性活动及校园文化活动作为补充，通过开展关于政治学、社会学、历史学相关的专题讲座和学术交流会，利用好"'4·15'全民国家安全教育日"等时间节点，在校园内营造浓厚的学习氛围和正能量的校园文化。最后，高校还要特别关注理科、工科相关专业的大学生，他们平时接触人文学科知识较少，对于爱国主义精神的内涵要义领会能力相对不足，更需要高校重点关注、加以引导。此组合拳的方式可帮助大学生进一步明晰爱国主义精神的内涵要义、主要体现，切实增强对爱国主义精神的思想认同、情感认同和价值认同，从而不断树立起高度的时代使命感和历史责任感。

二是要加强宣传解读精神事迹。在几千年的发展中，中华民族形成了以爱国主义为核心，团结统一、爱好和平、勤劳勇敢、自强不息的伟大民族精神，涌现了一大批继承了中华民族"以天下为己任"的爱国主义优良传统的楷模，这些英雄事迹正是对爱国主义精神的完美诠释。"爱国主义精神是人类谋求精神充实的重要心理价值取向，从萌芽到成型，从弱势到强势"[③]，在建设新时代中国特色社会主义、实现中华民族伟大复兴、构建人类命运共同体的宏伟事业中赓续弘扬。爱国主义教育并不是喊口号、做样子，需要从实际出发，与时

---

① 李琼：《新形势下大学生爱国主义教育的有效路径》，《思想理论教育导刊》，2017年第4期，第143页。
② 邢国忠、胡雪纯：《"思想道德与法治"课程中爱国主义教学的理路探寻》，《思想教育研究》，2024年第1期，第80页。
③ 初金哲、刘传雷：《爱国主义精神的历史演化、价值意蕴与赓续弘扬》，《中学政治教学参考》，2023年第28期，第64页。

俱进，伴随着时代的发展不断被赋予新的内涵。爱国和爱社会主义这两种不同的情感和追求，在成立新中国的目标和道路上结成内在关联，在建设新中国的任务和进程中逐步深度地融合，实现了辩证统一，形成新型的爱国主义[①]。在今天，爱国主义的具体体现就是要热爱社会主义，坚定不移地走中国特色社会主义发展道路，这也是高校宣传解读爱国主义精神事迹时需要着重注意的。在日常教育教学中，高校教师要注重通过一些具体人物事例，有意识地引导大学生将自身的前途命运同国家和民族的前途命运紧紧联系在一起，晓之以理、动之以情、导之以行，引导他们始终胸怀大局、心有大我。还要充分发挥新媒体和传统媒体的宣传优势，通过线上线下相结合的方式加强对爱国革命烈士、"两弹一星"元勋、归国科技人才、感动中国年度人物等内容的宣传、解读，让大学生深刻感知爱国主义精神的厚度和温度。

　　三是要积极开展社会实践活动。弘扬爱国主义精神不仅仅靠讲靠宣传，更需要高校积极引导新时代大学生理论联系实际，将所学所获运用到实践之中，将领悟到的精神内涵转化为实际行动，扎根人民群众，矢志艰苦奋斗。这就需要高校认真谋划，既要调研大学生的学习成长需求，也要关注社会各界对于大学生开展爱国主义精神实践活动的舆论态度，加强正面宣传和引导。同时，高校要制定有针对性的社会实践方案，加强校地合作、家校联络，尝试将寒暑假集中的社会实践活动与日常教学中的实践活动相结合，不断探索将大学生爱国主义精神社会实践活动常态化的长效机制，使之成为课堂教学的有益补充。倡导新时代大学生走出校园，走向社会，亲身去感知国情、社情、民情，不断开阔眼界，立下高远志向，在社会的大舞台开阔自己的视野，提升自己的格局，感悟习近平总书记关于"事业靠本领成就"和"青春是用来奋斗的"的教导，热爱祖国、热爱人民，将个人理想与时代和社会需要紧密结合起来，增强时代责任感和历史使命感，勤奋刻苦，努力在新时代建立属于青年一代的历史功勋。

[①] 徐晶：《新时代加强大学生爱国主义教育方法研究》，《法制博览》，2020年第10期，第244页。

第二节　坚持价值引领为根本，把崇德尚美的基因浸入学生的心灵

价值引领是大学生思想政治教育的重要内容，旨在用先进思想感染大学生，占领大学生的思想道德高地，引导他们追求真善美、摒弃假恶丑，客观认识世界、正确对待人生，把培育和践行社会主义核心价值观贯穿学生思想引领全过程、贯穿高校育人全过程。坚定大学生理想信念，教育引领并升华大学生的世界观、人生观、价值观，指引、激励他们朝着正确的方向奋斗，是价值引领的重点。

一、弘扬时代主旋律，培育和践行社会主义核心价值观

社会主义核心价值观作为当代中国精神的集中体现，是高校育人的重要内容，更是大学生思想政治教育价值引领的核心内容，发挥着统领作用。社会主义核心价值观不仅吸收了中华优秀传统文化理念，而且浓缩了当代社会价值体系，是当前的主流价值观，对大学生的成长成才发挥着重要作用。"个体对社会主义核心价值观由知到行的转化始于心理驱动力，然后经过主观判断力判断是否应该去做，最后在内在保障力的作用下才有可能实施践行。这个过程展示了个体由知到行转化的内在心理路径，体现了大学生社会主义核心价值观知行转化的心理主线，其他因素都通过这条主线起作用。"[①] 因此，新时代下弘扬时代主旋律就是要促使大学生充分认识培育和践行社会主义核心价值观的重要意义、深刻领会社会主义核心价值观的主要内涵，并且不折不扣地将社会主义核心价值观付诸行动。高校要从制度设计、课程改革、体系打造、平台建设等方面入手，紧密联系学生思想实际，充分挖掘利用各种有利资源，创新载体、内容、手段，引导大学生充分认识和自觉践行社会主义核心价值观。

一是要充分认识培育和践行社会主义核心价值观的重要意义。价值观的发展始于青少年时期，"主导着人的心理和行为倾向，决定着心理和行为的发展、

---

① 李晓娟、马建青：《大学生社会主义核心价值观知行转化的中介因素及作用机理——基于扎根理论研究法》，《思想教育研究》，2024年第4期，第121~122页。

变化和转化"①。大学生是社会主义事业的接班人，是建设祖国、推动发展的主力军，担负着实现中华民族伟大复兴的历史使命，是新时代的建设者，更是实现中国梦的主体力量，只有充分认识、努力践行好社会主义核心价值观，使自身树立起正确的世界观、人生观、价值观，才能从容应对前行路上即将面对的一切挑战。大学生是生活在社会中的人，尽管其身处相对而言较为单纯的大学校园，但其思想不可避免地会受到国际环境、社会环境、家庭环境的影响，特别是当前，世界范围内意识形态交锋日益加剧，文化交流不断深化，价值观较量呈现出新态势，改革开放和市场经济条件下，社会意识形态呈现出新特点，加之大学生思想处于活跃状态，易受到来自外部思想环境的影响，因此，引导大学生认可和践行社会主义核心价值观具有历史和现实意义。其一，有助于加强党和人民共同奋斗的思想基础。社会主义核心价值观深深植根于我国优秀的传统文化中，是对党史、新中国史、改革开放史、社会主义发展史、中华民族发展史中蕴含的中华民族精神的高度凝练。"具有社会遗传性的社会主义核心价值观经由各民族中华儿女共同遵循、代代相传逐渐形成全体社会成员心理上的沉淀物，成为集体潜意识的原型要素。"② 同时，社会主义核心价值观以其科学性、民族性、大众性、先进性等特质催生出中国人民对其的高度认可并努力践行，由此巩固了全党全国各族人民共同奋斗的思想基础，激发了全民族的奋斗热情，增强了奋斗活动。其二，有助于推动人的全面发展，促进社会的全面进步。先进文化有引领人、感召人的作用，社会主义核心价值观个人层面的价值准则是要做到"爱国""敬业""诚信""友善"，一方面可以推动人们向着目标前进；另一方面也促使人们时刻自省，规范自身的行为。其三，有助于汇聚起实现中国梦的强大力量，社会主义核心价值观既包含国家层面的追求，又有对社会层面和个人层面的要求，我们的目标是建立富强民主文明和谐美丽的社会主义现代化强国，这与"中国梦"的要求是同心同向的，社会建设上倡导"自由""平等""公正""法治"，并对个人的行为作出了积极倡导，三个层面共同发力将汇聚成强有力的正能量，推动中华民族伟大复兴中国梦的实现。

二是要深刻领会社会主义核心价值观的内涵。党的十八大报告指出："倡导富强、民主、文明、和谐，倡导自由、平等、公正、法治，倡导爱国、敬

---

① 赵悦皎、丁玉婷、张畅等：《内外部发展资源促进青少年核心价值观发展：链式中介与调节效应》，《心理学探新》，2024年第2期，第158页。
② 李静、黄艳钦：《铸牢中华民族共同体意识的心理机制研究》，《西南民族大学学报（人文社会科学版）》，2024年第3期，第6页。

业、诚信、友善,积极培育和践行社会主义核心价值观。"[1] 其指出了社会主义核心价值观的基本内容,并指明了推动其建设的现实重点。只有了解和掌握其核心内容,才有实践的基础。要从国家、社会、个人三个层面了解其内涵:一是国家层面,追求"富强、民主、文明、和谐",这是居于最高层次的;二是社会层面,追求"自由、平等、公正、法治",这是非常重要的部分;三是个人层面,要做好"爱国、敬业、诚信、友善",这是实践基础,是最基本的要求。层次不同,内容不同,侧重不同,需要大学生深刻领会。当前,引领大学生深入学习社会主义核心价值观,首先要引导学生正确认识社会主义核心价值观之于个人行为层面的基本理念,要做爱国者,拥护祖国统一,以己之力为祖国的发展贡献力量,为祖国的建设添砖加瓦;要做敬业者,做好学业规划,端正学习态度,以学促进步,以学促成长,以学促发展;要做诚信者,诚实守信是为人之本,要引导大学生诚信学习、诚信学术,自觉遵守法律法规、校纪校规,做新时代诚信大学生;要做友善者,团结同学、敢于担当、乐于奉献、真诚待人,以此平安、快乐地度过大学学习生涯。其次,要引导大学生正确认识社会主义核心价值观之于社会层面的基本理念,自由的社会是有"限制"的自由,不是公民绝对的自由,只有在遵法守法的基础上才能享受自由;平等的社会不是绝对的"平均",是指在其他条件不变的情况下,人们的权利、义务平等,但是由于个人先天条件以及后天奋斗行为有所不同,因此个人在经济、社会地位上有所差别;公正法治的社会是指在法律面前人人平等,没有个人可以享有特权,也不允许有人搞特权。最后,要引导大学生正确认识社会主义核心价值观之于价值目标层面的基本理念。新时代下,我国进行社会主义现代化建设的目标是要建立一个"富强、民主、文明、和谐、美丽"的国家,需要全体人民的共同努力和奋斗,大学生更是重任在肩,因此要着力加强大学生的理论武装工作,系统学习中国特色社会主义理论体系,特别要深刻领会习近平新时代中国特色社会主义思想,坚持读原著、学习重要讲话精神,关注时代、关注社会。

三是要不折不扣将社会主义核心价值观付诸行动。无论国际形势和国内形势如何复杂多变,无论各种思想文化如何交织,也无论思想观念如何变迁,我们都要坚持培育和弘扬社会主义核心价值观,找准不同时代实践与核心价值观之间的结合点,找到中国理论与中国实践共通的文化心理和情感,讲好符合大

---

[1] 胡锦涛:《坚定不移沿着中国特色社会主义道路前进 为全面建成小康社会而奋斗——在中国共产党第十八次全国代表大会上的报告》,人民出版社,2012年,第31~32页。

学生心理预期的中国榜样、中国故事，引导大学生成为社会主义核心价值观的信仰者、传播者、践行者，引导大学生将社会主义核心价值观转换为社会实践，指导自身行动，担负起为社会主义核心价值观代言的光荣使命，做到知、情、意、信、行的统一。特别是大学阶段，积极引导、培育大学生树立正确的价值观念，是奠定大学生人生航线的关键一环。在大学生日常教育管理的过程中，要将自觉践行社会主义核心价值体系纳入日常行为规范，从理想追求、道德风尚、个人修养等多个维度进行教育、引导，使大学生自觉担负起时代赋予的崇高使命。尤其是注重引导大学生依据社会主义核心价值观规范自身行为。作为实现中国梦的主力军，青年大学生肩负重任，爱国是首要要求，要在了解爱国内涵的基础上，积极投身爱国实践，为国家发展贡献力量。同时，作为学生更应该努力学好专业知识，勤学上进、增长才干，做好敬业之事。在诚信友善上，要做好诚信考试、诚信学术等方面，待人和谐友善，处理好师生关系、同学关系。

二、贯通教育主动脉，开设价值引领生动课堂

大学生价值引领工作不是一蹴而就的简单工程，而是一项复杂系统的长期事业，需要贯穿于教育教学的各环节和全过程。具体来说，要用好思想政治理论课这个主阵地，充分发挥思想政治理论课教师的主导作用，充分认识大学生主体地位，协同发挥好其他各类课程的育人作用，同时开设价值引领的第二课堂，形成协同育人效应。

一是要强化德育对大学生成长成才的基础性作用。习近平总书记指出："要把立德树人的成效作为检验学校一切工作的根本标准，真正做到以文化人、以德育人，不断提高学生思想水平、政治觉悟、道德品质、文化素养，做到明大德、守公德、严私德。要把立德树人内化到大学建设和管理各领域、各方面、各环节，做到以树人为核心，以立德为根本。"[①] 由此可见，新时代的人才培养，德是首位的、基础的。为此，第一，坚持"大思政"观，对大学生进行价值引领，以构建大学生的积极认知观。"从关注大学生的积极心理层面扩大到思想层面、道德层面和价值观层面，深入挖掘大学生的心理潜能，不仅培

---

① 习近平：《在北京大学师生座谈会上的讲话》，《人民日报》，2018年5月3日第2版。

养学生的积极心理品质,还要塑造学生的思想道德品格。"[1] 我们要把德育贯穿大学生学习始终,从入学第一课到毕业最后一课,都要坚持立德树人、德育为先。针对不同年级学生,从不同切入点开展德育,如针对大一年级新生,要以军训、入学教育等为契机,坚持德育为先,不断提高新生的思想政治觉悟;针对大二、大三年级学生,要以班会、团日活动等途径向学生开展思想政治教育,增强德育教育;针对大四年级毕业生,要以优秀大学生事迹报告会、毕业典礼等方式,发挥优秀学生的模范带头作用,宣传其优秀品德、事迹,增强优秀学生的示范性、影响力。第二,要向大学生讲好党史、新中国史、改革开放史、社会主义发展史、中华民族发展史,让他们对党和国家的突出成就达成广泛共识和高度认可。学习、研究历史,是为了更好地了解历史、认识历史、借鉴历史,以历史的视野看问题,以更好地从历史中吸取经验教训,从而更好地推动当前社会的建设和发展。大学生学习和掌握历史,有助于形成正确的国家观。大学生要深刻认识中华民族自古以来就是自强不息、顽强拼搏、锐意进取的民族,深入了解中国历史、中国共产党党史以及改革开放史等,有利于坚定"四个自信",树立民族自尊心和自信心,以自身行动投身中国梦的建设之中,为中国梦的实现贡献力量。第三,要鼓励学生树立远大理想,鼓励学生树立与时代发展要求相适应的远大理想,做实现中国梦的奋斗者。习近平总书记强调:"理想指引人生方向,信念决定事业成败。没有理想信念,就会导致精神上'缺钙'。"[2] 人无志,则不立,没有志向作为支撑,一个人将在其漫长的人生道路中寸步难行。大学生应树立正确的理想信念,将社会主义核心价值观融入自身的价值观念与行为准则,将个人的人生理想信念与国家的前途命运相结合,为国家的发展贡献自己的智慧、力量。

二是要充分用好思想政治理论课开展价值引领工作。一方面,高校青年工作部门要着眼学生实际,主动与承担学校思想政治理论课的教学单位对接,主动参与课堂改革创新,不断增强思想政治教育的针对性、实效性和吸引力,提高"出勤率""抬头率""满意率"。思想政治理论课教师要善于运用通俗平实的"细节叙事"技巧,通过对历史事件或细节进行深描,增加思想政治理论课的趣味性,带给学生独特的心理体验,使学生沉浸在相应的叙事氛围中,逐步

---

[1] 张亮、李芳园:《知情意行:心育与德育融合的路径》,《中学政治教学参考》,2021年第19期,第65页。

[2] 习近平:《在同各界优秀青年代表座谈时的讲话》,《十八大以来重要文献选编(上)》,中央文献出版社,2014年,第278页。

消解其对理论说教的逆反心理,从而促进学生主动探索思考问题①。在充分了解新时代大学生的思想观念、学习习惯、生活方式、兴趣爱好、思维特点等情况的基础上,根据不同学科、专业、年级、性别、民族的大学生的思想行为特点,做到有的放矢、因材施教,巧妙地将教材内容转化为教学内容,改进教学方法,避免教学活动中"教师讲,学生不加思考地听"的方式;同时,要充分激发学生上课的主体性,增强学习的积极性、主动性、创造性,教师要加强引导,教学上要做到既符合教育总体目标要求,又符合学生成长特点和客观实际。另一方面,课堂教学不仅要有吸引力,更要有说服力,要入脑入心,内化为学生的思想自觉、行动自觉。要进一步加强课程建设,强化课程研究,研讨交流,取长补短,遵循规律讲道理,创新方法讲理论,让学生深知真信马克思主义理论是科学的真理,实现以理服人、以情感人。要以事实为依据,以中国的建设和发展为依据,讲明马克思主义的科学性,引导学生深刻认识马克思主义的科学性、正确性,并主动内化为自身的思想和行动自觉。在教学内容方面,不仅要向学生传递书本教学内容,更要结合实际,向学生传授处理现实问题的方法,避免理论与现实脱节的现象。只有掌握了解决实际问题的方法,学生在日常生活中才会运用到课堂所学知识,否则只是书本内容的刻板"灌输",无法达到教育效果,自然会导致学生的抵触心理。

三是要在实践熔炉中提升大学生思想素质。对大学生进行思想政治教育,光靠理论引导是片面的,参加社会实践是提升大学生思想素质的一个非常重要的途径,实践本身既是大学生思想政治理论课堂教学的重要延伸,也是大学生价值观最直接的体现和检验。高校应责无旁贷地搭建好社会实践这个平台,要紧密结合大学生思想政治教育课程教学,避免传统教学方式中"唯考试成绩论",突破课堂教学在教学内容和教学方式上的限制,充分利用好大学生社会实践这个渠道,结合"第二课堂成绩单"制度,以必修学分的形式,全面开展思想政治理论课实践教学,在实践锻炼中提升大学生的思想素质。第一,校内可以组织学生参加劳动实践,如设立"劳动周"等,规定每位学生每学期必须参加劳动至少一周,并给予相应学分,引导学生在劳动中树立正确的劳动价值观,尊重劳动者、珍惜劳动成果、自觉主动劳动。第二,高校可以结合当地情况、环境条件及学生特点,组织学生进行社会实践活动,如组织学生到贫困地区开展社会实践活动,到革命老区感悟革命文化,开展"三下乡"活动和志愿

---

① 沈壮海、蒋从斌:《论高校思想政治理论课的细节叙事》,《中国高等教育》,2023 年第 17 期,第 41 页。

活动，使学生近距离接触社会、了解社会，弥补纯粹理论知识学习的不足，在实践锻炼中锤炼吃苦耐劳、勤俭节约的品质，在与社会的亲密接触中拓宽视野、增长才干。第三，高校青年工作部门要协同学校党校、宣传、教务、马克思主义学院和相关的大学生思想政治教育研究机构，在乡镇社区、美丽新村等地组织开展各类思想引领实践活动，以讲坛、公益活动等方式学习、宣传、贯彻马克思主义，培育和践行社会主义核心价值观，实现第一课堂和第二课堂的有机对接，引领大学生牢固树立正确的世界观、人生观、价值观。

三、对接思政主渠道，开创价值引领品牌活动

大学生价值引领在充分发挥思想政治理论课的育人作用的同时，要树立品牌意识，抓住重要时间节点，以丰富多彩的校园文化活动为载体，以理想信念教育、爱党爱国教育等各类专题教育为内容，打造形成积极向上的价值引领教育品牌活动，让大学生从中汲取养分、健康成长。

一是要围绕理想信念教育形成活动品牌。理想信念对大学生具有重要指导作用，理想信念教育是当前高校育人的重要环节，也是高校思想政治理论课的重要内容。一个人若没有理想信念，就会导致精神上"缺钙"，就会得"软骨病"。高校要紧紧抓住理想信念这个中心、这个内核、这个根本，坚持不懈地抓好大学生的理论武装和思想引领，想方设法地把先进思想熔铸在大学生的灵魂深处，引导大学生补足精神之钙、筑牢信仰之基、把稳思想之舵，坚定不移地"听党话、感党恩、跟党走"。要通过在大学生中深入开展"共筑育人魂 同圆中国梦""坚定理想信念 立志成才报国""传承中华文化 践行核心价值""传播正能量 弘扬主旋律"等主题教育，结合讲座、实践活动等形式，打牢大学生的思想基础，激发大学生的社会责任感，教育和引导他们始终朝着远大理想和宏伟目标前进，坚定"四个自信"，坚定不移地跟党走，热爱祖国和人民，将"小我"融入"大我"，将个人理想信念与国家前途命运相结合。针对不同年级学生，教育内容侧重点不同，如针对大一年级学生，首要任务是帮助学生明确远大理想的内容，并积极引导学生树立远大理想；针对大二、大三年级学生，强化实现理想的理论基础，引导学生加强理论知识学习，尤其是思想政治理论课的学习，只有更好地了解党史、新中国史、改革开放史、社会主义发展史、中华民族发展史，才能树立与时代发展同向的理想目标，也要学习马克思主义科学方法论，以增强解决问题的能力；针对大四年级毕业生，要强化理论知识学习，更重要的是要引导其将所学运用于实践中，将理论与实践

相结合，在实践中检验所学理论知识，更要从实践中提炼新的理论，从而更好地适应社会，推动人生理想的实现。

二是要围绕重要节点形成教育活动品牌。首先，创新开展"新生成长第一课"，帮助新生扣好第一粒扣子。由于大学生活与高中生活存在很大差距，大学学习上更强调学生的自主性，生活上更考验学生的协调、控制力，更注重学生的全面发展。大学新生作为刚入学的一批学生，对大学教学模式、学习方式、就业方向等内容较为陌生。因此，以新生班级为单位，围绕"我的大学观""我的学业观""我的职业观""我的成才观"等主题，邀请资深专家教授、优秀校友、高年级优秀学生与新生进行面对面交流，答疑解惑，有效帮助新生解决大学适应、专业发展等各种问题。其次，科学设计并系统举行主题班会，统筹服务于大学四年的学习、工作和生活，形成以思想进步、价值引领和学业发展为主线的主题班会体系。大学辅导员不像高中班主任会每天与大学生面对面、谈心谈话，而是给了学生更多的自由时间以及空间。因此，班会便成为辅导员面对面观察、了解学生的重要途径。要以班会为契机，加强辅导员与学生之间的交流，帮助辅导员及时掌握学生思想动态。再次，日常教育活动要精细开展。高校要把价值引领教育活动与党的重大纪念活动以及端午、中秋、国庆等传统节日紧密结合起来，做到主题鲜明、载体丰富，确保每个学期都有教育主题，每个月都有教育重点，每个节庆日都有相关活动。最后，结合开学典礼、毕业典礼、校庆日等重要时间点开展主题教育，邀请优秀校友、最受学生喜爱的教师以"师说"形式开展世界观、人生观、价值观教育。

三是要围绕各类专题教育形成活动品牌。想要做好新时代大学生价值引领工作，就要紧扣时代主题、紧贴青年实际，遵循大学生成长成才的基本规律，挖掘和延伸开展理想信念教育的载体，创设、开展、形成一系列大学生价值引领工作的主题教育。第一，围绕"理想与信念""青春与信仰""责任与担当"等主题开展演讲赛、辩论赛、知识竞赛等，将思想政治教育与大学生校园活动相结合，以大学生乐于接受的方式进行，有助于提升教育效果、增强教育实效，营造崇德向善、见贤思齐的良好氛围。第二，结合新的时代特征，邀请名师名家开展"青春大讲堂"等主题辅导报告。新时代背景下，伴随社会经济的不断发展，各行各业出现了新的特征，大学生的思想特点与行为特征也发生了新的变化，给高校思想政治教育带来了新的挑战。为此，邀请名师名家开展主题辅导报告有助于提升高校思想政治教育的理论性、科学性、针对性。第三，结合当代大学生马克思主义信仰的现状，开展马列主义"实践周""宣传月"等活动，定期举办专题教育活动，推动马列主义学习的常态化。将马克思主义理论教育与实践活动相结合，以革命老区、改革开放前沿等地区为实践地区，帮助大学生了解革命前辈的信仰，让大学生更直观地认识到马克思主义指导下我国经济社会的发展水平不断提高，从而坚定马克思主义信仰。第四，结合新时代大学生思想行为与心理实际，开展生活教育、职业教育、公民教育、生命教育，引导大学生敬畏生命、珍惜生活、快乐工作、与人友善、努力奋斗、实现自我。打造若干经典教育活动，在大学生中唱响时代主旋律，把广大青年紧紧团结凝聚在党的周围。

四、占领网络主阵地，开拓价值引领智慧平台

中国互联网络信息中心发布的第53次《中国互联网络发展状况统计报告》显示，截至2023年12月，我国网民规模达10.92亿人，从网民结构看，其中20~29岁网民群体占比13.7%，该群体网民掌握各项数字素养与技能的比例均显著高于整体网民水平[1]。有调查显示，微博等网络媒介的使用已经成为大学生政治参与的重要途径，网络平台的政治参与能够有效促进大学生认知自身的政治态度，呈现自我的政治观点[2]。当前，在校大学生主要为"00后""05后"，是真正伴随网络成长的一代，网络在他们的生活中扮演着重要角色，网络对于他们的价值观形成来说，既有利又有弊，影响是长期且深远的。一方面，社会主义核心价值观等先进思想在网络中以视频、宣传标语、快闪等新形式出现，可以帮助大学生树立正确的价值观；另一方面，随着互联网的高速发展，诸如网络无政府主义等不良思想逐渐泛滥，以当代中国政府、中国共产党和马克思主义、主流意识形态教育作为攻击对象，直接影响了大学生正确价值观的建构。因此，高校共青团要主动顺应互联网时代发展的新趋势，打造价值引领的智慧平台，利用生动有趣的形式，教育引导大学生的思想成长。

一是要积极应对挑战，强化网络思想政治教育。当前我们正处于互联网时代，互联网对我们的学习、工作和思维方式产生了深远的影响，改变了我们的生活，给我们创造了机遇，也带来了许多新的挑战。在互联网的巨大影响下，大学生几乎没有人不上网，并且他们可以实现随时随地上网，由此导致了意识形态领域许多新情况和新问题的出现，互联网成为许多错误思想的"温床"。

---

[1] 中国互联网络信息中心：《第53次〈中国互联网络发展状况统计报告〉发布》，2014年。

[2] 王菁：《呈现与建构：大学生微博政治参与和国家认同——基于全国部分高校和大学生微博的分析》，《中国青年研究》，2019年第7期，第62页。

其一，一些不法分子利用网络平台宣传"全盘西化"思想，强调"资产阶级自由化"，拒绝接受我国主流意识形态，实际上是对我国现存社会制度的威胁。部分大学生容易不加甄别地轻信网络言论，产生对中国政府、中国共产党的抵触心理，认为意识形态的教育是没有必要的。其二，网络世界中的"泛娱乐化"导致大学生沉迷网络娱乐，丧失奋斗动力，网络信息技术的飞速发展带动了网络游戏、网络短视频、网络直播、网络购物等应用的兴起，部分学生将对网络的关注点放到了娱乐世界，力求在网络游戏中体会成就感、在网络购物中"收获"满足感、在观看网络短视频中消磨时间，形成不愿奋斗、不想奋斗的思想。对于"三观"尚未完全建立的大学生来说，他们难以正确鉴别充斥在网络中的大量碎片信息，极易受到不良思想的侵蚀。可以说，互联网已经成为影响高校思想政治工作的"最大变量"。"网络思想政治教育"这个高地，思想政治教育工作者如不主动占领，就会被其他不法分子占领。习近平总书记指出："互联网是当前宣传思想工作的主阵地。"[1] 面对新的形势和挑战，我们要主动研究、适应网络时代，树立互联网思维，推动思政工作传统优势与信息技术相结合，运用大学生喜欢的方式开展思想政治教育，鼓励大学生利用所知所学，正面发声、理性思辨，唱响网上好声音，传播网络正能量。

二是要加强队伍建设，搭建网络思政平台，运用网络实现对大学生的教育引领。思想政治教育者必须熟悉网络，掌握运用网络的能力；高校必须系统谋划，走在网络时代的前列。第一，要加强辅导员队伍建设，提升其开展网络思想政治教育的能力。辅导员作为高校思想政治教育的中坚力量，网络时代下，创新教学方法，提升素质与能力尤为重要。辅导员要保持勤奋好学的工作态度，积极了解学生，紧跟时代步伐，走出"舒适区"，了解学生间流行的新潮流，才能更贴近学生。高校要组织辅导员开展相关培训，邀请网络思想政治教育方面专家、学者定期开展讲座、培训，同时加强高校辅导员内部的交流，以"辅导员沙龙""辅导员讲堂"等形式搭建学习平台，促进辅导员之间交流互鉴优秀教育方法，增强育人能力，提升教育效果。第二，要精心组建专业的网宣队伍，打造专门的新媒体中心。要投入力量加强网络时代的学习研究，贴近学生实际，了解学生需求，紧跟时代潮流，学生间流行什么，思想政治教育工作者就要贴近什么，同时要制定行之有效的网络思想引领举措，形成行之有效的网络思政机制。要注意整合相关资源，避免不同功能分散在不同平台，给学生造成额外负担，打造集思想政治教育、学习、生活、服务等于一体的大数据平

---

[1] 习近平：《习近平谈治国理政（第二卷）》，外文出版社，2017年，第325页。

台，切实掌握学生在校生活实况，并根据具体情况，分层分类开展网络思想政治教育，提升网络思想政治教育的针对性和科学性。第三，高质量建立网上学生思想引领工作专区，开通官方微博微信微视频、设立易班工作账号，综合运用QQ、微博、微信、B站、抖音、贴吧、易班、青年之声等网络思想政治教育媒体集群，加快建设进度，提升建设质量，形成线上线下深度融合、网上网下全面引领的工作战略理念和整体格局，使互联网为新时代大学生思想政治教育注入强劲活力。

三是要坚持以生为本，提升网络服务水平。大学生是高校的主体，关注学生的成长是高校的使命。思想政治工作是教育学生必不可少的环节，面对新情况，要采取新方法。习近平总书记在全国高校思想政治工作会议上指出："要运用新媒体新技术使工作活起来，推动思想政治工作传统优势同信息技术高度融合，增强时代感和吸引力。"[1] 自20世纪80年代末期以来，加强对大学生的思想政治教育工作被放在了从未有过的突出位置。近年来，尤其是党的十八大召开以后，党中央多次重申思想政治教育的重要性，有关部门采取了诸多措施促进思想政治教育工作的有效开展，形成了思想政治工作的一套理论、一套方法，这是思想政治工作的优势。但在传统思想政治教育方式上，以面对面教育为主，一般表现为教师讲学生听的教学模式，教育效果不佳，学生存在抵触心理，主体性缺失，获得感不强，课堂氛围不活跃，从而导致思想政治课教师的满足感、成就感不高。新时代背景下，高校要顺应互联网时代发展的新趋势，依据学生思想发展的规律，尊重网络思想政治教育工作的普遍规律，发挥新媒体信息扩散速度快、传播范围广、形式丰富、互动性强的独特优势，把握主导权，打好主动仗。将传统教育模式与新媒体新技术融合起来，专门设置服务学生学习、工作和生活的版块，如思政教育、成绩查询、考试报名、校园卡充值、签到打卡、校园资讯、网课学习等版块，以反映学生呼声、回应学生诉求、维护学生权益、服务学生成长[2]，使官方建设的各类新媒体成为学生更愿意看、愿意听、愿意用的服务平台，使高校价值引领工作更具生动性、吸引力和亲和力。畅通互动渠道，搭建网络平台，平等沟通交流，走进学生内心世界，倾听学生呼声，了解学生思想动态，并通过新媒体平台加强网上舆情监控，推动网上网下思想政治教育的互动和衔接。

---

[1] 张烁、鞠鹏：《习近平在全国高校思想政治工作会议上强调 把思想政治工作贯穿教育教学全过程 开创我国高等教育事业发展新局面》，《人民日报》，2016年12月9日第1版。

[2] 共青团中央、教育部：《高校共青团改革实施方案》，2016年。

第三节　坚持学习引领为基础，把勤奋好学的品格深入学生的日常

要围绕学生刻苦读书来办教育，引导学生求真学问、练真本领，真正把内涵建设、质量提升体现在每一个学生的学习成果上。学习是学生实现自我、成就人生的重要前提，用心传播知识是滋养学生心田、呵护学生成长最温暖、最直接的方式。因此，抓好抓实大学生思想引领工作，必须首要抓好学习引领。学习引领，就是坚持学习的基本性、指导性，把学习放在学生生活的基础位置，以学习来指导学生的校园生涯。

一、转变观念，积极引导

对学生的学习引领是一个长期坚持的过程，贯穿教育引领始终，不可能一蹴而就，也不可能毕其功于一役。当前，关于大学生如何学习，需要转变陈旧观念，主动适应新的学业挑战，科学确立学习目标，适应高等教育改革形势，实现全面发展。

一是要明确目标任务，立志成长成才。知识是最宝贵的财富，只有拥有知识才能创造未来。大学阶段的学习，是增长知识技能、提高学习水平的重要阶段，也是学习生涯的黄金时期，对工作、生活等方方面面起着承接作用。在引领大学生学习的过程中，重中之重是引领学生正确认识大学的学习，科学规划大学的学习，明确"为什么学、学什么、怎样学"等基本问题，教育学生了解学业和就业之间的正相关关系，引导学生认识到只有平时认真学习、掌握本领，才能在就业中主动出击、收获机会；平时浑浑噩噩、碌碌无为，缺乏对就业的充分准备，很难在毕业后立足社会、施展才华。首先，高校要组织大学上好新生入学教育课，引导学生充分认识到大学学习的重要性，告诉他们为什么而学，对自己的学习目标要有明确的思考，挖掘学生学习的内在动力，让学生知道只有掌握了扎实的知识才能改变命运、提升自我、实现自我。其次，学习引领需贯穿于教学始终，除了上好新生开学第一课，还要不断强化对学生学习态度的引导，对于不思进取的学生需加强管理，进行说服教育、启发教育，让学生懂得学业与就业之间的关系，充分调动大学生学习的积极性与主动性。最

后，高校要引导学生站在服务国家和民族事业发展的高度，主动肩负起民族复兴的伟大重任，树立崇高、远大的学习志向，制定科学合理的学习目标，养成良好的学习习惯，避免浑浑噩噩，立志成长成才。

二是要崇尚刻苦读书，推进强国建设。2023年全国教育工作会议强调，要推动立德树人根本任务取得新的重要进展，加快建立健全促进学生身心健康、全面发展的长效机制。把开展读书活动作为一件大事来抓，引导学生爱读书、读好书、善读书[1]。首先，围绕学生刻苦读书开展教育引领，助推学生求真学问、练真本领。要改变大学生轻轻松松就能毕业的思想，引导学生爱上读书、刻苦读书，对大学生合理"增负"，提升大学生的学业挑战度，激发大学生适当的学习压力，以压力促动力，将精力投入知识的学习中，让大学生能真正学到知识、学到本领，真正把内涵建设、质量提升体现在每一个学生的学习成果上。其次，高校应引导教师热爱教学、倾心教学，把个人精力放在教学上，营造教学自觉的文化氛围，并且将教师的师德师风作为教师素质评价第一标准，对违反师德师风的教师予以严厉批评和惩处，加强对教师专业技术水平的严格考核。最后，高校的建设发展特别是人才培养工作要与时俱进，要积极推进办学理念、组织机构、制度体系的创新，建设新的教育高地，不断提高我国高校人才培养整体水平，助推教育强国建设。

三是要适应教学改革，实现全面发展。教学改革应以提高人才培养质量为核心任务，以创新人才培养模式为导向，注重教学结合、知行统一、因材施教、满足学生个性化发展需求[2]。首先，鼓励教师参与教学改革，优化学科设置，将通识课、专业技能课与创新创业课相结合，形成协同教育趋势；丰富教学形式，由过去依赖教材向与大数据、互联网结合转变，采用多媒体教学、智能化教学等形式，积极探索慕课、翻转课堂、开环教育。其次，找准教学方向与定位。各高校基于有差异的地域、文化、类型，要因校制宜、因势利导，明确本校的办学目标和定位，集中优势资源，打造优势专业，建立属于自己学校的办学特色。针对不同学生的学习情况制定个性化帮扶措施，要将掌握到的学生学习、思想、心理、行为特点，及时与教学部门对接，深化教育教学改革，不断提升人才培养质量。再次，顺应时代发展潮流，在教育领域导入人工智能、大数据等科学技术，推进教育教学资源共享，打造具有现代教育技术优势

---

[1] 高毅哲、林焕新：《加快建设高质量教育体系　办好人民满意的教育》，《中国教育报》，2023年1月13日第1版。

[2] 王涛：《基于"三全育人"理念的高校学风建设研究》，《学校党建与思想教育》，2018年第8期，第78页。

的通识教育，着力构建资源共享、协同合作的教育平台，建设一批具有高质量、高水平的在线开放课堂。最后，大学教育的改革还需在内容体系上进行重构，克服"外在化"教育，在大学内容教学中，将人文与科学、精神与物质、事实与价值、理性与情感有机结合①。教师既要重视理论知识的传授，也要重视学生个人能力的培养，还要重视艺术教育、审美能力的培养。

二、学习为本，练就本领

从古至今，学习是成长成才最直接有效的方式之一，因努力学习而成长成才的案例不胜枚举。当前，人类已经进入知识大爆炸的时代，这对大学生的知识本领提出了新的更高要求。高校要引导大学生树立"立身百行、以学为基"的人生理念，始终保持学习热情和求知欲望，加强专业学习、实践学习，不断完善自己、提高自己，锤炼干事创业的过硬本领。

一是要端正学习态度，激发学习动力。目前，部分学生对学习的重要性认识不足，被动性学习，学习动力削减，厌学、懒学、浮学等态度问题突出，主要表现为：学生在经历了十多年寒窗苦读后，把大学认为是学业上可放纵的时光；缺乏老师、家长的监督后，在学习上表现出懒散、悠闲；大学生面临的环境更多样，难以单纯专注于学习课本知识这样一项任务，且网络的发展让学生对问题的思考变得被动，大家习惯性上网搜索问题，缺乏对知识的深入思考。这部分学生学习只满足于拿到毕业证、学位证，抱着"六十分万岁，多一分浪费"的想法，平时不用功，考试临时"抱佛脚"、靠"突击"②。这种应付式学习，完全偏离了学习的目的，也是对自己大学生涯极不负责的体现。高校是培养具有丰富科学文化知识、批判性思维、独立判断能力并会解决实际问题的高素质人才的高地，而大学生懒散、悠闲的学习方式与大学的学习要求背道而驰。改变这样的现状，要通过理想信念教育、大学精神教育、养成教育等方式，帮助大学生端正学习态度。首先，高校要做好乐学、勤学的倡导，通过教师教育来培育学生主动学习的意识，强化自觉学习观念③。其次，高校积极宣传杰出校友、优秀同学的故事，发挥朋辈群体示范作用，激发学生学习的内生

---

① 陈雅娟：《以三大重构推进高校教学改革》，《江苏高教》，2017年第12期，第48页。
② 臧琰琰：《学生工作视阈下民办高校加强学风建设的路径探析》，《教育教学论坛》，2018年第31期，第73页。
③ 李宁、李前进、崔欣伟：《高校学习型领导班子引领示范作用探析》，《教育理论研究》，2015年第7期，第138页。

动力,锻造学生努力学习、刻苦钻研的精神,把学习当作一种乐趣,切实提高学习的积极性和主动性。最后,高校加强对学校学风、校风的管理,对逃课、课堂不遵守纪律者进行适当教育,设置专门的教学督导机构,对校风、学风进行考察,有针对性地实行规章制度,规范学生学习行为和学习态度。

二是要优化学习方法,提高学习效果。掌握科学的学习方法,不仅可以帮助学生培养良好的学习习惯,还可以提高其学习效果。大学的学习环境和方式都不同于中学,中学阶段的学习主要是教师指导、家长鞭策,有很强的管控性,而大学阶段的学习以学生自主学习为主。首先,基于新的学习环境,高校要引导大学生在"学"中做到"思",培育学生善于分析、善于思辨、善于举一反三的发展性思维,鼓励大学生主动将中学时被动、机械式学习改为主动、灵活式学习,自觉培养自主学习的习惯和独立学习的能力。其次,提高课程教育质量。课程教学是高校人才培养的主要载体,实际上,课程教学的内涵代表高等教育的核心内涵[1]。因此,高校应继续重视课堂教育质量,设置合理的课程体系,调整课程结构,对必修、选修课程进行科学安排。组织教师积极探索课堂教学的高效方法,积极创新学习教育方法,鼓励教师走下讲台,走进学生,开展讲座式学习、培训式学习、座谈式学习、学分式学习,多形式多种类组织学生学习,给学生的学习生活提供新鲜、科学的方法,让学生喜欢课堂,投入课程。最后,互联网、大数据作为新的教育理念和教育实践方兴未艾,高校必须顺应这样的时代发展潮流,搭建网络教育云端平台,借助慕课、智慧课堂等,为学生提供丰富的网络学习资源、图书馆资源。同时高校还要特别注意网络对大学生学习带来的负面影响,在充分鼓励学生利用网络学习载体的同时,还应对"手机一族"进行适当管控,不要让网络阻碍学生学习成长。

三是要强化专业教育,健全知识体系。倡导"一专多能",既要强化专业学习、提升专业素养,又要实施综合教育、提升综合素质。首先,高校教育必须同等重视基础课程、专业课程和实践课程,不能轻视任何一项,正确处理基础学术研究、专业学术研究和专业实践的关系[2]。积极鼓励学生进行跨院系、跨专业学习,引导学生修读国学和公共艺术课程,推进大学英语、思想政治理论课等课程教学改革,提高课程教学质量。在课程设计时,根据不同的专业教

---

[1] 王蕊:《关于加强新时代高校学风建设的思考》,《学校党建与思想教育》,2020年第1期,第88页。

[2] 方华梁:《世界一流大学专业教育演进的逻辑——基于知识秩序转型视角的考察》,《高等教育研究》,2019年第2期,第71页。

育理念，构建相应的制度，开发合适的课程体系和教学内容[①]，对不同专业所需人才的知识结构和素质能力进行分析，精准定位人才需求，根据专业特点对教学内容进行调整，实现课程对学生实践能力的支撑。其次，打造各学院各专业协同发展机制，培育以专业领域教授、副教授为核心的专业教师队伍，鼓励同专业教师间相互交流、学习，提升教师专业技能。以职业资格考试和职业能力训练为抓手，在专业领域引入国际质量认证标准，加强对学生的专业教育，培育具有国际竞争力的专业化人才。可组织专业技能大赛、社会实践相关活动，建设专业实习基地，在实习中强化学生专业技能，增强学生专业素养。最后，高校要加强对学生职业生涯的规划和指导，设置职业生涯规划课程，举办职业生涯规划讲座，有计划、有步骤地对学生进行职业生涯教育，将职业生涯规划教育贯穿在大学教育始终，而不只是针对毕业生。教育内容上，要引导学生根据自身的优势和专业的特点选择和设计职业生涯的方向，破除以往笼统式的就业指导，探索就业指导工作与专业教育之间的关联性，对学生进行有针对性的专业指导，从而增强就业指导的有效性[②]，增强学生的就业竞争能力。

三、强化学风，营造氛围

学风是大学精神的集中体现，是教书育人的本质要求，是高等学校的立校之本、发展之魂。能否营造一个优良学风环境，关系到高等教育的科学发展和教育事业的兴衰成败。高校共青团对大学生进行学习引领，要切实完善学风建设制度，狠抓学习资源建设，激发学生的学习动力和专业志趣，教育引导学生珍惜学习时光、求知问学。

一是要完善学风建设制度。校风学风的建设，必须形成师生公认并共同遵守的行为原则和规范体系，以及健全的制度机制。学风建设制度则要立足学生，以学生为中心，维护学生利益，以促进学生成长成才为原则，根本任务是教育人、引导人、培养人[③]，形成"三全育人"体系。完善大学学风制度建设，即需要完善学生日常管理制度，高校应严格要求学生遵守学校各种规章制度，加强学生学习《普通高等学校学生管理规定》《高等学校学生行为准则》，建立健全学习管理制度、考核监督制度、奖励淘汰制度、开放的学风制度等方

---

① 黄福涛：《高等学校专业教育：历史与比较的视角》，《清华大学教育研究》，2016年第2期，第14页。
② 张忠福：《大学生就业状况与学科专业设置》，《中国大学教学》，2015年第2期，第47页。
③ 吴小军：《新时代高校优良学风培育研究》，《中国高等教育》，2019年第7期，第42页。

面的规章制度和行为守则，也需要结合学校学风实际明确提出学风建设的实施意见。首先，建立科学的学习管理制度，二级学院要提高主动性，重视学生日常考勤，把加强日常考核作为提高学习质量、改善学风校风的重要手段。同时打通辅导员和任课教师之间的沟通，重视辅导员对学生学习的了解和管理，构建辅导员和任课教师双重管理学生学习机制。围绕教学各环节，规范教学管理制度，例如完善学习信息反馈制度，以问卷、访谈等方式了解学生学习现状和存在问题，获取对教师教学和学生学习的有效意见，解决问题，提高教学质量。其次，建立完善的考核监督制度，建立学校、学院、班级三级检查监督机制，明确各机构单位学习建设、学习引领的内容指标，定期对学院、班级的学习建设进行检查、监督、考核，并且将结果公布于专栏，纳入学院和单位的年度考核。对教师的检查评价也应逐渐规范，完善教师教学评价机制，以制度规范和约束教师教学行为，把教师的教学成果与职称、工资挂钩，鼓励教师倾心教学。同时，高校要严格课程考核标准、考试纪律。再次，建立完备的奖励、淘汰制度，开展学生个人量化考核，对旷课、作弊、违反校纪校规予以处罚，对表现优异的学生进行奖励。实行淘汰制度，把一定底线的预警和惩戒相结合，通过警告、留级等淘汰制度，严格规范学生不良学习行为，激励学生勤勉求学，提高人才培养质量。采取奖学金、荣誉表彰等奖励制度，加大对先进典型的宣传力度，对优秀学生、优秀学生干部、竞赛获奖者、优秀实习生等朋辈群体进行表彰，充分利用学校网络资源、媒体媒介加以宣传，发挥带头示范作用。正负激励两相结合，督促学生养成良好的学习习惯。最后，坚持开放的学风制度，开放源于创新，高校在制定学风制度时既要立足于学校特色，对学校建立发展过程中的经验结果加以总结，扬长避短，又要满足实践变化发展的需要，不断创新。

二是要狠抓学习资源建设。抓好学习资源建设，就要抓好硬件基础设施资源和人力软资源建设。首先，高校要加强硬件设施资源建设，为学生提供便捷的基础设施，优化教室、图书馆、实验室、实训室等学习环境，不断满足学生学习需求。譬如净化教室卫生环境，对旧烂课桌椅进行更换，保障教室安装电脑、投影仪等多媒体教学设施；增加图书馆馆藏图书，购买种类丰富、版本较新的图书和各种外部电子图书资源；不断更新实验室设备，加大对实验室安全隐患的排查与防范；加强与校外企业组织合作，扩大实习基地范围，提高实习基地质量。其次，强化师资力量。高校师资的强弱是一所高校在高等教育序列中强弱的重要指标①，师资团队作为高校软资源对学生的学习效果有着潜移默化且深刻的影响，因此，高校需要严格把关师资力量。在引进教师时，便要对教师有较为清晰的认识，引入有扎实的知识功底、过硬的教学能力、勤勉的教学态度、科学的教学方法的教师团队，这是获取良好软资源的第一步。同时，加强对教师的考核与培训，建立相关的教师教学监管体系，不断提升教师的教学能力、教学理念、教学态度、知识水平，让优秀的教师团队带领学生前进。定期召开教师教学研讨会，鼓励教师参与教学实践、教学改革。多渠道整合教师教育内容，加大教师科研扶持力度，以提高教师教学水平。最后，优化人才培养模式，围绕建设一流专业的目标，调整优化人才培养方案，建立协同创新人才培养机制，与国内一流科研院所、企业和机构合作，共同推进全流程协同育人，不断创新试点人才培养机制。建立校友资源库，联系优秀校友回校做报告、做交流，共同探讨学习生活，让在校学生能够从优秀校友身上获取精神鼓励。

　　三是要营造勤学好问的良好氛围。学风建设是代表学校特点、办学方向与水平，体现学校师生精神风貌、心理状态、思维水平和价值取向的精神成果之总和。良好的学风就是要大力培育勤学好问的校园氛围，倡导学生在学习上刻苦奋进，自觉告别轻松学习的不良风气，引导学生对待学习要尽职尽责，不可敷衍了事、马马虎虎、吊儿郎当。首先，高校要传承和弘扬学校精神，宣传学校办学理念、校训、校风等，让师生在学校精神中汲取营养，内化为自身品质，追求学术之风。内蕴深厚的校园文化对于启发学生的自觉性与主动性意义重大②。其次，统合管理、教学、学工等各种力量，齐抓共管，形成合力，把学风建设落实到各种力量、各项工作、各类岗位，创造良好的学风环境。例如积极建立学习型班级，在班级、年级中成立学习型工作小组。再次，高校可以通过举办丰富多彩的学术活动，营造浓厚的学习之风。一方面，积极建设学术活动平台，开拓学生学术视野，如举办学术报告、学术讲座、学术沙龙座谈会、学习经验交流会等活动，促进各年级学生、各专业学生相互学习、共同进步；另一方面，鼓励学生积极参加学术竞赛、专业技能竞赛，不断增强自身本领，将被动接受知识变成主动获取知识，把学术活动与学科建设结合起来，活跃学术研究氛围。最后，高校加强对学术创新活动的宣传，营造人人知晓的氛

---

① 杨涛：《加强高校学生学风建设的实现路径》，《中国高等教育》，2015年第3期，第67页。
② 王蕊：《关于加强新时代高校学风建设的思考》，《学校党建与思想教育》，2020年第1期，第88页。

围,对优秀团队、指导教师、优秀学生进行大力宣传,发挥朋辈教育的感染、示范和带头作用,树立一批勤奋学习、刻苦拼搏、奋发向上、追求卓越的先进典型学生代表,不断提高学生的学习热情。总之,围绕抓学习、促发展这个基础和根本,多措并举,综合施策,共同建设崇尚学习、积极向上、勤学好问的大学校园氛围。

四、延伸载体,拓展知识

对大学生进行学习引领,除了重视课堂学习、注重学风建设外,还应该不断创造学习的平台和机会,延伸学习的方式和载体,强化保障,改革创新,鼓励、支持、引导大学生投身实习实训、社会实践,融入"互联网+",在广泛的第二课堂检验理论知识、掌握实际技能。

一是要加强实习实训。"行是知之始,知是行之成。"[1] 实习实训作为一种特殊的工作、教育形式[2],是高校培养人才的重要环节,能够培养学生与他人协作的能力和自我观察的能力。学习到的知识,只有运用到具体实际中,才能检验学习成效、提升学习实效。首先,高校要高度重视对学生实践意识、创新思维和动手能力的培养,将大学生实习实训和实践教育活动纳入教育大纲,作为学业考核的重要一环,予以考核、认定。鼓励学生积极参与技能培训、社会服务、社会实践、创新创业活动、科技竞赛等活动,提升学生实践能力。积极引导大学生理解参与实习实训的意义,让学生学会思考自己在实习中达到什么样的目的,收获什么样的效果,明确实习方向,提前做好实习构想与设计。其次,高校要努力构建有利于学生实习实训的环境和平台,加强与实习企业、实习单位的合作,在实习场地、实践经费等方面为学生提供大力支持,变被动为主动,设立学生实习实训专项经费,如对学生实习期间交通费、住宿费提供帮助,承担学生的部分实习经费。再次,组织大学生积极参加社会实践,把学习课堂延伸到田间地头、工厂车间、街道社区,增长知识、磨炼品格、锤炼意志。特别是大学生社会实践作为大学生"受教育、长才干、做贡献"的品牌活动,要对接学生专业学习,实现学习与实践的良性互动,不断深化理论认知,不断推进学以致用。最后,高校需加强对学生实习实训的监督和管理,不能存

---

[1] 陶行知:《陶行知讲国民教育》,河海大学出版社,2019年,第54页。
[2] 王志梅、龚青、李骏婷等:《大学生实习:概念、测量、影响因素及作用效果》,《中国人力资源开发》,2017年第1期,第140页。

在学生走出校门便不管的态度,定期安排教师去企业、单位考察和关心学生的实习情况,针对实习中存在的问题加以解决。建立学生实习实训评价体系,对学生实习实训效果进行评估、反馈。

二是要融入"互联网+教育"的时代背景。"互联网+教育"是随着当今科学技术的不断发展,互联网科技与教育领域相结合的一种新的教育形式,是对教育理念和教育实践的变革与创新。它打破了言传身教的传统思维习惯,教育由单线式平面布局转向立体式网络布局①。未来教育必将是构建在互联网上的新教育,教育生态也一定是构建在互联网上的新生态②,网络教育平台是新时代学习建设的重要渠道,也是日常教育的重要补充③。"互联网+教育"作为一种教学手段,有它既定的教学优势。首先,高校应充分借助信息和网络平台加强对学生学习的引导,汇聚数字化教学资源,有的放矢为学生提供互联网教育平台,如线上学习沙龙、慕课、翻转课堂、开环教育,建立云端一体化智能教室,实现课堂多媒体的使用,促进师生互动;可探索现代远程开放教育,通过上下互联、同步互动、优势互补、成果互促④,自主开发或积极引进优质教育资源向全体学生开放共享,打破学校与学校、学院与学院之间的学习壁垒,让学生可以实现跨空间的移动学习。其次,系统创设本校园网络学习宣传内容,推广"两微一端"的传播方式,高质量推送校园官方微博、微信,做到主题鲜明,内容丰富,以学生为中心打造智慧校园、智慧课堂⑤,为高校学生提供先进、良好的学习教育环境。最后,互联网是把双刃剑,使用不合理会给学生带来严重的不良影响,因此,高校要积极面对网络时代的挑战,善于借助网络本身的资源,做好知识甄别,建立健全学习体系,加强对学生正确使用智能化工具、科学进行网络学习的引导,学校技术部门可对学生网络使用情况进行监管,构建高效良好的互联网教育文化氛围。教师要积极引导学生正确使用网络,提高互联网使用素养,在网络中获取有益的知识,跟上科学发展潮流。

三是要深入实施"第二课堂成绩单"制度。"第二课堂成绩单"制度是共

---

① 刘晓宁、赵蒙成:《我国"互联网+教育"研究的视域审视与发展取向——基于2015—2018年核心期刊文献的分析》,《苏州大学学报(教育科学版)》,2019年第1期,第94页。
② 杨宗凯:《高校"互联网+教育"的推进路径与实践探索》,《中国大学教学》,2018年第12期,第16页。
③ 吴小军:《新时代高校优良学风培育研究》,《中国高等教育》,2019年第7期,第43页。
④ 何祥林、薛平军:《以党委中心组学习引领学习型党组织建设》,《江西师范大学学报(哲学社会科学版)》,2011年第1期,第52页。
⑤ 杨宗凯:《高校"互联网+教育"的推进路径与实践探索》,《中国大学教学》,2018年第12期,第16页。

青团中央深化改革的重要举措,其主要目的是围绕高校育人的中心任务,在引导青年学生坚持学业为主的同时,促进其全方位能力提升[①]。当前,全国高校已普遍推广实施"第二课堂成绩单"制度,这是坚持以青年学生为中心,聚焦人才培养工作主责主业,面对学生成长成才实际需求,建立的一套科学、务实、有效的第二课堂育人体系。首先,学校顶层应对"第二课堂成绩单"的课程、评价、实践等内容进行严密设计,科学制定"第二课堂成绩单"实施办法,规范操作程序,强化过程指导,促进学生德智体美劳全面发展。高校在全面深入挖掘第二课堂育人价值的同时,需要实现第一课堂和第二课堂的相辅相成、深度融合。高校在统筹设计"第二课堂成绩单"课程项目体系时,要充分结合第一课堂教学安排,与第一课堂互动互融、互补互促。"第二课堂成绩单"的运行需要形成与"第一课堂"相协调的指导委员会,委员会由负责高校学生工作的领导、专家、骨干构成,组织专门的团队研发和运营,充分发挥学生工作部门和团学骨干的主体作用,同时积极调动教师和学生参与第二课堂积极性,完善组织结构,发挥第二课堂功能。其次,"第二课堂成绩单"的重要任务是提升学生的政治素养,因此,思想政治教育必须贯穿"第二课堂成绩单"实施的全过程,成为思想政治教育工作的新阵地。再次,根据不同院系、不同专业、不同年级的学生,打造形式多样、内容丰富的"第二课堂"活动,且活动课程的学分设置既要灵活化,也要标准化。最后,健全第二课堂质量监测评估体系,充分利用互联网、大数据等现代信息技术分析制度实施效果,针对问题进行适当调整、改进、完善。利用线上线下双模式加强对"第二课堂成绩单"的宣传推广,鼓励、引导学生主动参与第二课堂学习、历练,实现该制度的深入实施。

第四节　坚持文化引领为支撑,
把先进文化的种子植入学生的心间

习近平总书记指出:"文化是一个国家、一个民族的灵魂。""文化自信,是更基础、更广泛、更深厚的自信,是更基本、更深沉、更持久的力量。"[②]

[①] 吴疆鄂、唐明毅、聂清斌:《高校共青团"第二课堂成绩单"运行机制探究》,《学校党建与思想教育》,2019年第5期,第91页。

[②] 习近平:《习近平谈治国理政(第二卷)》,外文出版社,2017年,第349页。

马克思认为,"人天生就是社会的生物,那他就只有在社会中才能发展自己的真正的天性"①,这说明人的天性在很大程度上受到环境的塑造。文化环境作为人与环境相互作用形成的环境空间之一,在被个体所知觉的同时也深刻影响着个体的感知和行为②,对个体心理行为特征的形成有着至关重要的作用。大学通过文化来武装人、引导人、塑造人、教育人和培养人,通过文化的传承、传播和创造,促进受教育者的社会化、个性化和文明化,从而塑造人格健全和完善的人,并实现大学生自身不断发展超越的过程③。通过文化育人,培育大学生健全人格和家国情怀,促进大学生健康发展和成长成才;通过文化育人,增强大学生坚持中国特色社会主义的道路自信、理论自信、制度自信和文化自信,实现学校文化传承创新,也让先进文化润物无声地沁入心脾,成为大学生成长进步的精神力量。因此,文化引领是心理育人融入大学生思想政治教育的重要支撑,只有做好文化引领工作,让先进文化在大学生心中生根发芽,才能将大学生培养成为一个"大写"的人。

一、传承中国魂,弘扬中华优秀传统文化

一个民族的历史文化是培育民众主体文化自信的认知源头和民族根脉④。中华优秀传统文化凝聚着中华民族的智慧和心血,它作为中华民族的精神之根和文化之魂,历史源远流长、内容博大精深,是中国共产党治国理政思想的重要来源,也是高校提高学生人文素养的源头活水。大学的根本使命是立德树人,实现中华民族复兴是大学生的责任担当,当今大学应该充分利用自身的育人功能和文化优势,大力弘扬中华优秀传统文化,培养担当民族复兴大任的时代新人。

一是要加强传统文化教育课程建设。要贯彻教育部《完善中华优秀传统文化教育指导纲要》文件精神,积极发挥优秀传统文化的育人功能,从整体上着眼,从多方面着力,以"课堂教学"为主阵地,建立以中华优秀传统文化为主要内容的人文素质课程体系。处理好历史性与现实性、继承性与超越性、稳定

---

① 中共中央马克思恩格斯列宁斯大林著作编译局:《马克思恩格斯全集(第2卷)》,人民出版社,2005年,第167页。
② 梅萍:《论新时代高校全员心理育人模式的建构与实施》,《思想理论教育》,2019年第12期,第103页。
③ 任世强:《大学文化的育人功能及实现路径》,《光明日报》,2013年12月1日第7版。
④ 曹劲松:《文化自信:把握习近平文化思想的价值内核》,《南京社会科学》,2023年第11期,第2页。

性与创新性的关系，切实加强优秀传统文化育人课程建设和教材建设，充分发挥主渠道育人功能，夯实文化育人基础。加强传统文化教育课程建设，一方面要提高传统文化通识课程的比重和质量，修订人才培养方案，增加文化育人课程学分，充分利用"中国传统文化纵论""国学""中国风雅文化导学"等文化类通识课程，借助亚卓、尔雅网络课程资源中的优秀传统文化课程，强化传统文化教育；增强学生对于传统文化的自主学习能力和探究能力，增强学生对于传统文化的理解认识和实践应用能力。另一方面，传统文化的教育还需要尽可能地与专业课程相结合。中华传统文化博大精深，许多学科和知识都能从中找到源头和佐证，专业课教师应从本专业的课程内容出发，充分挖掘中华传统文化的宝贵资源，有效吸收中华优秀传统文化精髓，将中华优秀传统文化的相关内容与专业知识教学内容，因地、因情、因时制宜地连接起来，既能让大学生学到专业知识，也让其在耳濡目染中了解传统文化的精髓，达到更好的教学效果和文化育人功能。

二是要丰富传统文化教育载体。首先，广泛建立大学生传统文化类社团，大力支持社团组织开展与传统文化相关的活动。调查了解到相关高校成立的"诗词爱好者协会""经典诵读协会""文艺创作协会"等社团，成为大学校园传承发展中华优秀传统文化的重要力量，其中一些文学社甚至已成立50多年，对大学生的传统文化学习和素质培养上有着一定的积极影响。现在，对于此类文化社团还要在经费、指导等方面强力支持，更有针对性地开展传统文化系列活动，弘扬中华优秀传统文化，加深大学生对传统文化的理解和实践。其次，系统开办"传承弘扬传统文化学术论坛"，设计部署如中国传统节日、中国饮食文化、中医文化等与传统文化相关的系列讲座，有意识、有步骤地推动传统文化进校园、进头脑。最后，要积极推动成立国学院，开展"蒙学培训""国学讲师培训""国学讲坛""国学经典吟诵"等教育活动。同时，充分利用信息化手段，通过"经史百家""诗词歌赋""岁时风俗""琴棋书画"等网络论坛和新媒体的宣传方式，进一步加强学生对优秀传统文化的学习与认同。

三是要开展"传统文化在身边"品牌育人活动。党的二十大报告提出："……把马克思主义思想精髓同中华优秀传统文化精华贯通起来、同人民群众日用而不觉的共同价值观念融通起来……"[1] 高校要将这些宝贵的遗产与当代社会需求相结合，进行创造性继承与发扬，以展现中华文化的永恒魅力和时代

---

[1] 习近平：《高举中国特色社会主义伟大旗帜 为全面建设社会主义现代化国家而团结奋斗——在中国共产党第二十次全国代表大会上的报告》，人民出版社，2022年，第18页。

特色。对于大学生来说，弘扬传统文化不仅需要理论上的研究和探讨，还需要通过丰富多彩的具体实践和传统文化氛围来增强对于文化的自信和把握，充分汲取优秀传统文化的营养成分。大学可以打造一系列具有传统文化特色的活动，持续开展如"晒家风·传家训""讲礼仪·行天下""讲传统·立信义""写汉字·展风采"等富含传统文化元素的品牌文化活动，组织庆祝春节、端午节、重阳节等传统文化节日，充分利用各具特色的民俗文化活动，使大学生在娱乐中感受到中国传统文化的魅力。引导大学生弘扬民族传统文化、守护民族精神命脉，还可以依托高雅艺术进校园等活动，把传承和弘扬传统文化的经典作品带到大学生中间，将前沿的思想、优秀的文化、感人的事迹传播给全校学生，有助于大学生筑牢责任意识、担当精神，砥砺道德追求、理想抱负。

二、汲取正能量，传承弘扬红色革命文化

红色革命文化是一代代优秀的中国共产党人领导全国各族人民，在长期的革命与建设实践中创造的宝贵财富，蕴含着丰富的精神品质，具有极大的教育价值。红色革命文化作为我国社会主义先进文化的重要组成部分，蕴含着丰富而深刻的革命经验、革命精神，是大学进行文化传承、引领育人的重要资源。为此，需要进一步整合红色文化教育资源、拓展红色文化教育形式、挖掘红色文化时代内涵，用最贴近学生生活的方式走入大学生内心，引领和塑造大学生价值观。

一是要运用革命文化强化大学生理想信念教育。革命文化是中国共产党带领人民在血与火的革命岁月中创造出的文化形态，是坚定中国特色社会主义文化自信的重要源泉，是优化与巩固党的执政基础的宝贵历史资源，为塑造新时代人民群众的精神家园提供着现实启示[1]。无论是在战火纷飞、血雨腥风的革命年代，意气风发、激情燃烧的建设时代，波澜壮阔、生机勃勃的改革时代，还是在日新月异、拥抱梦想的新时代，革命精神一直激励着我们奋勇前进。革命文化以其丰富的历史内涵、鲜明的品质特征以及宝贵的实践经验，为高校在立德树人实践中解决"培养什么样的人、如何培养人、为谁培养人"的根本问题提供了深刻的启示[2]。汲取革命文化的精神力量，对于促进大学生健康成

---

[1] 刘晓华：《新时代传承弘扬革命文化的三重意涵》，《光明日报》，2018年8月3日第11版。
[2] 朱志明、欧阳秀敏：《革命文化融入立德树人实践的价值意蕴及实现路径》，《思想教育研究》，2018年第5期，第127页。

长，激发大学生内生动力，坚定大学生理想信念，指引他们始终坚定不移朝着中国特色社会主义道路前进，具有重要意义。在具体的学习和实践上，可以让大学生参观革命遗址、指挥部旧址、纪念馆、烈士陵园等红色景点和了解学习红色歌曲、红色戏剧、红色电影等红色文化精神内容，以更深刻地了解当时革命志士所处的历史环境和复杂的政治环境，也更客观深切地了解当时革命先辈的价值理念和政治信仰。实地考察和教学，将大学生代入当时的时代环境之中，让他们能够设身处地感受革命前辈的不易与艰辛，也更加深刻地认识到当前美好生活的来之不易。大学生通过红色革命文化的理解和学习，进一步有效提升文化辨别力和判断力，进而加深对社会主义核心价值观的理解和提升认同度。

二是要大力弘扬革命传统。在大学生中传承弘扬红色革命文化，关键在于把优良的革命传统，转化为大学生的精神财富，深入大学生的思想，激励大学生的行动。一方面，加强对大学生的党史教育和革命传统教育，深切感悟老一辈无产阶级革命家艰苦奋斗的优良作风，使他们深切感受到和平年代美好生活的来之不易，引领大学生继承和发扬革命精神、优良作风和高尚品德。另一方面，要确立以红色文化引领学生成长的文化育人目标，开展大量卓有成效的红色文化活动，精心创作编排内容丰富、主题鲜明、寓意深远的文艺作品，让学生在润物细无声中领略到红色革命文化的独特魅力，更在悄无声息中增强家国情怀、坚定革命理想高于天的信念，实现以文化人。

三是要加强红色教育。红色教育是大学生文化引领和价值引领的重要载体。红色文化资源具有群众性、民族性、科学性、社会历史性和先进性，是大学生党史教育的文化根基、天然载体和创新动力。红色文化资源是党团结带领中国人民进行革命、建设、改革的有力见证，党在100多年波澜壮阔的历史进程中留下了宝贵的物质财富和精神财富，把红色文化资源转换为党史教育资源是提高大学生党性修养、传承红色文化的题中之义，也是坚持立德树人，提高育人质量的迫切需要。一方面要挖掘多形态的教育资源。可以借鉴井冈山的有益经验，结合本地区的红色文化资源搭建平台、开发课程，最大限度地实现红色文化资源的教育价值。另一方面要探索多形式的教育方法。课堂讲授自然是党史教育最基本的教育方法，思想引领工作者要通过系统、准确地讲解深化学生对党史党情的理论认识，但更应该运用体验式、情景式的教学方法增强情感认同、注重实践履行。同时，要重视红色文化资源的整合与利用，充分运用地域红色文化资源，定期组织学生参观伟人故里、红色文化教育基地，瞻仰革命烈士等，让大学生身临其境接受教育。具体来看，加强红色教育要注意以下几方面：

第一，要挖掘红色文化的时代内涵，且在挖掘过程中要根据大学生的实际需求找准文化引领和教育的切入点。红色文化的内涵随着时代发展持续深化和拓展，不仅凸显了独特的民族性，也体现了鲜明的时代性①。新时代运用红色文化更需要结合时代的要求和特点，挖掘时代内涵，指引新时代大学生更好地进行社会主义事业建设。在这个过程中，大学还需要结合大学生的实际需求和特点，要走进学生群体，了解当前大学生群体的思想动态和需求要点，在课堂和实践活动中将红色文化润物无声地融入大学生的思想和行动当中。

第二，挖掘红色文化的时代内涵要因地制宜。虽然红色文化有着统一的内涵，但是在具体的红色教育中，仍然需要因地制宜，因为红色教育资源具有地域性、民族性、历史性等特点。各个学校在进行红色教育之前需要对学校所处地区的红色教育资源进行全面整理和了解，之后在此基础上进一步挖掘具有特色和吸引力的红色教育资源。并且，在进行红色教育时，还需要结合区域文化、学生特点选择特定有效的教育方式，提升红色教育成效，增强大学生对于红色文化的了解和社会主义事业的认同。

第三，红色文化教育应以更为社会化、生活化的方式来进行。红色文化教育不局限于课堂教学和革命事迹宣讲，需要创新课堂教学形式，拓宽教育渠道和方式，进一步提升其时代性和可操作性。让学生在红色教育熏陶下主动表达自己的见解，自愿将红色教育资源的价值和理念内化于心、外化于行，进一步提升自己的思想境界，从而自觉地将红色文化中蕴含的卓越思想和优秀品质传承下去②。

三、共筑中国梦，传播社会主义先进文化

社会主义先进文化是当代中国的新文化，是中华民族精神和时代精神的有机结合。作为新时代大学生，要以社会主义先进文化为引领，沿着正确的方向，奋发进取，积极作为，为中华民族伟大复兴和自身成长成才奠定坚实的文化根基、思想来源。

一是要坚定文化方向，矢志砥砺奋斗。社会主义先进文化是以马克思主义

---

① 卞成林：《红色文化创造性地融入高校思想政治教育的实践路径》，《社会科学家》，2020年第5期，第10页。

② 孔祥慧：《用红色文化引领大学生思政工作》，《人民论坛》，2019年3期，第129页。

为指导，以社会主义核心价值观为灵魂，以培育有理想、有道德、有文化、有纪律的社会主义公民为目标，是面向现代化、面向世界、面向未来的，民族的、科学的、大众的文化。这就指明了社会主义先进文化的目标和方向。社会主义先进文化作为文化引领的重要内容，在大学生中深入传播要点面结合，系统灌输，讲清楚什么是社会主义先进文化，讲清楚如何弘扬社会主义先进文化，讲清楚如何伴随社会主义文化强国的不断前进而不断努力，使广大学生深受社会主义先进文化的教育和洗礼，潜移默化培养他们心系天下、奋斗不止的使命感与责任感。

二是要增强文化自觉，提升文化自信。从中国共产党的发展历程、国家的发展进步、每一次跨越式前进中，我们都清晰地看到，文化的觉醒起着至关重要的作用。当前，正值以中国式现代化全面推进中华民族伟大复兴的关键时期，新时代大学生将是投身祖国建设的蓬勃力量，因此增强他们的文化自觉，提升他们的文化自信，更具有特别意义。运用社会主义先进文化对大学生进行思想引领，就是要让大家看到滚滚历史的洪流，看到中华民族五千多年的历史文化积淀汇聚的磅礴力量，看到中华民族伟大复兴的历史必然。

增强文化自觉，提升文化自信，首先要用社会主义核心价值观培育大学生。文化自信的核心是对于所奉行的价值观的自信，在新时代即对于社会主义核心价值观的理解和自信。社会主义核心价值观是在新的历史时期，在国家、社会、个人三个层面上对社会主义核心价值观进行的深度提炼，是我国文化发展的坚实基础，是社会主义先进文化的核心精神。党的二十大报告强调，要全面深化社会主义核心价值观的教育实践，明确提出："用社会主义核心价值观铸魂育人……把社会主义核心价值观融入法治建设、融入社会发展、融入日常生活。"[1] 大学生的世界观、人生观、价值观还在形成巩固阶段，在新时代多元文化背景下，价值取向呈现出自主性、开放性、多重性、冲突性等特征[2]，容易出现价值观念异化、行为失范等问题，因此，我们应当积极探讨通过课堂理论教学、校园文化熏陶和社会实践体验等多种途径，综合运用价值认知、情感体验以及典型激励等多种方法来培育大学生社会主义核心价值观，同时要善于运用大数据策略，创新改革培育路径，凝聚价值共识。

其次，用习近平新时代中国特色社会主义思想武装大学生。习近平新时代

---

[1] 习近平：《高举中国特色社会主义伟大旗帜　为全面建设社会主义现代化国家而团结奋斗——在中国共产党第二十次全国代表大会上的报告》，人民出版社，2022年，第44页。

[2] 李颖：《当代大学生社会主义核心价值观的培育》，《社会科学家》，2020年第9期，第156页。

中国特色社会主义思想是马克思主义中国化的最新理论成果，是新时代国家发展的指导思想，具有强烈的时代性、民族性、实践性。作为社会主义事业的建设者和接班人，大学生要思想进步、信念坚定、价值观念正确，就需要用习近平新时代中国特色社会主义思想武装头脑①。大学生要通过深入学习习近平新时代中国特色社会主义思想，坚定信心，奋勇前进。

最后，提升文化自信还需提升文化鉴赏能力。文化自信的前提是对于文化的认同、信任，是一种自觉基础上的自信，提升大学生的文化自信需要增强其文化自觉和文化鉴赏的能力。一方面，提升大学生文化自信要引导大学生对于传统文化的了解和自信。要让大学生学会分析、鉴别传统文化中哪些是精华，哪些是糟粕，哪些能与当代社会相适应，促进社会向好发展，哪些是封建遗留腐朽，不能继续传承。另一方面，还要让大学生学会辨别外来文化，既要认识到外来文化中有优秀的文化，也要认识到有一些是西方霸权主义、腐朽思想对社会发展不利的部分，既要学习西方文化中的优秀部分，又要防止不良部分的害处。总之，要引导大学生更加自觉地在充分吸收先进文化成果的基础上，既不自卑也不自负地对待中国传统文化，也以包容、开放的心态接纳外来优秀文化，以更加开放的心态来树立文化自信。

三是要讲好中国故事，传播中国声音。发挥社会主义先进文化的思想引领功能，就是要把每一个新时代大学生，都塑造成为践行"中国精神"的代言人。社会主义先进文化于个体可以直抵人心、满足需求，于国家和社会则是引领健康发展、激发民族创造力的精神源泉。我国改革开放以来取得了举世瞩目的成就，但无论我们如何发展进步，我国都推行健康和谐可持续的发展理念，对内始终以人民为中心，对外则始终包容开放，大力倡导人类命运共同体意识，充分展现了一个大国应有的担当和风范。作为民族复兴中坚力量的大学生，需要通过社会主义先进文化的引领，讲好中国故事，传播中国声音，展示中国形象。习近平总书记指出："青年是标志时代的最灵敏的晴雨表，时代的责任赋予青年，时代的光荣属于青年。"② 大学生是青年当中的佼佼者，是国家和民族的希望。讲好中国故事，传播中国声音，是时代赋予青年的责任和使命。

---

① 宁凯：《坚定新时代大学生文化自信》，《中国教育报》，2019年7月18日第6版。
② 习近平：《青年要自觉践行社会主义核心价值观——在北京大学师生座谈会上的讲话》，《人民日报》，2014年5月5日第2版。

四、激扬青春志，繁荣发展大学校园文化

校园文化是大学文化的具体体现，是衡量一个高校优秀与否的重要指标，是评判社会文化水平的重要标准。大学校园文化承担着立德树人的时代重任，是培养新时代中国特色社会主义建设者和接班人的重要阵地[1]。高层次、有品位且健康向上的校园文化环境，有利于学生树立远大理想和坚定信念，有利于培养和提高学生高雅的生活趣味与审美情趣，可以使学生的身心得到栖息、营养和锻炼。

一是要广泛开展丰富多彩的校园文化活动。形形色色的校园文化活动，既是一所大学文化的生动体现，也是文化育人的生动课堂，要广泛开展形式多样、健康向上、格调高雅的校园文化活动。校园文化活动要在百花齐放的文化艺术活动中贯穿思想教育的主线，应根据当代新时代大学生的发展特点，注重思想性、艺术性和时代性的结合。要注重传承学校文化育人的优良传统，打造高雅、健康的文化活动品牌。广泛开展多层次、多种类的校园文化活动，把社会主义意识形态工作的内容融入其中，使其在新时代大学生心中落地生根、开花结果，内化于心、外化于行，引领大学生成长成才。要配合第一课堂，有针对性地开展校园文化活动，避免肤浅庸俗的活动泛滥。要全力打造譬如校园文化艺术节、社团文化艺术节等师生广泛参与的文化节日，开展系列活动，形成文化育人网络。

二是要着力彰显校园特色文化。世界上没有相同的树叶，不同的大学也有其独具特色的校园文化，每所学校都有各自的特质，都体现出特有的个性和差异，形成校园特色文化。校园特色文化体现一所大学所具有的内在特质，指引着大学人才培养的发展方向，是大学办学历史、传统和社会声誉等的综合体现。一些长期开展又具有鲜明学校特色的品牌校园文化活动，对学生的教育影响是直接而深远的。因此高校打造校园文化活动要具有文化品牌意识，要立足学校办学特色、办学定位、学科优势，结合学校的专业特色、地方特征，构建学校、社团、社会等多层次的文化格局，根据服务面向和培养人才人物的不同，开展与之适应的特色文化育人活动。彰显特色校园文化要着力突出办学"特色"，不走"千校一面"的寻常路。为更好地贴近大学生的专业需求，有针

---

[1] 梁海娜、李红亮：《媒体融合发展对大学校园文化的迭代影响及其应对》，《江苏高教》，2020年第2期，第69页。

对性地深入教育，还要立足学科特点开展特色文化育人活动，重心下移，形成"一院（系）一品"的特色校园文化格局，如部分高校二级学院持续开展的读书节、数学文化节、科技文化节、商业文化节等。同时，打造具有特色的校园文化还要结合优秀地方文化开展特色文化育人活动，充分挖掘和利用优秀地方文化资源，找准办学定位、育人目标与地方文化的契合点，既传承地方优秀文化、助推地方文化事业发展，又建设特色校园文化、助推大学生成长进步。

三是要建设大学精神文化和物质文化。文化育人的目的是向青年传递求真、崇德、向上、向善的力量，让广大学生在文化的甘霖中汲取养分、茁壮成长。大学精神是大学文化的核心与灵魂，它由学校的历史传统、现实际遇以及时代特征共同塑造。这一精神不仅反映了学校创建的宗旨和使命，也体现了学校在发展过程中对价值的自觉认知。大学精神具有相对稳定的内核，同时又能不断与时俱进，融入新的特质[①]。大学精神一旦被大学师生认同，便拥有强大的影响力和约束力。独具特色的大学精神沁润在大学生的思维与行为之中，潜移默化地影响着大学生的理想与人格，对大学生产生指引、熏陶、规范乃至强制作用，激励着广大学生发愤图强、开拓进取。可以通过梳理校史，讲解学校发展历程中的传奇的、感人的人和事，讲解在学校的发展历程中大楼的建造和大师的培育有怎样的艰辛和不易，其间又缔造了多少奋斗的故事，让学生了解学校历史，明白一砖一瓦来之不易，师德传承代代有人，感受其间的厚重和底蕴。与此同时，还要积极建设大学物质文化，优美的校园物质文化建设是确保学校各项工作正常运行的客观条件，同时又是师生学习、生活和交流的重要场所，要着力体现校园建筑的育人功能。不管是楼堂馆所，还是校园里的一草一木，都在无声地传达着学校的精神和理念。要通过物质文化最直接的影响，促进大学生健康成长。

第五节　坚持榜样引领为源泉，
把创先争优的品质渗入学生的志向

典型是最好的教科书，榜样是鲜活的价值观。榜样育人主要是利用同龄人

[①] 陈媛：《铸牢中华民族共同体意识视阈下民族院校大学精神的阐释与建构》，《广西民族大学学报（哲学社会科学版）》，2023年第2期，第143页。

之间的相互影响和模仿效应，积极贴近学生成长需求，充分契合学生心理特点，有效发挥榜样感染力强、吸引力高等优势，切实将榜样引领作为心理育人融入大学生思想政治教育的实施路径，全面营造积极向上、学优争优的育人氛围。新中国成立以来，从黄继光、雷锋、焦裕禄、王进喜到孔繁森、邓稼先、钱学森、袁隆平等，这些艰苦奋斗、敢于担当、为国牺牲的英雄人物的先进事迹是社会主流价值观的集中体现，更作为榜样典型一直引领、鼓励着中华儿女顽强拼搏、开拓奋进。"伟大时代呼唤伟大精神，崇高事业需要榜样引领。"[1] 党的十八大以来，以习近平同志为核心的党中央站在实现中华民族伟大复兴的战略高度，尊崇英雄、致敬英烈、关爱楷模，时代先锋、人民榜样的精神和事迹凝聚起强大力量，激励着广大人民朝着强国目标奋勇前进。青年一直是社会中最活跃的群体，新时代青年大学生朝气蓬勃、意气风发，在思想政治、学术科研、自立自强、社会实践、志愿服务、创新创业等方面涌现了众多的朋辈榜样。新形势下，高校需要"充分发掘榜样人物的可贵精神和先进事迹，通过形象生动的人格展示或感染，激起受教育者思想和情感上的共鸣，从而引导人们学习和仿效榜样"[2]。通过选树榜样、搭建平台、畅通途径、健全机制，多途径实施榜样引领工作，以先进榜样所具有的志存高远、脚踏实地、刻苦勤奋、追求卓越等优秀品质不断涵养更多大学生向上向善，为新时代大学生成长成才提供源源不断的力量源泉。

一、评选表彰，选树榜样引领朋辈典型

抓典型、树榜样一直都是行之有效的思想政治教育方法。随着社会不断发展，榜样教育的具体措施也在不断变化，尤其是朋辈榜样因具有示范性、平等性、互动性、可接受性等特性，在榜样教育中发挥着愈发重要的作用。通过朋辈榜样进行示范引领，不断营造氛围浓厚的榜样文化，充分彰显高校以学生为中心、以学生发展为第一要务的育人理念。高校选拔的朋辈典型，"既可以是全面发展的优秀大学生典型，也包括在某一方面特长或经历的突出学生，以及那些在成长过程中悬崖勒马的学生、生活坎坷的勤学励志学生等，甚至是学生

---

[1] 习近平：《习近平谈治国理政》，外文出版社，2014年，第159页。
[2] 易雪媛：《价值多元化视阈下大学生榜样示范教育研究》，《学校党建与思想教育》，2019年第5期，第88页。

对于失败的自省"①。高校通过对各式各样朋辈典型的选拔、塑造，充分调动起不同兴趣、不同专业、不同性格的青年学生对于朋辈典型的认可和呼应，力争使每一位大学生都能找到与自身情况相符合的朋辈典型，将自身情况与朋辈典型的成长发展轨迹相对比，找到二者差距，发现自身不足，从而奋起直追，在大学生中不断营造出比、学、赶、帮、超的良好氛围。

一是要评选表彰学生朋辈典型。当代大学生生活环境、教育环境相较于以往已经有了很大的改善，因此思想也与以往的大学生有了明显区别。当代大学生的主体性、独立性、选择性较强，易受到国外传进来的"饭圈文化""偶像文化"的影响，喜欢模仿视为明星的人物所体现的性格、所表现的行为、所具备的品质，这便是所谓的"追星"和"明星效应"。高校要善于把握大学生"追星"的成长特点，正确对待榜样示范与偶像崇拜多样化现象，提升对榜样的认知②，不可将"追星"的心理全盘否定，要善用榜样教育的方式，通过正确的途径进行教育引导。高校要在校园内打造品学兼优、刻苦奋斗的朋辈典型，让他们成为大学校园中的"朋辈明星"。朋辈典型因其真实性和易接受性，具有鲜明的导向和示范作用，可引导大学生积极效仿与自己年龄相近、具有相同或相似学习生活背景的典型，"为大学生提供了互动、示范和自省的最密切、最直接的微观环境，注重围绕学生搭建朋辈教育平台，发挥朋辈教育新老传承优势、群体协同优势和榜样示范优势"③。而向朋辈典型学习的文化氛围一旦形成，将会产生潜移默化且持久深入的教育影响。榜样教育作为高校思想政治工作的重要组成部分，也是社会主义核心价值观的优良载体，青年学生通过耳濡目染能够形成积极健康向上的文化场域，实现多元价值的有效整合。"精英主义和草根文化并存使确立榜样人物的选树标准难度加大"④，高校要坚持立足学校实际、凸显办学特色，坚持从实际出发、实事求是，展现广大青年学生日常生活的精彩。高校既要重视朋辈典型的代表性，也要充分兼顾评选朋辈典型的覆盖面，尽最大努力选树一批源于身边、学生公认、事迹感人的朋辈典型，使广大青年学生能够从心底里支持、学习，从而形成"近有榜样、学有方

---

① 李璟璐、王道明：《朋辈榜样促进高校学风建设的实践探索》，《学校党建与思想教育》，2019年第10期，第66页。

② 王思源：《高校榜样示范教育面临的挑战及对策》，《东南大学学报（哲学社会科学版）》，2023年第S2期，第69页。

③ 王扬、申勇、胡穆：《大学生朋辈教育影响机制及其对适应性的影响》，《思想教育研究》，2018年第2期，第142页。

④ 付丽莎：《"00后"大学生榜样认同的新趋势及引导策略研究》，《思想理论教育导刊》，2023年第1期，第128页。

向""人人追求榜样、个个争当先进"的自我完善、自我激励、自我教育机制，引导更多新时代大学生将身边榜样精神内化为自己的实际行动，真正达到榜样的指导教育和大学生的自我教育有机结合与相互转化。

二是要榜样塑造满足学生多元期待。当前正处在信息化时代的大背景下，大学生自身思想特点更加开放多元，虽然大学生在成长发展的阶段有普遍共性，但大家的思想、学习、行为等方方面面都体现出特有的个性，他们不可能遵循同一个发展路径。因此不同的个体需要不同的榜样感召，以满足他们不同的思想状况、道德水平、价值观念。榜样的需求多元化，选树榜样的标准也应多维度，避免简单的"公式化"选拔，应充分考虑大学生成长发展的新特征，尽可能多维度、综合性地选树榜样典型。目前来看，树立不同类型的朋辈榜样，可以从五个方面进行谋划：其一是针对道德观念可以选树道德类榜样，其二是针对学习方面可以选树学习类榜样，其三是针对意志品质可以选树自强类榜样，其四是针对创新创业可以选树创新类榜样，其五是针对学以致用可以选树实践类榜样。从而大致可以将思想政治、学术科研、自立自强、社会实践、创新创业、志愿服务等方面涌现出来的优秀学子都涵盖进来，满足青年学子的多元化期待。高校要尽可能避免在选树榜样过程中出现粉饰包装、过度拔高、虚假宣传等问题，要通过广泛的民意调查、能力测评、考察谈话等多种形式，确保榜样的代表性和选拔过程的科学性。这样选树、培育起来的榜样才能"群星灿烂、百花争艳"，大学生在选择适合自身特点的榜样时才会"各取所需、各有所依"。此外，还应注重榜样选树的渠道和措施，可采取自荐与他荐相结合的推荐方式，创新开展网络投票活动，召集不同类别学生代表广泛参与评议会，使榜样选树的过程公开透明、多种多样，使得选树出的榜样能够担当起引领校园文化风尚的重担。

三是要发挥朋辈典型的榜样作用。激发朋辈典型参与榜样引领的积极性、主动性，是发挥榜样的示范引领作用，促进大学生健康成长、全面发展的重要手段。"青年模范人物是广大青少年学习的榜样，肩负着更多社会责任和公众期望，在青少年中乃至全社会都有着很强的示范带动作用。"[1] 因此，高素质的学生榜样不能作为光环束之高阁，也不能作为学校博人眼球的宣传工具，而是应通过教育、引导、实践等形式充分激发他们积极参与帮扶活动、勇敢承担社会责任的使命感和责任感，"让更多的优秀大学生脱颖而出，让他们从教育

---

[1] 习近平：《习近平谈治国理政》，外文出版社，2014年，第53页。

的客体变为教育的主体，参与到更广泛的教育活动中来"①。要让榜样走进现实，让受教育者直接受到榜样人格魅力的感染和熏陶。同时，高校应充分考虑到新时代大学生的心理接受特点，尤其是新时代大学生善于思考、勤于创新的心理特点，将"说教式"学习转变为"主动式"学习，多组织学生与榜样交往互动、碰撞交融的沟通交流活动。形式可以更加灵活多样，如可以支持榜样开通微博、微信等新媒体，定期组织线上话题交流或解难答疑活动，让榜样或了解榜样精神和事迹的优秀学生、教师在线帮助参与互动的学生解决生活和学习中的困惑，使他们真正将榜样的优秀品质、精神和先进理念内化于心灵，外化为日常言谈举止②，从而不断提升思想修养和能力素质。

二、拓宽载体，搭建榜样引领育人平台

"新时代大学生自主意识较强，传统的理论灌输难以满足大学生的学习需求，高校必须创新榜样教育的方式方法，延展教育阵地，提升大学生榜样教育的有效性和针对性。"③ 在大学校园，处处弥漫着崇尚奋斗、追求进步的文化气息。正是这种无处不在的文化气息，造就和培养了一大批优秀学生，涵养了高校的优良教风、学风，也正是这一优秀群体对身边同学的示范引领，不断影响着、促进着更多的新时代大学生成长成才。作为榜样引领的重要一环，高校要着重加强平台建设，搭建起顺应时代发展要求的榜样引领育人平台，充分尊重、考虑、分析大学生群体心理成长特性和社会环境特征，把学生中的各类佼佼者展现在学生的面前，围绕在学生的周围，让学生时时处处学有标兵、学有榜样，从而"对在校大学生进行思想观念、政治观点、道德规范、职业目标等引导，帮助大学生树立正确的世界观、人生观、价值观"④。

一是要建立先进事迹传播平台。"酒香也怕巷子深"，对于各类先进典型，只有充分挖掘和宣传他们的榜样事迹，才能增强榜样的影响力、感染力和生命力。在事迹挖掘方面，要深入了解大学生的日常，全面掌握他们学习生活的情

---

① 陈琳、梁锦瑜：《论"朋辈教育"在大学生榜样教育中的实践》，《河南教育（高教）》，2015年第12期，第8页。

② 张超：《发挥榜样教育的力量引领大学生成长成才》，《中国成人教育》，2015年第4期，第75页。

③ 谢鑫淼、刘佳：《新时代大学生榜样教育的路径优化》，《学校党建与思想教育》，2023年第18期，第47页。

④ 许占鲁、任少波：《高校朋辈榜样思想政治教育有效性研究——基于杭州市九所高校大学生的调查分析》，《复旦教育论坛》，2016年第4期，第50页。

况，发挥他们的优点，讲好他们的故事。"传统的榜样侧重于道德榜样，具有高高在上、不食人间烟火、政治说教色彩浓重、形象统一化等特点。"① 再加上部分高校没有及时调整应对，以至于一些教师教学创新不足，大学生群体学习理解不够，导致榜样成效微弱并且还受到部分学生的抵触。随着社会的不断发展，大学生渴望独立自主的意识愈发强烈，独立思考的能力也不断增强，再加上获取信息渠道的多元化，榜样宣传的方式方法需要及时更新，不断适应新情况、新问题。一方面，要避免人为地过度包装、"公式化"榜样人物，尤其杜绝杜撰情节将大学生榜样形象神圣化，塑造成缺乏人性光辉的"高大上"的完人形象，造成其与大学生实际生活相脱离，导致学生对榜样教育的信任和信心降低。高校要多方面倾听学生反映的情况，可定期开展师生座谈会、教风学风调研会等活动，促使学生的意见能够及时、准确地传递给学生工作管理者，从而在榜样教育的实际开展过程中有所体现，力争呈现给学生一个真实可靠、富有生命力与亲和力的榜样形象。另一方面，在榜样先进事迹的传播过程中要注意拿捏尺度，既要利用大学生的"追星"心理，也要注意把榜样宣传和一般的偶像宣传区分开来，可以借助校园广播、专题访谈、主题展览、事迹报告、个人路演等多种形式和渠道对大学生身边的榜样进行展示，将榜样引领与大学生价值观教育、精神品格塑造、行为习惯养成、学习工作能力锻炼等方面紧密结合，全方位有血有肉地为大学生展示朋辈榜样，使榜样的光芒照亮大学生心灵。

二是要建立网络教育工作平台。大学生的日常学习、生活已经不可避免地受到信息技术快速发展所带来的巨大挑战，复杂多样的信息内容更增加了大学生辨别是非的难度，可以说网络对大学生成长成才的影响，已经深入方方面面。"自媒体成为学生交流学习的重要平台，朋辈榜样精神的释放需要朋辈榜样具有可接受性、能够引起学习对象的情感共鸣等，这些都需要高效的、有针对性的宣传方式。"② 高校要积极作为，率先占领互联网这个榜样教育的重要阵地，根据大学生在网络应用方面的现实情况，充分发挥互联网新兴载体的作用，打破榜样教育的时空界限。首先就是开辟出适宜的大学生榜样教育网络阵地，加大大学生先进典型的选树力度和宣传力度。当前，微信、微博、手机客户端等平台是学生在日常生活中接触最为频繁的网络平台，高校要善于利用

---

① 陈琳、梁锦瑜：《论"朋辈教育"在大学生榜样教育中的实践》，《河南教育（高教）》，2015年第12期，第7页。

② 许占鲁、任沙波：《高校朋辈榜样思想政治教育有效性研究——基于杭州市九所高校大学生的调查分析》，《复旦教育论坛》，2016年第4期，第54页。

"两微一端"等新媒体开辟榜样学习专栏,传播榜样的先进事迹,塑造好优秀学生的精神长相,以引导更多的青年学子向榜样看齐,进而加入榜样教育的行列。其次,高校还要创新思维,不仅要建立榜样教育的网络平台,更要注重平台建设的吸引力,多向一些知名网站、平台学习借鉴,网页设计、展区规划、宣传推广等都要尽可能符合大学生特点、立足大学生需求、顺应大学生思维,确保方便、快捷、美观、实用。

三是要建立开放共享的育人平台。"当前大学思想政治教育的主要方法是以理论的教化为主,在一定程度上忽视了大学生已初步具有独立思维与判断能力,忽视了大学生真实的情感体验。"[①] 因此对大学生实施榜样教育,并不仅仅依托单一灌输式地宣传学习典型,还应该围绕不同的大学生群体,着眼大学生成长发展的各个要素,同心同向、形成合力,建立起更加开放、更加多元、更加多维的育人平台。一方面是要将榜样示范引领融入教育教学的全过程,结合榜样教育培育感恩文化,结合学生奖助开展资助育人,结合违规违纪开展励志成才教育,结合责任担当开展关爱奉献行动,结合心理危机干预开展心理健康教育,使大学生在学习生活的每一个过程都能受到榜样教育的熏陶。另一方面也要关注积极开展榜样教育导致的部分学生出现自卑、自惭的心理压力,重视对大学生进行心理健康引导,可根据不同年级、不同类别的大学生定期举办有针对性的专题讲座。例如对自信水平低的学生可以举办"成功心理"讲座,对人际关系不良的学生可以举办"人际关系调适"交流会等。还要把握好"五二五"大学生心理健康节、"十十"世界精神卫生日等重要时间节点,积极开展心理宣传日或宣传周活动,调动起学生参与的积极性,从而在校园内营造健康向上的文化氛围,增强大学生的心理健康意识,减少心理问题困扰影响个体发展的情况。

三、多点多级,畅通榜样引领实施途径

班杜拉将社会学习分为直接学习和观察学习,认为人的行为特别是人的复杂行为主要是后天习得的,而行为习得一种是"通过反应的结果所进行的学习",即直接经验学习;另一种是"通过示范所进行的学习",即间接经验学习。[②] 以先进典型引路、示范、推动大学生思想引领,正是班杜拉社会学习理

---

① 李荣江:《基于朋辈教育理论的大学生思想道德教育探析——以"校园之星"评选实践为例》,《吕梁学院学报》,2013年第5期,第75页。

② 沈信民:《学校激励管理论》,重庆大学出版社,2011年,第23页。

论所认为的人们通过观察榜样行为就可获得的学习①。"新时代人们学习先进典型,重在将典型精神内化于心,践行民族精神和时代精神相结合的榜样引领力。"②在榜样教育的实际工作中,要增强榜样引领的实际效果,应当建构起多点多级的榜样教育体系,形成高素质的榜样引领主体队伍,不断畅通榜样引领实施途径,引导青年学生认同榜样、学习榜样、争当榜样,不断提升思想认识和学习动力,进一步帮助大学生"增强思想政治意识、大局意识、服务意识、心理意识,坚定理想信念、保持对社会忠诚、树立品行正气,充分发挥先锋模范作用,以奋发有为的精神状态推进人生事业发展"③。

一是要开展形式多样的榜样引领活动。这主要通过完善高校评优评奖体系以及创新开展第二课堂的实践活动来实现。将大学生群体中的积极分子尽可能地纳入评优评奖体系中是对大学生积极向上行为的重要反馈,使榜样教育与学生现实生活相契合,从而确保选拔出来的典型榜样具有代表性、开展的榜样引领活动具有实效性。高校要努力搭建起以各级各类评优评奖为载体的榜样选拔、塑造、教育体系,形成三好学生、优秀学生干部、优秀共青团员、优秀共青团员干部、大学生自强之星、志愿服务先进个人、各类竞赛先进个人、学业奖学金评选表彰等评优评奖齐头并进的榜样选拔、塑造体系。从评优评奖过程、比赛竞赛组织、事迹报告展播、典型人物专访等多个层面开展朋辈榜样教育引领活动,使大学生学习、实践、生活整个过程到结果都成为思想引领的重要内容。这些朋辈榜样是大学生身边的人,直观真实、鲜活具体,学生看得着、听得见、感受得到,能够让学生对榜样人物的事迹产生道德肯定和情感认同。搭建高校第二课堂的活动平台,"鼓励大学生积极开展文体娱乐、社会实践、创新创业等活动,积极参加兴趣导向的朋辈群体诸如兴趣类社团和各类学生组织,引导大学生理解同伴、包容同伴、帮助同伴,培养大学生善于沟通协同、团结协作和处理复杂人际关系的能力"④,不仅能熏陶、促进全体大学生共同成长,还能使得大学生榜样之间相互影响、促进而更加优秀。

二是要发挥学生干部的示范带动作用。学生干部是相对普通学生的一个概

---

① 张建青:《基于社会学习理论的大学生先进典型培育机制研究》,《学术探索》,2015 年第 4 期,第 110~114 页。
② 李蔚然、李霞:《习近平关于榜样教育重要论述的科学内涵、精神实质与原创性贡献》,《中国地质大学学报(社会科学版)》,2023 年第 6 期,第 18 页。
③ 陈思:《基于榜样激励的大学生思想政治教育的策略》,《当代教研论丛》,2017 第 4 期,第 33 页。
④ 王扬、申勇、胡穆:《大学生朋辈教育影响机制及其对适应性的影响》,《思想教育研究》,2018 年第 2 期,第 143 页。

念,主要指加入了某个学生组织并担任一定职务的学生群体,这是大学校园一个特殊而重要的群体。学生干部作为学生中的"领导者"和高校思想政治工作中的"关键力量",和最广大同学的根本利益是一致的,同时又肩负着特别的任务。学生干部的职责主要为服务同学、分担管理工作、组织校园活动、提升自身素质等方面。高校的学生干部集中体现广大同学的意志,代表广大同学行使一定的权利,对广大同学负责。一般来说,学生干部在同层次学生群体中思想素养较高、学习工作能力较强、影响力较大。也正因为学生干部的特殊身份,他们的一言一行很容易成为大学生效仿对象。因此,高校要加强对学生干部群体的管理和指导,以学校党委为核心,教学单位和行政部门为两翼,党委学生工作部、团委具体落实细节,对学生干部的选拔、培训、考核等方面应严格把关,坚决杜绝"小官僚""校园贵族""特殊化"等不良现象的出现。其次要重点抓好学生会、社团联合会、大学生艺术团等主要学生组织的内部建设,发挥"校、院、班"三级联动机制,教育引导学生干部充分意识到仅仅完成一定量的学生工作是远远不够的,还必须具备过硬的思想道德品质和科学文化素养,始终高标准、严要求,既提升自身能力素质,又影响带动身边同学向上向善、求真力行。

三是要扩展榜样教育引领的典型群体。历史烛照时代,榜样传承精神。"在价值多元的今天,榜样正由'传统英雄'向'平民典型'转变,越来越多的'草根英雄'得到社会认可和喜爱。"[①] 对大学生开展榜样引领工作,要放眼历史、放眼各行各业,无数革命志士、时代楷模、道德模范、行业翘楚、草根英雄,都是时代精神的传递者、主流价值的塑造者、社会潮流的引领者,都是大学生值得学习、尊崇、敬仰的榜样。大学校园,既要讲好伟人的故事、英雄的传奇,也要重视普通大众的奋斗故事,不断扩大榜样教育引领的典型群体,使榜样教育更具生命力、更接地气。其一是畅通榜样群体与大学生正面交流的渠道,以更加直观的方式引领大学生。要有计划地把先进典型人物请到大学校园,通过定期举办"光辉的榜样"先进典型人物事迹展、榜样报告会、主题讲座等活动,让大学生深入了解榜样的先进事迹,引导他们树立正确的世界观、人生观、价值观。其二则是要充分挖掘大学生群体中潜在的典型人物和事迹,通过举办交流座谈会、主题演讲、辩论赛、专题征文等活动,从广大青年学生的身边发现、培育、塑造一批优秀的朋辈典型,让大学生明白榜样就在身

---

① 郭立场:《榜样认同视角下大学生社会主义核心价值观培育问题研究》,《思想教育研究》,2014年第10期,第64页。

边、人人皆可通过努力成为他人的榜样等道理，不断形成创先争优的良性竞争环境，进一步加深大学生对先进典型在情感、价值观等方面的理解与认同，促进大学生树立远大理想，投身伟大事业，建立宏伟功业。

四、强化制度，健全榜样引领工作机制

榜样引领是高校思想政治工作的传统手段，已施行多年，既有着丰富的经验总结，也存在着内容固化、形式单一、创新不足等问题。新时代高校的榜样引领工作是一个长期性的系统工程，关系到为党巩固青年群众基础、为中国特色社会主义事业培养合格建设者和可靠接班人，使命崇高、责任重大。高校要紧密结合大学生思想、行为、心理特点，顺应时代发展需要，立足学校的传统和实际，充分考虑学生的接受程度，系统谋划、整体推进，健全大学生榜样引领体系，从而形成良好的循环往复的育人生态，建构起榜样引领工作的长效教育机制。

一是要健全榜样引领体系。榜样引领体系是包含多个层面、多个维度的，这就需要坚持从整体上入手，也要兼顾好各部分的细节，实现整体和部分的协调平衡。关于哪些活动可以开展，开展到什么层级、程度，都需要调研、审核、评估、反馈、优化。要反思过去榜样教育中仅停留在表面认同，特别是在榜样学习中虽有行动参与但并没有心理上的感悟等问题，努力提升榜样教育的针对性和有效性，让广大青年学生发自内心地尊重榜样、认同榜样。无论是榜样的选树，还是活动的开展，都要以优质的品牌项目作为支撑，做精做强做实，在大学生中取得广泛而深远的影响，使其成为大学生梦想的舞台、执着的追求。同时，要在品牌项目的基础上，分门别类选树学子之星、三好标兵等榜样典型，"充分发挥身边榜样的示范引领带动作用，用鲜活的榜样教育人，鼓励身边的榜样担任爱心大使、慈善代表和公益形象代言人，让好人好事形成规模和声势"[1]，让不同大学生群体都能找到学习、参照、效仿的榜样目标，都能得到更加实在的指引和帮助。

二是要强化正面教育引导。教育是为了让人们看到光明、看到希望。大学校园，作为培养高级知识分子的摇篮，是要让在里面学习的每一个人，都拥有对未来的满腔热血和无限期待。面对灵活多变、纷繁复杂的社会环境和日益紧

---

[1] 郭立场：《榜样认同视角下大学生社会主义核心价值观培育问题研究》，《思想教育研究》，2014年第10期，第65页。

张、变化多端的国际环境，高校要以榜样引领为重点，创新实施第二课堂实践教学计划，将实践育人的第二课堂打造成为榜样教育的重要阵地，采取多种形式对学生进行正面教育引导。要重视建立榜样典型与身边同学的结对帮扶机制，鼓励大学生榜样与身边的同学或兴趣相投的同学开展结对帮扶活动，以自身的良好素质和健康品格示范、激励帮扶对象勤奋学习、立志成才，以此带动、塑造更多的大学生也成长为朋辈榜样，形成良性的榜样教育循环。

三是要以师德师风带动学风校风。高校教师作为学生健康成长成才的指导者、引路人，其光辉的形象对于大学生健康成长就如一盏耀眼的灯塔，既潜移默化地浸润学生的心灵，又照亮学子前行的道路。良好的师德师风，是大学学风校风的重要支撑，教师的以身作则、率先垂范，不仅可以提升大学生的文化素养，还直接影响着他们的思想境界、生活态度和社会责任感，不仅教会他们知识，还教会他们做人做事。正因如此，要引导高校教师立足新时代、顺应新形势，以习近平新时代中国特色社会主义思想为指引，不断提升高校教师的思想觉悟、政治素养以及教学水平。要大力弘扬教育家精神，将"心有大我、至诚报国的理想信念，言为士则、行为世范的道德情操，启智润心、因材施教的育人智慧，勤学笃行、求是创新的躬耕态度，乐教爱生、甘于奉献的仁爱之心，胸怀天下、以文化人的弘道追求"[①] 作为奋斗目标和矢志追求，既当传道授业的"大先生"，更做学生成长成才的"引路人"，为大学生树立起榜样和示范，带动更多的青年学子向上向善，成长为堪当民族复兴重任的时代新人。

第六节　坚持创新引领为动力，把创新创业的意识融入学生的行动

习近平总书记指出："全社会都要重视和支持青年创新创业，提供更有利的条件，搭建更广阔的舞台，让广大青年在创新创业中焕发出更加夺目的青春光彩。"[②] 全面推进中华民族伟大复兴，需要坚持创新在我国现代化建设全局中的核心地位，把创新贯穿于现代化建设的各个方面。大学生作为创新创业的

[①] 习近平：《习近平致信全国优秀教师代表强调　大力弘扬教育家精神　为强国建设民族复兴伟业作出新的更大贡献》，《人民日报》，2023年9月10日第1版。

[②] 习近平：《习近平致2013年全球创业周中国站活动组委会的贺信》，《人民日报》，2013年11月9日第1版。

重要主体，是实现中华民族伟大复兴的青春力量。心理育人融入大学生思想政治教育，要充分借助"大众创业，万众创新"的时代热潮，通过创新创业的实践与历练，将创新精神、担当精神打造成为青年大学生鲜明的个性标签。大学阶段是培育大学生创新创业意识、开拓创新精神的黄金时期，通过打造大学生创新创业中心、创客空间、科技园等双创平台，在力促大学生创新发展、追求卓越的育人实践中锻造时代新人的特有品质。

一、弘扬创新精神，培育大学生创新创业时代品格

习近平总书记指出："青年是社会上最富活力、最具创造性的群体，理应走在创新创造前列。"[①] 党的二十大报告指出，"坚持创新在我国现代化建设全局中的核心地位"，"鼓励自由探索"，"激发创新活力"[②]。为教育、引领、帮助大学生"走在创新创造前列"，高校要弘扬创新精神，改进育人举措，培育大学生创新创业的时代品格。

一是要上好大学"双创"第一课，增强学生创新创业意识。在新生入学前，高校大都通过易班APP开设入学教育课程，除了从校史校训、法规校纪、心理健康、安全常识等方面传递信息，还应增加创新创业教育。在新生入学后，除军训教育、品德教育等项目外，高校可以将创新创业教育纳入新生入学第一课，输入创新创业信息，让创新创业的种子种在新生心底。具体而言，可以面向全校新生举办创新创业论坛，邀请商界优秀校友回校交流分享创新创业的经历与经验，弘扬创新创业正能量，以榜样的力量激发新生的创新创业意识；可以集中或分批组织新生参观学校创新创业场馆、观看创新创业成果展览、观摩"互联网＋""挑战杯""创青春"等大学生创新创业历年赛事，让他们近距离感受创新创业的巨大魅力、了解创新创业的基本情况；校报可增设创新创业栏目，按期宣传创新创业优秀大学生先进事迹或创新创业优秀校友事迹。需要注意的是，大学生"双创"第一课要连通理想信念教育，弘扬创新创业正能量，激励大学生把个人的奋斗与国家的前途、民族的命运、人民的幸福结合在一起。

二是要举办"双创"专题活动，提升学生创新创业能力。专题讲座是一种

[①] 习近平：《在同各界优秀青年代表座谈时的讲话》，《十八大以来重要文献选编（上）》，中央文献出版社，2014年，第279页。

[②] 习近平：《高举中国特色社会主义伟大旗帜　为全面建设社会主义现代化国家而团结奋斗——在中国共产党第二十次全国代表大会上的报告》，《人民日报》，2022年10月26日第1版。

开阔学生眼界、激发学生创新思维的良好教学形式,对培养大学生的创新创业意识,加强大学生对创新创业相关知识的了解均有很大帮助。高校应该根据不同年级学生的求知需求与成长特点,广泛组织开展创新创业相关的比赛、论坛、路演、沙龙和项目推介等,定期邀请创新创业领域的典型代表到校分享经验与心得,用他们的专业知识和亲身经历激励新时代大学生勇于创新、善于创业,逐步打造具有创新创业特色的校园文化,潜移默化地影响、带动更多学生萌发创新创业意识、投身创新创业活动。定期举办的创新创业沙龙是一种主题突出、环境轻松的分享方式,将专题讲座同沙龙有序衔接,聚集对创新创业感兴趣的同学,听完讲座后继续参与沙龙分享,针对分享内容或自身疑惑,近距离、多角度、全方位地同专家导师展开交流,让学生不仅能真实地体会创新创业的艰辛,也能近距离地感知创新创业者独特的人格魅力和非凡的意志品质。学校也应增派人员管理沙龙场地,从线上和线下双重打造,让沙龙逐步形成规模,更好地服务学生。实地观摩是一种直观的、局部详细的实践教学方式,有利于强化创新创业教育长效性,学校相关部门要做好顶层设计,有规模有组织地带领学生进入公司车间、操作间,帮助学生了解公司部分运作实际情况,估量自身与实际的差距,做好自身创新创业规划。

三是要建设开放包容的校园文化,培育学校创新创业土壤。对于高校学生来说,发现问题并研究其解决方案的过程叫作创新。鼓励学生去发现,从寝室到教室再到校园最后到社会,发现人们生活中所面临的一些现实问题,然后试图用自己所学去解决它,这是创新的过程。落地解决方案并且实现创新价值的过程就是创业,不一定是"高大上"的,也不一定受到创投圈的鼓吹,所有生活中的点滴都有可能构成创新创业的过程。高校要以培养学生的社会责任感、创新精神、实践能力和创业意识为核心,努力实现创新创业教育的对象由有创新创业意愿的学生转向全体学生,由注重知识传授转向注重精神培育,有效实现"以学生为中心"的转换[1],真正把创新创业教育融入人才培养全过程。一方面,要加强创新创业环境的建设、氛围的营造,例如在校园楼宇、道路、景点的规划、建设、命名以及管理工作中融入创新创业的元素;在校园公共场所布置具有创新创业内涵的雕塑、书画、工艺品等文化作品;学生团队可主动向学校相关部门申请负责部分路段的美术、园艺、路标设计,发挥主动创造意识;等等。另一方面,要积极组织开展"挑战杯""创青春""文

---

[1] 卢东祥、曹莹莹、于建江:《应用型本科院校大学生创新创业能力培养的路径探索》,《江苏高教》,2021年第7期,第87页。

化节""实践月"以及创意沙龙、项目路演等一系列创新创业实践活动，通过校园物质环境、精神文化等塑造大学生的创新创业意识、增强大学生的创新创业能力、激励大学生的创新创业动机。与此同时，通过多种调研，了解"00后"大学生的真实想法，通过对话、交流、协议的方式，跟进他们新奇独特的想法，大胆地在校园试行"涂鸦长廊""主题建筑""创意白板"等事物，鼓励展示积极向上、不同元素的学科知识和新奇想法，更大限度地给予学生创新创业广阔思维天地，但应着重把控创意呈现内容，强化校园文化监督和管理工作。

二、推动"三位一体"，构建大学生创新创业教育体系

长期以来，我们常常把学生看作"知识容器"，即便是到大学阶段依然不同程度地存在忽视学生实践能力培养的现象，导致课程改革难以紧跟时代发展的步伐，也造成很多大学生缺乏创新意识和实践能力。高校教育工作者要从日常生活的实际需要出发，深刻认识当前大学生关心的问题，对创新创业进行解析、阐释，"既讲清'怎么看'又说明'怎么办'，把党和政府的政策措施讲清楚，把对群众的利益安排讲明白"[①]。伴随创新创业浪潮的兴起与发展，高校要统筹团委、教务、就业创业和科研等相关单位的力量，围绕大学生创新创业项目培育、教育教学改革、项目成果转化等内容，共同推动大学生创新创业工作，逐步形成"三位一体"的大学生创新创业工作格局。

一是要围绕项目培育抓服务指导，形成多点多级的创新创业教育成果。创新创业项目团队大都包含1名指导老师和5~10名同学，团队小组长负责项目协调和组织工作，指导老师则对学生团队进行较为全面的指导和管理，包括选题立项，围绕项目开展学习、研究、总结，对项目书内容进行详细指导等方面，高校要着力抓这类成熟团队，实行包括资金、政策、场所等便利奖励措施，帮助项目落地生根。另外需注意的是，要及时止损实施困难且未来不明朗的项目，减少项目半途而废的情况。要加强组织领导，建立健全工作机制，广泛宣传大学生创新创业项目立项工作，积极动员大学生参与项目申报，针对自身参与度高、投入度高、项目相对成熟的同学，扎实开展项目立项、评审、验收等系列工作，精心孵化、选拔、指导省级、国家级的大学生创新创业训练项

---

① 李长春：《在纪念中国共产党成立90周年理论研讨会上的讲话》，《人民日报》，2011年7月6日第3版。

目。同时，可根据实际需要协同整合和利用校内外资源，保障创新创业效益最大化[1]，安排、聘请校内外的专家教师、成功创业人士指导大学生创业计划与实践，邀请校内法律专业教师为其提供法律与政策咨询，协助创业学生申请创业补贴、求职创业补贴等创业资助，为创业学生和入驻项目提供必要的场地、资金、政策和技术支持等特色服务。加强跟踪和帮扶工作，保证已有的创新创业项目成果成功运作，创设点面对接，对重点孵育的创业项目进行阶段性的关注，从机构、人员、场地到经费、技术、政策等采取实时观察，增强服务的实效性，在此过程中归纳整理创新创业典型案例，分门别类整理案例资料，帮助未来创新创业大学生实现更好的发展。学校要对初步成型的团队进行一对一跟踪服务，对项目前期、中期、后期的各项工作做好记录，汇编成册，以供参考。

二是要围绕课程改革抓课堂教学，构建分层分类的创新创业教育体系。首先，高校要做好普适性教育，要增设创新创业教育课程作为必修课，适时开设根据创新创业教育的具体目标而专门设计的教育课程。同时，高校需要重点关注师资人才培养与引进工作，选派有经验的中青年骨干教师任教，聘请资深的企业、行业专家参与创新创业教学。要深化"产－学－研－教－用"的结合，鼓励教师将创新创业成果融入课堂教学，根据不同年级大学生身心发展特点，充分发挥大学生个性化学习和网络交流的优势，广泛开展教学过程中的启发、探索、参与等，从而更好地提高创新创业教育质量。同时还要选用国家级规划教材和普通高等教育精品教材，对学生的职业规划能力和创新创业能力进行系统培养。此外，高校应根据需要组建专门部门，如创新创业学院、创新创业中心等，根据大学生不同年级与专业的不同特点，组织开展大学生创新创业教育，尤其要注重实验教学。其次，要建立创新创业学生团队，打造"创新创业精英班"，建立和完善选拔机制，制订工作计划，聘任专业老师，开展系统教育。最后，要做好创新创业长期教育。大学生创新创业项目推进的过程中，不乏出现如学生能力兴趣参差不齐、指导老师任务繁重缺乏指导等困难，要通过本科教育教学改革并建立教育教学激励机制，持续不断推进创新创业教育健康发展。

三是要围绕成果转化抓创业扶持，推动创业实践落地生根。要以大学科技园、大学及地方产业园区等为依托，建立开放实验室、校企联合实践基地等创

---

[1] 杨冬、张娟、徐志强：《何以可教：大学生创新创业能力生成机制的实证研究》，《教育发展研究》，2024年第3期，第82页。

新创业实践基地，大力推进大学生创业实践。良好的实践让学生对旧有的理论知识逐渐有了新的思考和批判，有利于形成"理论应用于实践，理论来源于实践"的状态，让大学生在创业的实战中感悟、磨砺、成长，以更好地开展就业创业工作。还要主动链接政府机关、企事业单位的资源，形成多方的支持与互动，构建充沛的资源体系，把实践能力培养融入地方青年促进计划和企事业单位发展计划，在此基础上构建学生创新创业实践健康的生态系统，提升大学生的实践创新意识与能力，丰富学生的创业实践活动形式[1]。总之，通过扎实有效的工作，推动形成"双创"教学、项目、实践"三位一体"的育人模式和大学生创新创业工作新格局。其中，政府是高校创新创业教育的主导者，政府应在项目孵化过程中提供资金、场地等支持，还要在工商注册、资金扶持、减税免息等方面为大学生创业者提供系列优惠政策，以及提供小额创业贷款并实行一定年限的免税等，还可以在加强法律知识普及和强化法律保护意识方面下功夫，切实为大学生创新创业工作提供便捷的绿色通道，有效推动地方经济和科技的发展。

三、强化工作保障，完善大学生创新创业激励机制

我国创新创业教育的兴起有着复杂的社会关联，这同时也决定它是一个复杂的系统工程。在高校开展大学生创新创业教育，如何推进，如何深化，如何与原先课堂教学配合，如何与各高校育人实际结合，等等，都需要统筹推进，协作运行。除了高校及其相关职能部门的努力，大学生创新创业工作还需要各院系共同参与、同向发力，以形成"多点多极"的工作模式。

一是要完善立项激励机制。要立足自身实际，建立物质层面和精神层面的激励机制，调动创新创业主体的激情与潜能，充分激发学生创新创业积极性。加大奖励力度，树立创新创业典型，并保持激励机制的有效性和持久性，鼓励大学生参与各级各类大学生创新创业赛事。通过划拨工作经费，专项资助大学生创新创业项目，并适时增加立项数量、加大资助力度，以充分激发他们的创新创业创造活力，在全校范围内形成良好的创新创业创造风气。教师是实施创新创业教育的重要主体[2]，学生的创新创业过程离不开专业老师的指导，高校

---

[1] 杨婷婷：《大学生创新创业教育新型生态体系的构建研究》，《中国高等教育》，2021年第21期，第44页。

[2] 王永铨、张振岳：《新时代大学生创新创业素养培育路径》，《教育评论》，2022年第1期，第89页。

应制定创新创业指导激励方案，对创业项目成果和效益进行综合评估，选出成绩突出的创业指导老师，给予他们表彰和奖励，提高教师在各类创新创业项目中的利益分配，激发教师指导热情，增强教师指导的积极性。同时，鼓励创新创业教师分版块备课，创设"众创式协同教学模式"，实现一个学生在一个课程中，获得几位教师的教学滋养。此外，高校还可以通过设立创新创业专项奖学金，奖励"第二课堂"学分，推荐就业机会等，持续激发学生创新创业的积极性。

二是要为项目路演提供保障。项目路演类似于一场"论文答辩"，项目的呈现形式以及回答专家提问对团队都是一种考验，声情并茂的展示能让评委快速进入项目主题，准确到位的讲解词则起到锦上添花的作用，精准有条理的回答则是项目获胜的关键之处。路演过程包含"网络评审""现场路演""现场答辩"三个评审阶段，除去项目本身，厘清路演参评规则也是项目获胜的关键之处。一场路演的讲解，有一定的技巧方法和策略。高校在创业实践教育过程中，要定期面向全校师生开展创新创业项目示范路演和实战路演，设置项目路演机制，安排项目路演场地，邀请不同类型的评审专家、不同专业的同学，开展多轮评审，根据首轮评审最大限度地划分水平等级，让高水平队伍优先参与项目路演。针对准备不够充分的团队，可采取先观摩整改再进行项目路演方式，帮助各参赛团队及时查漏补缺。积极争取政府和社会资源，实现项目路演现场技术团队和答疑团队的匹配，最大限度地帮助各参演团队根据答辩情况，从寻求项目指导、对接社会资源、入驻城市培育中心等方面寻得支援，提高创业项目得以完善落地的可能性。项目路演指导，一方面为足够成熟的项目保驾护航，激发项目内部的内生动力；另一方面可以给相对不成熟的团队提供指导。仔细比对评审规则，通过多轮评审、打磨、演练，帮助团队不断完善项目细节，为参赛做准备。

三是要出台创新创业学分认定办法。高校可以明确规定，大学生参加"挑战杯""创青春"等各级各类创新创业项目立项和竞赛可申请认定若干创新实践学分，例如国家级获奖最高计4学分，省级获奖最高计3学分，地厅级获奖最高计1学分。在创新创业领域表现特别突出的大学生，还可以优先获得推荐免试攻读硕士研究生的资格，为学生专心致志开展创新创业研究提供政策保障。针对此项政策，学生手册需标明具体要求，避免削弱学生创新创业积极性。另外对参加各级各类大学生创新创业训练计划项目、获得发明专利、获得职业资格证书等具有创新创业意识的学生，可以按照相应规定认定学分。此外，要完善大学生实践创新激励机制，加强实践学分认定，真实准确地将学分反映在学生学分系统中,及时转换学生第二课堂创新创业学时,激发、提高大学生参加实践创新活动的积极性。学校应多方位调动大学生的主体作用,努力实现创新创业教育与自我教育相结合,用主体能动性推动创新创业能力的提升,从而更好地助力学生成长为创新创业人才。

四、倡导百花齐放,开展大学生创新创业特色活动

习近平主席在首届世界互联网大会上指出:"当今时代,以信息技术为核心的新一轮科技革命正在孕育兴起,互联网日益成为创新驱动发展的先导力量,深刻改变着人们的生产生活,有力推动着社会发展。"[1] 在加强大学生创新引领的工作中,高校要坚持"百家齐放、百家争鸣"的工作理念,统筹协调全校性的大学生创新创业活动,集合全校之力开展好校级层面的创新创业特色活动,更要支持学院发挥学科优势、结合学生需求开展各类创新创业教育活动,加大互联网技术的投入,提升创新创业技术支撑,利用好网络新媒体平台,使之成为创新创业的重要载体和阵地,在全校范围内营造鲜明的创新创业浓厚氛围,培育大学生创新创业理想情怀与行动自觉[2]。

一是要立足学校特色,举办好全校层面的"双创"教育活动。2015 年共青团中央办公厅发布《关于高校共青团积极促进大学生创业工作的实施意见》,提出要"完善创业竞赛体系。各地各高校团委要坚持创新引领创业、创业推动创新,以'创青春'全国大学生创业大赛、'挑战杯'全国大学生课外学术科技作品竞赛为龙头,以赛促创、突出品牌、扩大参与,强化创新创业赛事育人功效"[3]。一方面,高校通过设立创新创业中心,落成创业交流基地,让每个院系的学生自由地参与进来,自行在创业交流基地内组合讨论、交流、分享心得并设置、经营实体产业,使其学会规划和开展生意、建立团队文化、解决运营所产生的各种问题。另一方面,高校要通过开展大学生创新创业文化节、大学生科技创新宣传周,统筹推进创新创业政策宣讲、创客沙龙、项目路演、创业典型寻访及校级项目立项、校内"挑战杯"竞赛与"创青春"大赛等一大批与创新创业相关的专业竞赛与活动,培养大学生认识和观察社会的能力,检验

---

[1] 《习近平向首届世界互联网大会致贺词强调 共同构建和平、安全、开放、合作的网络空间 建立多边、民主、透明的国际互联网治理体系》,《人民日报》,2014 年 11 月 20 日第 1 版。

[2] 栾海清、薛晓阳:《大学生创新创业能力培养机制:审视与改进》,《中国高等教育》,2022 年第 12 期,第 60 页。

[3] 共青团中央办公厅:《关于高校共青团积极促进大学生创业工作的实施意见》,2015 年。

其对所学专业知识和技能进行综合运用的能力，提高其分析问题和解决问题的能力。此外，还要主动联合政府机关、企事业单位的资源，把创新创业教育融入地方青年创业促进计划和企事业单位发展计划，丰富学校创新创业教育形式。

二是要利用学科优势，开展好学院层面的双创教育活动。针对各院系的学科特色和学生的实际需求，要联合各方有效资源，为大学生提供有价值的创新创业信息，提供更富有针对性的创业教育，有意识地引导大学生自主创新创业，努力提升自我水平，增强行业敏感度和对国家政策的解读能力，帮助大学生完成技术上的难题。各院系团组织根据自身的专业特点，积极整合有利资源，建立开放实验室、校企联合实践基地等创新创业实践基地，并举办与专业相关的创业培训和讲座，让创新创业的意识贯穿于新时代大学生的创新创业实践活动始终。借助高校多学科的综合优势，积极开展交叉学科创新人才培养，强化大学生跨学科整合创新行为。各院系配备专任老师或专职辅导员负责创新创业工作，通过平时的教学和工作善于发现和培养具有创新创业潜质的同学。同时，要加大院系大学生创业团队间的交流，碰撞创新创业想法，形成团队创造过程中的良性互动及凝聚力，进而促成大学生创业团队创新创业成果的产出[1]。商学院作为学校在创新创业方面最具优势的学院，应适当引导其他专业大学生与商学院学生搭建团队，提升团队创新创业专业素质，增强团队核心竞争力，集合法学院、文学院、新闻传播学院等在政策法务、文字描述、PPT制作等有明显优势的大学生优化团队。院系还应出台相应激励机制，对表现突出的指导教师和大学生给予物质和精神奖励，鼓励教师积极带动大学生参与创新创业项目申报。

三是要对接时代主题，扶持好大学生创新创业社团及其活动。高校学生社团是大学生与大学生之间紧密联系的重要组织，其蓬勃健康发展在培养大学生创新意识、激发大学生创业热情、提升大学生创业能力等方面影响深远。随着"双创"教育的大面积展开，由政府、市场、社会和高校等主体所构成的生态环境[2]，正在逐步为高校双创教育与大学生社团组织发展的耦合提供可靠的保障，要创设并大力支持"互联网+"创业协会、大学生就业与创业协会等创业类社团，重视指导其广泛开展科普活动、科技创新创业活动。社团要做好日常

---

[1] 易全勇、刘许、姚歆明等：《众创空间对大学生创客团队创新绩效的影响及机制研究》，《重庆高教研究》，2021年第3期，第31页。

[2] 黄兆信：《众创时代高校创业教育新探索》，中国社会科学出版社，2016年，第50页。

工作和服务，建立公信力，得到学校项目成员的认可。社团应发挥人员优势，及时发现身边的创新创业人才，将各有所长的人员聚集在一起，相互交流，碰撞思想，开发创新创业项目。社团应明确自身定位，根据具体环境，调整服务团队与自行创新创业的关系，不断增强自身专业性的同时，关注各项目成员在创新创业过程中心理健康情况，与学校心理咨询中心形成联动机制，通过专业人士加强学生心理疏导，增强心理弹性，为学校大学生创新创业工作作贡献。社团本身要做好自我管理和团建工作，制定翔实的部门制度和工作计划，定期举行部门团建活动，促使社团成员之间交流顺畅、配合默契，具有更强的凝聚力、执行力和协作力。社团还要做好宣传工作，跟上时代潮流，利用网络新媒体、新技术增加创新创业政策及成果传播的"吸引力"，将图像、文字、直播等形式相互交融，个性化、全方位、多维度地向全校大学生传递创新创业信息。

第七章　心理育人融入大学生思想政治教育的保障机制

心理育人融入大学生思想政治教育是一个多要素相互影响、共同作用的系统工程，也是一个需要全员参与、齐抓共管的复杂过程。其中，保障机制是不可或缺的重要因素，对心理育人与大学生思想政治教育的结合程度及其实际成效往往有着重要影响。在推进心理育人融入大学生思想政治教育的实际工作中，不仅要确立明确的目标任务，注意工作内容的科学性、完整性和针对性，还必须不断加强、充分运用一定的保障机制。本章主要探讨如何构建一个有效的保障机制，以确保心理育人顺利融入大学生思想政治教育，并取得预期效果。

从工作角度看，保障就是为心理育人融入大学生思想政治教育提供条件，以保证二者的有机结合并取得预期成效。所谓心理育人融入大学生思想政治教育的保障机制，是指为了实现大学生思想政治教育的预期目标，在大学生思想政治教育系统内相互制约、相互作用而建构起来的工作方式、管理规范等。这些要素是否建立健全、是否有效运行，直接关系着大学生思想政治教育工作机制运行效果，从不同纬度和程度影响着思想政治教育体制功能的发挥和思想政治教育的正常开展。

保障机制研究是思想政治教育学理论研究的重要范畴。从目前学界的研究来看，由于各自的观点不同，研究的角度不同，学者们提出的范畴和观点也不尽相同，没有明确的、公认的、统一的定论。综合学界已有研究成果，结合新时代赋予的新内涵、提出的新要求，本书认为，心理育人融入大学生思想政治教育的保障机制主要有组织保障、人力保障、资源保障、制度保障、评估保障、技术保障等。

第一节　强化顶层设计，构建组织保障机制

推进心理育人融入大学生思想政治教育，组织保障是根本前提。"严密的组织体系是党的优势所在、力量所在。"① 我们党历来重视发展规划和顶层设计，拥有长期开展组织体系建设的优势。习近平总书记在全国高校思想政治工作会议上明确指出："各级党委要把高校思想政治工作摆在重要位置，加强领导和指导，形成党委统一领导、各部门各方面齐抓共管的工作格局。"② 领导学理论认为，一个组织事业的成功，必然要求加强组织领导、上下联动。强化组织保障，从根本上说，是因为我国是中国共产党领导下的社会主义国家，是源于中国共产党的组织属性。历史和实践也都证明，一项工作能否有力推进、有效落实，主要在党的领导，关键看主要领导，必须抓住关键少数，层层传导压力、督促责任落实。心理育人融入大学生思想政治教育的组织保障，反映了部门（单位）党组（党委）对大学生思想政治教育工作的重视程度，决定着大学生思想政治教育工作在高校各项工作中的分量，最终影响大学生思想政治教育工作的实际效果。心理育人融入大学生思想政治教育组织保障机制的建立，主要体现在组织协调机制、联络机制、领导作风三个方面。

一、坚持党政结合，健全协调机制

高校领导管理体制是心理育人顺利融入大学生思想政治教育实践的"龙头"。是否具有健全、完善、科学、合理的领导管理和组织协调机制，直接影响着心理育人与大学生思想政治教育的结合程度，最终关系到大学生思想政治教育工作的实际成效。换言之，建立完善有效的组织协调机制，形成一个科学合理、组织严密、权责清晰的领导管理体制，是有效推进心理育人融入大学生思想政治教育工作的必要条件。为改变当下心理育人融入大学生思想政治教育的现实困境，进一步提升大学生心理健康水平和思想政治素质，高校要坚持党

---

① 习近平：《高举中国特色社会主义伟大旗帜　为全面建设社会主义现代化国家而团结奋斗——在中国共产党第二十次全国代表大会上的报告》，人民出版社，2022年，第67页。
② 张烁、鞠鹏：《习近平在全国高校思想政治工作会议上强调　把思想政治工作贯穿教育教学全过程 开创我国高等教育事业发展新局面》，《人民日报》，2016年12月9日第1版。

委统一领导、有关部门各司其职的领导体制，建立、健全党委领导下的"校院联动、共同参与"的工作机制。

具体来说，高校可以从顶层设计层面跟上工作变革的时代步伐，据实按需成立由主要领导任组长、分管校领导任常务副组长、其余校领导为副组长，学生工作、宣传工作、青年工作、后勤工作等相关职能部门共同参与的大学生思想政治教育工作领导小组，切实把心理育人纳入大学生思想政治教育工作的总体规划和重要内容，尤其要明确各部门职能、压实各部门责任，强化部门联动、全员参与，真正把心理育人融入并贯穿于大学生思想政治教育工作的全过程，落实到高校教学科研、日常管理、后勤服务等各环节，使职能部门和二级院系、机关部门和教辅单位牢固树立"责任田意识"，纵横联动、同向同行，努力转变"说起来重要，做起来次要，忙起来不要"的认知缺位现象。

二、整合各方力量，构建联络机制

心理育人融入大学生思想政治教育不是哪一个部门的工作，也不是一朝一夕能够完成的事情，需要高校有关单位和广大师生齐心协力、长期发力。特别是当前，现代社会各方面日新月异、迅猛发展，高等教育彰显出复杂的、多样的、动态的状态，蕴含着前所未有的丰富内容和特点，也不可避免地存在一些困境与问题。这些矛盾和问题的产生有很多原因，沟通不畅、不佳是其中重要影响因素，如果得不到及时有效的解决，将会对高校心理育人融入大学生思想政治教育工作效率和实际成效产生负面影响。如何有效解决这些问题，成为高校面临的重要课题。而整合各方力量，构建有效的协同联络机制，成为解决这一问题的关键。当然，良好的沟通交流无法确保工作一定能够取得预期效果，但是毋庸置疑的是，它的确可以有力推动心理育人融入大学生思想政治教育，甚至把风险限制在一定的范围。

沟通要尽早，必须讲究方法、注重策略。在建立有效沟通渠道的过程中，一方面，高校既要明确校属各部门的工作分工，更要积极推动各部门通力合作，打破部门壁垒，缩短沟通距离，通过组织跨部门会议、团队建设活动等方式，促进不同部门之间的沟通与协作，形成协同效应。另一方面，高校要引导党政干部、团学干部、班主任、辅导员、思想政治理论课教师等不同教育力量密切合作，缩短沟通的距离，减少信息传递的误解和延误，让师生有机会了解其他部门的工作情况，减少误解和矛盾，形成一股强大的教育凝聚力。此外，高校要充分调动校地合作、国际合作等部门的力量，主动对接政府、企业等单位的资源，打破信息壁垒，形成校内校外协同育人格局，使大学生思想政治教育工作质量在与社会的良性互动中不断提升。

三、加强思想建设，转变领导作风

马克思指出："批判的武器当然不能代替武器的批判，物质力量只能用物质力量来摧毁；但是理论一经掌握群众，也会变成物质力量。"① 这是马克思主义的基本观点，强调理论对实践的反作用，也启示我们组织是"形"，思想是"魂"，加强党的组织建设，强化党的组织保障，既要"造形"，更要"铸魂"。如果对实际问题的看法和态度片面、偏颇、不正确，就会成为思想问题，行动就会出偏差，就不能从根本上解决实际问题。习近平总书记指出："各级党委及其组织部门要自觉用党的科学理论指导党的组织建设，结合新的实际推进改革创新，使各项工作更好体现时代性、把握规律性、富于创造性，为实现新时代党的历史使命提供坚强组织保证。"② 因此，加强心理育人融入大学生思想政治教育的组织保障，高校各级领导要加强思想建设，创新领导理念，切实转变领导作风。

具体而言，高校要狠抓思想建设和作风建设，引导广大党员干部深入教育教学的第一线，认真开展调查研究，努力解决大学生生活工作中遇到的现实问题。要弘扬求真务实精神，踏踏实实地开展有针对性的工作，坚决避免讲排场、走形式等不良作风。同时，要注重宽严相济，在制定管理制度时，既要保证制度的权威性和规范性，又要保留制度执行的灵活性和可操作性，做到严谨有余、宽容有度。特别是要坚持以人民为中心的发展思想，树立师生为本的理念，坚决克服"官本位"的痼疾和官僚主义的不良作风，以用心服务的态度做好大学生思想政治教育工作，努力践行为党育人、为国育才的理念和要求。

---

① 中共中央马克思恩格斯列宁斯大林著作编译局：《马克思恩格斯全集（第3卷）》，人民出版社，2002年，第207页。
② 《习近平在中央政治局第二十一次集体学习时强调 贯彻落实好新时代党的组织路线 不断把党建设得更加坚强有力》，《人民日报》，2020年7月1日第1版。

第二节　注重人才支撑，构建人才保障机制

推进心理育人融入大学生思想政治教育，人才保障是关键要素。不管是纯粹的心理育人还是具有更多内涵的大学生思想政治教育，抑或是更为复杂的心理育人融入大学生思想政治教育工作，从根本上说，都是做人的工作，都是为学生解答人生应该在哪用力、如何用心、对谁用情、做什么样的人的过程。在实践中，工作的开展、目标的实现，必须由人来完成。大学生思想政治教育工作者是心理育人融入大学生思想政治教育活动的实际发起者、组织者和实施者，在整个思想政治教育活动中居主导地位。从某种程度上说，没有大学生思想政治教育工作者，也就不存在心理育人、大学生思想政治教育，更不存在心理育人融入大学生思想政治教育。除组织保障以外，无论是有意识地，还是无意识地，人力保障都是摆在高校面前的一个十分重要的问题。推进心理育人融入大学生思想政治教育，人是关键，队伍建设非常重要，高校必须从队伍建设入手，着力加强大学生思想政治教育工作队伍建设，构建一支政治强、业务精、作风正、纪律严、身心好的工作队伍，打造一支专职为主、专兼结合、数量充足、素质优良的工作队伍，从而推动心理育人更自然、更顺畅、更高质量地融入大学生思想政治教育。

一、选拔、培养优秀人才充实工作队伍

高校大学生思想政治工作队伍是心理育人融入大学生思想政治教育活动的具体组织者、实施者和指导者，是培养德智体美劳全面发展的中国特色社会主义事业合格建设者和可靠接班人的一支不可缺少的重要力量。党中央、国务院印发的《关于加强和改进新形势下高校思想政治工作的意见》，教育部等部委制定出台的《全面推进"大思政课"建设的工作方案》《全面加强和改进新时代学生心理健康工作专项行动计划（2023—2025年）》等文件，都为建好大学生思想政治工作队伍提供了根本遵循。当前，推进心理育人融入大学生思想政治教育，必须具备充足的人力资源保障，而人力资源保障首先从选拔人员开始。因此，要完善选拔机制，选择、培养优秀人才充实高校大学生思想政治教育工作队伍。

具体来说，一是要将政治标准作为首要标准，坚持德才兼备的原则，严把政治关、师德关、业务关，大力挑选和聘用理论水平高、政治素质强、业务能力好的党政干部和团学干部、思想政治理论课教师和哲学社会科学课教师、辅导员班主任和心理咨询教师以及高校优秀毕业生从事大学生思想政治教育和心理健康教育工作，让"专业的人"做"专业的事"，让"最优秀的人"培养"更优秀的人"。二是要充分发挥思想政治理论课教师和哲学社会科学课教师的思想引领优势，鼓励更多的思想政治理论课教师和哲学社会科学课教师担任学生辅导员、班主任、心理咨询师，积极参加学生的各类活动，给学生心灵埋下真善美的种子。三是可以快通道、灵活化、多渠道组队，充分利用社会、政府、专家资源，探索聘请政治素质高、敬业精神强而又年富力强的离退休党员干部和老教师兼职从事大学生思想政治教育和心理健康教育工作，推动心理育人与大学生思想政治教育的巧妙结合、有机融合。

二、提升、优化工作队伍的素质和结构

持续优化高校大学生思想政治工作队伍的结构成分，不断提升队伍的整体素质，既是我国高校思想政治工作队伍建设的重要内容，更是高校心理育人融入大学生思想政治教育工作效能提升的基本前提和题中之义。只有提升、优化工作队伍的素质和结构，才能更好地锻造一支中华民族"梦之队"的筑梦人队伍，才能为办好中国特色社会主义大学、构建高质量高等教育体系、培养担当民族复兴大任的时代新人提供持久动能和坚实保障。2016年全国高校思想政治工作会议召开后，高校思想政治工作得到了前所未有的重视，从中央到地方，一系列加强和改进新时代高校思想政治工作的政策举措陆续出台。在此过程中，从事大学生思想政治工作的队伍建设短板逐渐补齐，队伍规模不断壮大，业务能力逐渐增强，工作水平逐渐提高。但必须看到，量的提升与质的增强还不完全对等或适应，一些方面还存在不同程度的问题。特别是当前，大学生面临着来自各方面的压力，更易因学业、情感等因素产生情绪问题并出现连锁反应，造成"精神亚健康"状态，心理健康问题频发[①]。这些都亟须系统性反思，针对性改进。

加强大学生思想政治教育工作队伍建设，不仅要在数量上充实，更要在质

---

① 王占仁：《新时代大学生心理健康教育的工作难点与突破策略》，《中国高等教育》，2024年第9期，第38页。

量上下功夫。针对大学生思想政治教育工作队伍目前存在的问题，一方面要制订培养规划，有计划、有步骤地组织安排他们参加岗前培训、在职培训、骨干培训、社会实践与学习考察，对他们进行政治理论、教育学、心理学等各方面的培训，不断提高他们的自身素养和政策水平，努力提高他们的工作方法与技能，帮助其在达到职业化基本素质的前提下，积极探索形成工作特色，拥有较强的研究能力，积累一定理论和实践成果，实现专业化、专家化发展。另一方面，要优化队伍结构，如年龄结构上，要青年人多于中年人、中年人多于老年人，即建立老、中、青的"前进型"模式；学历结构上，要积极提高具有硕博学历学位工作者的比例，形成知识面广、专业化程度高的专业化工作队伍；职称结构上，要不断提高教育者中高级职称的比例，激发大学生思想政治教育工作的内生动能。通过以上探索性举措，建立系统完善的人才保障体制机制，为推进心理育人融入大学生思想政治教育打下坚实的人才基础。

三、建立、健全稳定工作队伍的政策与机制

任何政策的制定和实施都要以一定的价值理念为基础，价值理念体现着政策要实现和达到的终极价值目标。宏观政策与机制是有效推进政策执行、实现政策目标的重要方法，是推动工作有力有序展开并取得高质量成效的重要手段，是必须用好的关键工具。心理育人融入大学生思想政治教育，大学生思想政治教育工作队伍的稳定，迫切需要行之有效、落地见效的奖励政策、激励机制予以支持，切实解决大学生思想政治教育工作者所关心的待遇、职称等实际问题。从实际来看，党的十八大以来，以习近平同志为核心的党中央高度重视思想政治工作，围绕进一步加强和改进高校思想政治工作，不断加强政策供给，先后出台一系列针对性强、含金量高的政策文本。通过梳理发现，这些政策着力点，覆盖高校思想政治工作的方方面面，其中包括大学生思想政治教育工作队伍建设，为推动心理育人融入大学生思想政治教育提供了有力保障。必须看到的是，虽然近年来我国出台了多项相关政策，但是进入新时代，我国高校思想政治工作和心理健康教育呈现出工作目标更加鲜明化、时代任务更加明确化、教学内容极大丰富化、教育对象更加多样化等鲜明特征。与当前高水平思想引领和服务大学生高质量发展的现实需要相比，无论是大学生思想政治教育工作队伍建设还是心理育人融入大学生思想政治教育的实际工作，都仍存在较大差距，比如政策统筹不够、机制不够完善等。

面向未来，高校要认真落实有关政策，从制度上解决好专职思想政治工作

人员的职务和待遇等问题，切实为心理育人融入大学生思想政治教育凝聚力量、打下基石。具体来说，在工资待遇方面，要努力提高大学生思想政治教育工作者的薪资水平，不断缩小他们的薪酬待遇与本校其他教师的平均收入水平之间的差距，确保他们发展有空间、待遇有保障。在职称职级方面，要解决好大学生思想政治教育工作者职称评聘或职务晋升问题，增强他们的职业认同感和工作成就感。此外，要想方设法为教育工作者创造良好的学习工作条件、环境和氛围，使他们觉得事业上有期待、工作上有满足、生活上有幸福，以长期无怨无悔地从事大学生思想政治教育工作。还要评选和表彰优秀大学生思想政治教育工作者，营造颂扬模范、争当优秀的良好氛围，最大限度地发挥激励机制的功用。

第三节 加大财力投入，构建资源保障机制

推进心理育人融入大学生思想政治教育，资源保障是基本要求。资源支持到位，工作才能开展，正如日常生活所讲"巧妇难为无米之炊"，行军作战所讲"兵马未动，粮草先行"。对管理组织而言，"财政为庶政之母"，"工欲善其事，必先利其器"。通俗地讲，经费、场所、设施、设备及各类用品，是工作赖以存在并开展活动的物质基础。而心理育人融入大学生思想政治教育是一项具体的实践活动，必须在一定环境里进行，需要现实的各类资源要素。进入新时代，推动心理育人融入大学生思想政治教育工作的对象更多元，面临的环境更复杂，存在的问题更多，要想工作更加高效、取得更高质量，离不开也必须依靠资源要素的相互作用、良性互动和有力支撑。如果缺乏一定的资源保障，资源要素保障跟不上，保障不够好，心理育人融入大学生思想政治教育工作便是无源之水、无本之木。为提高心理育人融入大学生思想政治教育工作的实效性，必须坚决改变过去只靠"嘴皮子"的做法，始终坚持以高水平要素保障推动高质量发展，实行要素保障全环节全流程改革创新，在经费、场地、设施等物质方面给予有力的保障，全力构建"保障有力、服务优质、高效安全"的资源保障体系，为心理育人融入大学生思想政治教育工作蓄势赋能。

一、增加活动的经费投入

大学生思想政治教育工作的开展，离不开一定的物质保障，不管是从事大学生思政工作的专业人才的引进还是服务大学生思政工作的设备、场地等的资源配置，尤其离不开经费投入。近年来，出于宏观战略需要，从国家到地方大幅度增加了财政性教育投入，特别是设立了一系列专项经费，加大了对思想政治教育和心理育人工作的支持力度。比如，在生均拨款经费时安排思想政治工作经费，用于思想政治类专项课题、思想政治教育活动、思想政治教师队伍建设等。再比如，2020年，《教育部等八部门关于加快构建高校思想政治工作体系的意见》明确要求各高校按照在校生总数每生每年不低于30元的标准设立网络思想政治工作专项经费，按照在校生总数每生每年不低于20元的标准设立思想政治工作和党务工作队伍建设专项经费[1]；2023年，教育部等十七部门印发的《全面加强和改进新时代学生心理健康工作专项行动计划（2023—2025年）》同时指出："各地要加大统筹力度，优化支出结构，切实加强学生心理健康工作经费保障。学校应将所需经费纳入预算，满足学生心理健康工作需要。要健全多渠道投入机制，鼓励社会力量支持开展学生心理健康服务。"[2] 基于这些"真金白银"的加持，大学生思想政治教育工作取得明显成效。当然，投入不足、投入水平较低仍是制约大学生思想政治教育工作快速发展、影响大学生身心健康的瓶颈。

站在新的历史起点，高校要持续完善教育经费分担机制和教育经费投入保障机制，合理确定大学生思想政治教育工作方面的经费投入科目，列入预算，逐年加大投入，确保各项工作顺利开展。高校必须把大学生思想政治教育工作所需要的经费开支纳入学校支出计划。合理规划与确定大学生思想政治教育工作的经费需求，并将其明确纳入年度预算范畴，以确保获得充分的资金支持，保障各项教育活动的顺利开展。其中，经费投入需全面覆盖大学生思想政治教育的多个维度，包括但不限于日常理论教学的资金保障、宣传与教育活动的经费支持，实践探索如调研和社会考察的必要开销，图书音像资料与多媒体教学设施的采购与维护。同时，为促进学生的全面成长，还需要教育培训与自我学

---

[1] 教育部等八部门：《教育部等八部门关于加快构建高校思想政治工作体系的意见》，2020年。
[2] 教育部等十七部门：《教育部等十七部门关于印发〈全面加强和改进新时代学生心理健康工作专项行动计划（2023—2025年）〉的通知》，2023年。

习、室内教学环境的改善、室外活动场所的建设等经费。

二、增加活动的场馆和基地

环境是人赖以生存和发展的各种因素的总和,一般分为自然环境和社会环境两个大类。人的生存和发展、人的思想和心理与环境密切相关。进一步说,人的思想品德、心理状态是在一定环境里形成和发展的,思想政治教育和心理健康教育活动也是在一定环境里进行的,环境状况对人的思想品德和心理状况以及心理育人融入大学生思想政治教育有着重要影响,很早就受到人们的广泛关注和重视。我国古代教育家孔子就认为环境对人的发展有着重要作用。近代以来,西方国家许多思想家主张从改善环境入手,为人的思想和心理发展创造良好条件。马克思认为:"人创造环境,同样,环境也创造人。"① 这都启示我们必须重视工作环境的优化与改善。

就心理育人融入大学生思想政治教育这项社会实践活动而言,它是做人的工作,是与各种各样的活动结合在一起的,需要必要的工作环境和合适的场所与基地。因此,推进心理育人融入大学生思想政治教育,既需要不同规模的会议室、报告厅等场所来举行座谈、讲座、报告等思想引领的活动,也需要宣传栏、文化长廊、实践基地等场所来举行理论宣传、文化普及、实践锻炼等加深思想认同的活动。因此,高校要立足大学生思想政治教育工作的实际需要,规划、建立和完善学生活动中心、心理咨询室、文化长廊等活动场所。同时,积极协同社会力量、对接地方资源,构建"校地合作""景校合作""校校合作"机制,与周边的政府机关、企事业单位、革命伟人故居、红色文化旅游景点等共建爱国主义教育基地、实习实训基地,为开展大学生思想政治教育工作提供丰富的活动阵地。

三、增加活动的设施和设备

教育活动总需通过一定载体才能进行,以对受教育者进行教育。从这个维度来讲,载体是思想政治教育系统不可缺少的重要组成部分。那么,载体是什么?在实际工作中,教育者都会自觉不自觉、有意或无意地运用载体开展教育

---

① 中共中央马克思恩格斯列宁斯大林著作编译局:《马克思恩格斯文集(第1卷)》,人民出版社,2009年,第545页。

活动，但并非每个教育者对载体都有明确认识。比如，有的人把党团组织、工会和企事业单位的部门、班组看作教育的载体，称其为"有形载体"；而把家庭、社会环境称为"社会载体"。有的人则把人格、典型、实事列为教育的载体。我们认为，所谓的载体是指承载并传递教育要素，为教育者所采纳，并作为教育者与受教育者之间进行互动的一种思想政治教育活动形式，就是开展教育活动可能用到的各种设施和设备，比如书籍、电视、网络等现实的客观存在。心理育人融入大学生思想政治教育活动过程中，高校思想政治教育工作者正是通过这些载体对大学生实施有目的、有计划、有组织的教育并与大学生进行双向互动活动，从而达到一定的教育目的。

确保大学生思想政治教育工作顺利进行，除却必要的经费支持和适宜的活动场所等物质保障外，还需坚实的硬件基础设施作为支撑。基于此，高校在完善保障机制的过程中，务必重视并优化相关的硬件设备与设施，如办公所需的电脑、打印机、照相机、摄像机、音响器材等，以逐步实现教育手段科学化、教育管理信息化，切实增强工作的趣味性和实效性。同时，要全面加强网络基础设施建设，加快建立闭路电视系统、电子阅览系统以及工作管理系统，改善技术条件，优化技术环境，实现校园网络的全面升级，为大学生思想政治教育工作的深入开展提供强有力的硬件条件。

第四节 完善工作规程，构建制度保障机制

推进心理育人融入大学生思想政治教育，制度保障是可靠保证。俗话说，没有规矩，不成方圆。制度就是"规矩"。推进心理育人融入大学生思想政治教育，不是一项简单的操作性变革，而是对高校管理模式、发展理念、发展机制的战略性变革与创新，需要全面推进校内管理体制改革，使管理体制与大学生思想政治教育工作及相关改革相呼应、相匹配。也就是说，做好新时期大学生思想政治教育工作，制度建设是必不可少的，必须抓住建章立制这个关键，致力于构建并持续优化一套工作制度体系，使之与现行法律法规相契合，与高等教育的全面发展目标相衔接，并紧密贴合大学生成长成才的实际需求。同时，要努力探寻其落实见效的制度执行体系，把制度建设贯穿于工作的各环节、各方面，为推进心理育人融入大学生思想政治教育提供强有力的制度支撑。

一、不断推动工作制度规范的改革创新

制度问题具有深远的基础性、广泛的涵盖性、稳固的持久性以及长期的战略性，是影响全局的重大议题。正如习近平总书记所说，"不明确责任，不落实责任，不追究责任，从严治党是做不到的。"[①] 加强制度建设是我们党全面从严治党的长远之策、根本之策，是坚定不移推进全面从严治党的必然要求，我们必须坚持制度治党，深化建章立制工作，把制度建设贯穿各项工作建设。需要注意的是，制度也是有生命周期的，也需要进行良性的"新陈代谢"，因为"就历史经验论，任何一种制度，绝不能有利而无弊。任何一种制度，亦绝不能历久而不变"[②]。"做好高校思想政治工作，要因事而化、因时而进、因势而新。"[③] 为此，要定期回顾并梳理过往尤其是早期的制度文件，对于已不适应当前环境的制度应果断废止，对需调整优化的部分进行及时更新，并探索制度的迭代升级，以确保制度体系的持续活力与适应性。

推进心理育人融入大学生思想政治教育也不例外。就其本身来说，大学生思想政治教育工作具有时代性，其制度规范也必然会因工作的目标、内容、方法、载体、媒介、环境的变化而发生相应的变化，这要求制度规范的制定既不墨守成规，也不激进冒失，做到与时俱进。因此，面对部分制度存在的科学性不足与缺陷，高校需在实践操作中不断探索与完善。鉴于时间推移导致原有有效制度显现出的局限性，应适时调整那些不再符合时代需求的内容。同时，鉴于社会进步与教育发展的双重驱动，针对高校及大学生群体涌现的新趋势、新特征，高校要迅速响应，构建新的工作制度框架，以有效应对并规范管理这些新兴问题。

二、逐步完善形成工作的制度规范体系

"改革是社会主义制度的自我完善。"[④] 党的十八大以来，以习近平同志为核心的党中央把"完善和发展中国特色社会主义制度，推进国家治理体系和治

[①] 习近平：《在党的群众路线教育实践活动总结大会上的讲话》，人民出版社，2014年，第15页。
[②] 钱穆：《中国历代政治得失》，生活·读书·新知三联书店，2018年，序第2页。
[③] 习近平：《习近平谈治国理政（第二卷）》，外文出版社，2017年，第378页。
[④] 邓小平：《邓小平文选（第三卷）》，人民出版社，1993年，第142页。

理能力现代化"作为全面深化改革总目标,进一步发展和完善了中国特色社会主义制度,形成了适应改革发展的治理体系。[①] 在这过程中,思想政治工作领域的一系列规章制度也逐渐建立完善,为新时代加强和改进高校思想政治工作指明了方向、提供了遵循。然而,随着教育形势、对象、内容、方式等深刻变化,面对复杂多变的国际国内环境,过去制定的一些制度可能会出现不配套、不适应、不协调、不衔接、不一致等问题,如大学生思想政治教育工作制度不系统、不完备等。

站在新的历史起点,高校要坚持问题导向与目标导向相统一,可以从四个方面逐步完善形成适宜的制度体系:一是强化大学生思想政治教育工作的岗位责任体系,明确思想政治教育工作管理部门及专兼职工作人员的职责范畴,包括具体的工作任务、明确的工作标准、详尽的职责划分以及高效的工作模式等;二是优化大学生思想政治教育工作的内容制度,如思想政治教育理论课教学、入学教育、军训教育、实习实践、就业教育等规定;三是优化大学生思想政治教育工作的管理体系,包括对领导组织架构的有效管理,对大学生思想政治教育工作队伍的专业管理,以及对大学生群体的全面管理;四是充实大学生思想政治教育的考核评估制度。此外,还应构建并持续优化人才选拔、竞争与培训机制,以持续并规范地推进大学生思想政治教育工作的实施。

三、积极探寻工作制度有效运行的途径

制度的活力与效力源自其执行过程,任何制度均依赖于特定人员的有效实施。一项制度若仅停留于纸面,未能得到有效执行或执行困难重重,就会流于形式、成为摆设。习近平同志在浙江工作期间,就曾提出:"各项制度制定了,就要立说立行、严格执行,不能说在嘴上,挂在墙上,写在纸上,把制度当'稻草人'摆设,而应落实在实际行动上,体现在具体工作中。"[②]

在推进心理育人融入大学生思想政治教育工作进程中,要确保工作制度的有效执行,首要前提是赢得大学生的广泛且深入的认同,这既要求认同人数多,也追求每个受众内心层面的深刻共鸣。同时,制度的协调性与稳定性是其效能的关键所在,直接关乎其有效性和执行力度。基于此,推进心理育人融入大学生思想政治教育工作制度有效运用和协调运行,可以从三个方面入手:一

---

① 《中共中央关于全面深化改革若干重大问题的决定》,人民出版社,2013年,第3页。
② 习近平:《之江新语》,浙江人民出版社,2007年,第71页。

是强化施教队伍的思想建设，同时培育深厚的制度文化；二是通过积极实践与广泛征集意见，科学制定制度，并不断提升制度制定流程的规范化与制度化水平；三是将制度从理论转化为实践，确保其在长期运行中得以持续推动与优化。

第五节 狠抓质量考核，构建评估保障机制

推进心理育人融入大学生思想政治教育，评估保障是重要抓手。考核评估是任何教育教学不可或缺的重要环节，是教育改革发展的指挥棒，是教育质量效果的评判标准。习近平总书记在2018年全国教育大会上指出："要深化教育体制改革，健全立德树人落实机制，扭转不科学的教育评价导向，坚决克服唯分数、唯升学、唯文凭、唯论文、唯帽子的顽瘴痼疾，从根本上解决教育评价指挥棒问题。"[1] 中共中央、国务院印发的《深化新时代教育评价改革总体方案》指出，要"系统推进教育评价改革。坚持科学有效，改进结果评价，强化过程评价，探索增值评价，健全综合评价"[2]。

对于推进心理育人融入大学生思想政治教育工作来说，评估考核也是提升工作实效和高质量教育体系建设的重要抓手。推进心理育人融入大学生思想政治教育工作，如果缺少检测和评估环节，将无法正常调控、高效实施，至少难以取得理想效果。反之，建立健全心理育人融入大学生思想政治教育的评估机制并与时俱进地对其优化创新，一方面可以有效检测和推动教育的正常进行；另一方面也可以增强学生的责任感，使他们更加积极地学习。在实际工作中，构建心理育人融入大学生思想政治教育的评估机制，可以从以下几个方面发力。

一、聚焦科学化和全面化，不断改进结果评价

结果评价在教育上又称终结性评价，是一个时间单元结束时开展的评价，是在学习任务或者教育活动结束以后进行的一种评价活动，主要侧重于学生学

---

[1] 张烁、王晔：《习近平在全国教育大会上强调坚持中国特色社会主义教育发展道路 培养德智体美劳全面发展的社会主义建设者和接班人》，《人民日报》，2018年9月11日第1版。

[2] 中共中央、国务院：《深化新时代教育评价改革总体方案》，2020年。

习效果、教师教学质量和学校管理服务水平的最终结果评判。传统的教育评价大多主要以考试分数为评价依据，过多看重最终成绩，只论排名不看人，更多强调课程知识的机械记忆和简单应用，而对学生学习过程中的实际表现缺乏关注与肯定，尤其是对人的情感、应用能力和社会交往能力的全面培养相对薄弱乏力。这种以考试成绩为唯一标准来评价学生的做法，是教育管理工具主义的外在表现，也是学生难以全面成长发展的重要根源，还是"五唯"痼疾根深蒂固、挥之不去的重要原因。

然而，人是自我建构的结果，通过教育改变自我来实现自己的理想[①]。换言之，教育以培养理想的人为目标，是人实现自由而全面的发展的手段。更进一步讲，人的发展不是孤立的、静态的、片面的。人要具有创造性人格，成为创造性主体，必须发挥教育塑造人、改变人、发展人的功能，实现自身知识、能力、思维等的全方位提升与蜕变，不断获得工作、生活的存在感、获得感、成就感。高校作为拔尖创新人才培养的主阵地，要秉承以学生全面成长成才为中心，更多通过学生学习过程中的日常表现来衡量评价学生，避免单纯通过分数来评价学生，促进学生全面而有个性地发展；要坚持以教师为主体，引导教师站好讲台上好课，克服单纯重科研轻教学、重数量轻质量的功利化思想，克服单纯通过论文、帽子、项目来评价教师，创新多元化教师发展路径；要创新管理服务评价体系，构建学校、学生、家长、社会四位一体的评价机制，尽可能多用几把"尺子"评估教师和学生，肯定他们在不同阶段、不同场合的表现和成果。

二、立足数据化和可量化，持续强化过程评价

过程评价在教育上是对结果评价的补充和纠正，又称为形成性评价，它摆脱结果评价的时间固化思维，往往发生于某一时间单元的中间部分，而且在这个时间段内还能够多次开展，"是一种全周期、多角度、改进反馈性的评价思维"[②]。具体来说，就其实现形式来说，它可以分为正式的，比如正规考试、毕业设计等；也可分为非正式的，比如课堂测验、课后作业等。与静态的结构性评价过程不同，过程评价主要通过对学校、学生、教师、教育活动、教育政

[①] 王洪才：《中国式教育现代化的价值底蕴与逻辑理路》，《厦门大学学报（哲学社会科学版）》，2024年第2期，第16页。

[②] 周光礼、袁晓萍：《聚焦"四个评价"深化教育评价机制改革》，《中国考试》，2020年第8期，第2页。

策、教育环境等教育过程中各要素的长期观察、纵横对比、综合分析来进行评价，因而具有动态性、数据性和全面性等显著特性。强化过程评价，注重对教育过程的调控和改进，有利于克服偏重结果的"五唯"顽疾，树立科学有效评价体系，纠正教育过程存在的偏差与不足。

加强以过程为导向的科学评估，高校应着眼于定性和定量评估的有机统一，以及教育主体（教师和学生）动态发展过程性和全面性，例如学生学习过程性分析、教师教育成长性画像、管理服务的阶段性效果等。通过对当前教学和管理问题的分析，建立数据驱动的教育过程管理流程和评价反馈系统，促进教育评价模型的科学定量分析。为此，加强对心理育人融入大学生思想政治教育过程的评估，不仅应该侧重于收集和使用与教学过程、学习过程和管理服务提供过程有关的数据，而且侧重于评估和反馈教育过程，以便及时进行调整和优化，从而为制定系统和评估教育过程的有效性提供科学支持。

三、提升获得感和成就感，积极探索增值评价

增值评价肇始于20世纪60年代的美国，发源于科尔曼（Coleman）1966年向美国国会提交的《关于教育机会平等性的报告》，即"科尔曼报告"（Coleman Report）[1]。以"科尔曼报告"为起点，增值评价开始运用于学校效能研究，后来逐渐发展形成教育效能理论。教育效能理论，强调教育过程中教师、学生和环境之间的相互作用，以及这些因素如何共同影响教育成果。它主张通过优化教育资源配置、提高教师素质、激发学生潜能和改善教育环境来提升教育的整体效能，实现更好的教育效果。不难看出，增值评价是一种面向教育主体（即教师和学生）的发展性评价，是对学生学习、教师教学、学校办学、政府工作的进步幅度和努力程度的评价，一方面要测度学生的成长与进步，另一方面要评价教育对学生进步的影响或作用，利用统计技术将教育的影响与其他影响相分离，得到"净效应"或"净价值"[2]，体现学生学习、教师教学和学校管理服务的进步幅度、发展程度，有利于提升学生的发展高度，拓展教师的成长空间，改善教育质量的评价尺度。

在推进心理育人融入大学生思想政治教育过程中，高校探索增值评价，一

---

[1] Coleman J S, Campbell E, Hobson C F, et al: Equality of Educational Opportunity, U. S. Government Printing Office, 1966.

[2] 杨立军、夏紫微：《教育增值评价50年：演进、挑战与进路》，《高教发展与评估》，2024年第2期，第2页。

要牢固树立思政教育增值评价理念，认同理解其内涵，并在实践中深入反思与改进，实现"工具"理性向"价值"理性取向的转变。二要充分运用多元统计技术和量化方法，采集工作目标、教学行为、学习轨迹和师生交互等多源动态数据，采用数据挖掘与建模技术对数据进行集成、处理，精准分析学生、教师、班级、学校等主体在教育活动中的影响变量和成长发展，以净增值为评价标准来评价教师教学和学生学习所产生的净效应，为真实、科学教育评价提供实证依据。三要注重教育起点和过程，对学校氛围、教与学等方面进行立体化、诊断性评价，实现对学校教育质量"净影响"评价，实现从"单纯育分"向"全面育人"的转型，确保立德树人根本任务的有效落地。

第六节　推进数据赋能，构建技术保障机制

推进心理育人融入大学生思想政治教育，技术保障是有力支撑。重视科技的历史作用，是马克思主义的一个基本观点。恩格斯也曾指出："在马克思看来，科学是一种在历史上起推动作用的、革命的力量。"[1] 历史和现实证明，科学技术是第一生产力，科技革命总是能够深刻改变世界发展格局。就当今世界而言，科技革命和产业变革正加速演进，知识创新加速推进，从知识发现到商业化应用、发明的转移加速迭代。正如习近平总书记所说："科技创新速度显著加快，以信息技术、人工智能为代表的新兴科技快速发展，大大拓展了时间、空间和人们认知范围，人类正在进入一个'人机物'三元融合的万物智能互联时代。"[2] "进入 21 世纪以来，全球科技创新进入空前密集活跃的时期，新一轮科技革命和产业变革正在重构全球创新版图、重塑全球经济结构。"[3] 这些给教育带来全新挑战和机遇，"教育向何处去"成为世界关注的时代命题。

数字教育公平、包容、开放、共享等优势为解答教育如何更好地服务现代化、更好地成就人的全面发展提供了全新路径，以大数据、人工智能等为代表

---

[1]　中共中央马克思恩格斯列宁斯大林著作编译局：《马克思恩格斯选集（第 3 卷）》，人民出版社，2012 年，第 1003 页。

[2]　习近平：《在中国科学院第十九次院士大会、中国工程院第十四次院士大会上的讲话》，人民出版社，2021 年，第 7 页。

[3]　习近平：《在中国科学院第十九次院士大会、中国工程院第十四次院士大会上的讲话》，人民出版社，2018 年，第 6~7 页。

的数字技术也为新时代推进心理育人融入大学生思想政治教育打开了技术支撑，让新时代思想政治教育改革创新迸发出崭新活力[1]。在推进心理育人融入大学生思想政治教育过程中，不仅需要组织保障、人力保障、资源保障，同样需要技术来加持。

一、更高质量开发汇聚资源，建强更多工作平台

古人说："乘众人之智，则无不任也。用众人之力，则无不胜也。"[2] 汇聚集成是党长期开展思想政治工作沉淀下来的重要经验，也是高校推进心理育人融入大学生思想政治教育应该继续坚持的理念，不断汲取各类优质资源的"源头活水"。高校可以着力扩大资源供给，采取师生自由创造、学校自主建设、政府广泛征集等多种方式，重点增加 STEM 教育、数字科技、美育和劳动教育等课程资源，继续把分散的珍珠串成更有价值的项链，扩大平台资源总供给，契合和满足师生心理健康发展需要。

同时，高校可以着力丰富资源形态，大力开发心理育人融入大学生思想政治教育方面的数字教材，广泛集纳教辅、教案、课件、教学设计、虚拟仿真实验资源，汇聚部署智能作业、互动课堂、线上教研、辅助阅卷、教育评价等数字教育工具和平台。此外，高校可以着力创新资源评价，运用海量动态数据，对平台资源规模、结构、内容及使用效果等进行分类评价，加强资源开发、入库、更新、出库的全生命周期管理。

二、更大规模开展应用示范，放大服务倍增效能

应用是检验数字教育成效的试金石，师生和社会的好评是衡量心理育人融入大学生思想政治教育成效的最高标准。高校可以积极抢抓国家纵深推进数字教育试点，推进国家平台全域全员全过程应用，不断扩大优质资源覆盖面。可以引导课堂教学深化应用，想方设法将平台资源和服务嵌入心理育人融入大学生思想政治教育的实践过程之中，用数字教育资源丰富拓展学生的第二课堂，支持发展学生的兴趣、爱好，让优质数字资源的"金子"发光。

此外，高校可以支撑终身学习拓展应用，办好终身学习平台，不断充实

---

[1] 彭庆红：《善用数字技术 建好"大思政课"》，《中国高等教育》，2024年第9期，第49页。
[2] 何宁：《淮南子集释·主术（下）》，中华书局，2018年，第658页。

"社会学堂"资源，多种形式帮助社会学习者更新所需知识、提升技术技能，让数字教育覆盖人的一生，建设全民终身学习、全员呵护心理健康的学习型社会、数字型社会。此外，还可以创新政策机制促进应用，坚持"用得好是真本事、离不开是硬道理"，通过教师专题培训、典型案例选树、考核激励、评价改革等措施，将平台使用变成师生的一种习惯、一种生活方式和学习方法。

三、更智能化发展数字技术，服务人的全面发展

智能化是教育变革的重要引擎，为推动科学教育与文化教育有机结合，服务人的全面发展创造了无限可能。高校可以将实施人工智能赋能行动，促进人工智能与教育教学（AI for Education）、人工智能与科学研究（AI for Science）、人工智能与社会（AI for Society）的深度融合，为推进心理育人融入大学生思想政治教育提供有效的行动支撑。高校可以积极推动以智助学，开发智能学伴、实施智能辅导，不断提升学生的科学和人文素养，让每个学生成为最好的自己；以智助教，研发智能助教，帮助教师备授课，实现减负增效，让教师有更多精力去从事创造性教学活动、育人活动；以智助管，建设人口预测、资源配置、决策支持等智能工具，适应人口和社会结构的变化，提升教育治理体系和治理能力的现代化水平；以智助研，借助模拟计算、数据挖掘等手段，构建数据驱动的研究新范式，不断深化规律性认识[1]。

另外，高校要坚持"数字向善"，加强人工智能与数字伦理研究，科学研判人工智能技术对教育的影响，特别是其负面影响，对侵害人的隐私权益行为保持高度警惕，积极引导智能技术合理应用，用技术手段对不良网站、网页和网络游戏内容、游戏时间加以限制，使青少年上网时只能获取与年龄相符的信息，从源头上杜绝不良信息的传播，让技术进一步服务高校心理健康教育和思想政治工作，真正促进师生心理健康发展。

---

[1] 怀进鹏：《携手推动数字教育应用、共享与创新——在2024世界数字教育大会上的主旨演讲》，《中国教育信息化》，2024年第2期，第7页。

第八章 心理育人融入大学生思想政治教育的实践模式

心理育人融入大学生思想政治教育"六位一体"的育人路径，旨在围绕"培养什么样的人，怎样培养人"提供时代新人的培育模式。"六位一体"的路径模型，无论是政治引领、价值引领、学习引领，还是文化引领、榜样引领和创新引领，核心指向身心健康和全面发展。一方面身心健康是培育爱党爱国、崇德尚美、勤奋好学等优秀品质的前提和基础，另一方面"五育融合"促进大学生全面发展的育人全过程，也迫切需要持续不断地进行健康阳光、积极向上的基因塑造，需要全方位立体化地将心理育人理念浸润其中。"六位一体"育人模式建构了心理育人融入大学生思想政治教育的理论体系，对应育人路径的六个方面，积极开展实践探索并总结凝练心理育人融入大学生思想政治教育的一般规律和路径，可以更好地改进教育工作、达成育人实效。

第一节 政治引领实践探索：青年大学生践行"中国梦"主题教育活动设计

青年大学生作为建设社会主义现代化国家的重要有生力量，肩负着实现中华民族伟大复兴中国梦的伟大使命。当代青年大学生具有许多优秀品质，如敢于创新、勇于担当、追求进步等。但是，随着世界百年未有之大变局加速演进，国际国内形势发生深刻变化，社会深刻变革带来的诸多问题，也使当代大学生身上显现出政治思想的矛盾性、价值取向的多元性、道德取向的功利性等特点。中国梦的丰富内涵和独特魅力为新时期的高校育人工作注入了新的活力，对引领大学生健康成长、促进大学生奋发成才具有特殊的重要意义。如何充分发挥中国梦的导向、激励和凝聚功能，如何引领青年大学生践行中国梦，青年大学生在大学校园怎样以实际行动推进中国梦，是当前高校育人工作面临的重要课题。

一、总体思路与目标

本实践活动设计紧紧围绕中国梦的时代性，结合高校育人实际，以"共铸育人魂·同圆中国梦"主题教育为基本假设，以思想引领、专业引领、典型引领、实践引领为主线，以思想洗礼、专业成长、典型激励、实践历练为内容，通过设计、组织一系列主题育人活动，着力构建立体式的思想政治教育网络体系，引领青年大学生成长为政治素质过硬、业务本领一流、带头作用显著、实践能力突出的青年马克思主义者。

二、实施方法与过程

主题教育活动的关键在于实现中国梦核心价值观念认同，激发大学生为实现"中国梦""青春梦""个人梦"而自觉奋斗。活动按照总体思路设计，充分结合高校育人实际，以有力举措不断提升政治引领的育人实效。

（一）思想引领——在思想洗礼中深刻领悟中国梦

思想洗礼的过程在于强化青年大学生国家认同感，培育和践行社会主义核心价值观，重点是提高大学生思想政治素质，提升理论水平，坚定理想信念，忠诚党的事业，增强立德树人的责任感和使命感。思想引领采取"分群体""抓节点""深挖掘"的方式进行。

"分群体"主要是针对不同学生类型，分门别类开展特色引领活动。比如：针对学生党员，要定期举行党的知识竞赛活动、主题党日活动；针对团员青年，以班团支部为单位每月组织一次中国梦主题团日，还可以举行"我为党旗增光辉"演讲比赛、"我与祖国共奋进"征文比赛、"中国梦·我的梦"合唱比赛等形式多样的班团活动；针对学生干部，应搭建大学生骨干培养班、大学生干部学校培训班等形式多样的学生干部学习交流平台。根据不同学生群体的特点，有针对性地开展思想政治引领活动，帮助他们进一步认识中国梦的深刻内涵，引导他们增强对中国梦的价值认同，从而强化青年大学生为社会主义事业奋斗终生的政治共识，激发他们实现个人抱负和社会价值的愿景和理想。

"抓节点"主要是充分发挥学生骨干、理论社团、网络阵地的作用，重点利用国庆节、"五四"青年节等具有重要纪念意义的节庆日，广泛开展"马列主义宣传周""思想道德建设宣传月""青春与祖国同行""党员先锋工程""青年马克思主义者培养工程"等活动。在此部分活动设计中，尤其要注重发挥新媒体、融媒体等数字化信息平台的作用，线上线下多渠道全方位开展中国梦主题教育活动，主动占领学生网络思想政治教育主阵地。在中国梦的宣传教育过程中，要重点结合青年大学生主要关注的问题和涉及他们切身利益的问题，针对性地设计活动形式和活动内容。

"深挖掘"主要是充分借助和挖掘中国传统文化和地域特色文化，对青年大学生进行中华传统美德教育、革命传统教育、爱国主义教育。讲授传统文化和地域文化，既可以教育引导青年大学生向上尚美，又可以激励大学生继承和发扬优秀文化。高校可通过挖掘当地人文和地域文化资源，设计开展"红歌伴我成长""我心中的伟人""诵经典·学先烈·观电影"等系列活动。高校还应将爱校荣校教育融入大学生成长成才教育和爱国主义教育中，通过组织青年大学生参观校史馆、学校博物馆等活动，让大学生通过历史实物、文字影音等资料体验感受中国梦在学校特定区域中的具体彰显，帮助青年大学生更加深刻地感悟中国梦的历史意蕴和时代价值。

（二）专业引领——在专业成长中鼎力夯实中国梦

专业成长的过程在于提升青年大学生专业素质，重点是促进大学生本领过硬、业务精湛，在实现中国梦历史进程中建功立业。专业引领采取"强导向""建平台""树品牌"的方式进行。

"强导向"重点是引导青年大学生正确认识个人梦与中国梦的关系，树立科学的成才目标。在"强导向"活动设计中，首先要聚焦学生学业发展，着力实施改善学风计划，开展学风建设月系列活动。选聘优秀教师担任学生学业导师，对学生就学业规划等问题提供专业性指导。另外，高校应及时修订完善奖学金评定办法，可结合学生成长发展实际增设专项奖学金。对校内各类评优、评奖、干部选聘等实行成绩优先制，以此激励学生在专业学习中创先争优，积极进取。此外，要充分考虑青年大学生不同学习成长阶段的特点与需求，适时开展新生适应性教育、人际交往教育、生涯和职业教育等内容，强化导向功能的时效性和实效性。

"建平台"是指高校要想方设法搭建学生施展才华的平台，并有效融入中国梦的精神内涵，开拓学生专业视野。积极组织、动员学生参加国省各类技能竞赛，邀请学科前沿的优秀老师对他们进行系统训练，真正达到"以赛促学"的目的。与此同时，高校要结合自身实际，积极举办或承办学科专业领域类的各类型、各层级的赛事或学术交流会议，以此提升学生学术素养，开阔学生学术眼界。在建设平台的过程中，高校还应加强新媒体数字化平台的建设应用，采用交互式、体验式相结合的方式组织开展活动，形成线上线下的教育合力。

"树品牌"是指高校在提升大学生专业知识水平的过程中，要与品牌学习活动充分对接，整合资源，传承创新，营造浓厚的崇尚学习、尊重知识的良好氛围。结合育人实际，高校可充分结合学科特点，打造以学生发展为主题的系列品牌学习活动，进一步丰富和发展专业育人思想。譬如"读书节""数学文化节""科技文化节""法制文化节""月末音乐会""手绘时装周"等特色鲜明、针对性强、实效性好的品牌育人活动，是提升学生专业素养的重要抓手。

（三）典型引领——在典型激励中共同谱写中国梦

典型激励的过程重点是树立优秀学生的榜样，用"明星"的力量，给学生提供奋斗的参照系。典型引领采取"亮名片""造氛围""重奖惩"的方式进行。

"亮名片"主要通过设立"学生党员示范岗""学生干部监督牌""三好学生展示墙"等，将各类先进典型向学生展示。针对学生党员开展"树立一面旗帜，净化一个宿舍，辐射一个楼层"活动，建立党员示范寝室，设立"学生党员承诺栏"。针对学生干部开展"从我做起，向我看齐，对我监督"活动，要求每个学生干部佩戴证件，接受全校师生监督，发挥示范作用。借助校园微信、微博、易班、公众号等数字传媒平台，广泛宣传三好学生、优秀团员、优秀学生干部等优秀学生代表的先进事迹。

"造氛围"主要通过开展各类先进人物事迹报告会、经验分享会等，大力营造学习先进、志存高远、追求卓越的良好氛围。利用学生中的先进典型，可结合时间节点开展"放飞梦想·无悔青春"新生入学励志动员会、"时光无限好·学习最幸福"学习经验交流会、"风雨四年行·我的求学路"优秀毕业生事迹报告会。与此同时，还可以挖掘青年教师典型，开展"我的大学梦"成长报告会。在宣传典型、营造氛围的过程中，应充分发挥数字传媒的巨大优势，采用丰富多样的方式让先进人物开展云分享，将优秀青年的事迹和成长历程通过场景、画面、音乐的方式进行故事性情节性的诠释与宣传，让典型深入人心；或开展先进人物事迹直播分享，号召青年大学生打卡交流讨论，引发学生间的共情与共鸣，潜移默化引导学生见贤思齐，内驱成长。

"重奖惩"主要是既注重强化各级各类评选表彰活动的正面引导，又强调对学生中的不良行为和现象予以及时惩戒。一方面，充分利用"五四"评优和"青年五四奖章"评选、优秀学生干部和三好学生评选、志愿服务和社会实践表彰、奖助学金评定等，强化大学生骨干示范引领作用。对于大学生中涌现出来的道德模范和自强自立、见义勇为等方面的先进典型，高校应及时给予表扬并积极推荐他们参评国家级和省级层面的表彰奖励。另一方面，对于少数学生中出现的违纪行为绝不姑息，对考试作弊、打架斗殴等违纪现象给予严惩。高校应本着"惩前毖后，治病救人"的原则，开设违纪学生"圆梦"培训班，积极引导受到学校纪律处分的学生悔过自新、立志成才。

（四）实践引领——在实践历练中生动演绎中国梦

实践历练的过程在于检阅青年大学生学习成果，增强"小我"融入"大我"的责任担当意识，驱动青年大学生个人成长与民族复兴同向而行。实践引领采取"布点面""比奉献""赛创新"的方式进行。

"布点面"主要是通过完善高校实践育人基地建设，以全面提升大学生社会实践工作质量。高校应本着"立足全面参与、突出团队实践"的原则，采用项目申报制，每年定期组建100支重点团队开展以中国梦为主题的各类社会服务、心理辅导、爱心支教、法律援助、社会调查等活动。高校通过广泛组织大学生深入基层、深入一线，让大学生在检验学习成果、服务人民群众的同时，感悟不同环境下演绎出的具象化的中国梦，感受中国特色社会主义事业取得的伟大成就，并提高鉴别能力、分析能力和解决问题的能力，坚定理想信念，激励奋发成才。

"比奉献"主要是通过组织大学生参加各类志愿服务活动，使"燃烧自己，奉献他人"的"红烛精神"深入人心。志愿服务是中国梦主题教育活动的生动实践，高校应充分发挥学校主体作用，将志愿服务与大学生社会实践紧密结合，积极打造志愿服务品牌项目，完善志愿服务长效机制。组织开展志愿服务的过程也是促进大学生自我成长的过程，青年大学生通过服务他人、服务社会，可以更好地践行社会主义核心价值观，弘扬中华民族助人为乐的传统美德，增强对国家、社会的责任感，增强对中国梦的价值认同。

"赛创新"主要是结合新的时代特点，激发学子的创新活力，提升他们的创新创业能力，为新时期大学生"成才梦"奠定基础。高校应定期开展"青春创业大讲堂"、创新创业文化节等活动，邀请知名企业家和创业典型走进高校讲学，营造创新创业的浓厚氛围。与此同时，高校应加强创新创业实践平台建设，建立大学生创新创业实践基地，为大学生提供创新创业实践平台。同时，高校还应坚持以项目为引领，鼓励大学生参与创新训练、创业训练和创业实践等创新创业训练计划和各级各类创新创业大赛，赛学结合，以赛提能，为青年大学生创业就业打下坚实基础。

三、成效检验与评价

"共铸育人魂·同圆中国梦"主题教育的开展，对优良传统的传承创新、价值观念的教育引导和育人要求的准确把握至关重要。主题教育实施成效的检验与评价，应着重从以下几个方面开展。

（一）汲取传统养分是活动开展的基础

近年来，各高校在优化大学生思想政治教育工作措施中，进一步继承和发扬了优良传统，比如积极推进思想政治教育进网络、进社团、进公寓，狠抓新生入学教育和毕业生教育，狠抓学风、校风建设，狠抓大学生日常管理，积极开展校园文化艺术活动，持续深入开展暑期"三下乡"社会实践活动，加强大学生心理健康教育，开展"廉政文化进校园"活动等，为高校开展中国梦主题实践活动奠定了良好的基础。在育人实践中，各高校也都注重彰显各自的办学理念和育人要求，将中国梦的宏伟愿景与各高校办学目标与定位的"教育梦"融合，引领广大青年学子勇于追逐个人"成才梦"，自觉成为中国梦的忠实践行者。主题教育只有以优良传统为支点，不断汲取养分、传承创新，才能构建更加科学、更高质量的育人体系。

（二）强化思想引导是活动开展的关键

在大学生中开展中国梦主题教育，国情教育是基础，价值观引导是关键。大学生对近代以来中华民族不断追求繁荣和富强的历史越了解，就会对走中国特色社会主义道路、实现中华民族伟大复兴的共同理想愈加坚定。思想引领系列活动的开展，必须深化大学生的理论认知，帮助大学生确立以马克思主义为指导的政治信仰，牢固树立中国特色社会主义的共同理想，大力弘扬和培育以爱国主义为核心的民族精神和以改革创新为核心的时代精神，培育和发展社会主义核心价值观。"党员示范岗"等活动的开展践行了先进群体的承诺，在学生中播下了追求进步的种子；"大学生诚信教育"等专项活动的开展对大学生思想引领起到了重要作用；举办专题讲座也应成为引领学生思想积极向上的常态。

（三）提升育人质量是活动开展的核心

中国梦主题教育的出发点和落脚点均在于提升高校的人才培养质量。活动的实施旨在围绕中国梦的育人网络体系的构建，为高校人才培养提供新的模式和实践。党的二十大报告提出"育人的根本在于立德"，办好人民满意的教育，就要全面贯彻落实党的教育方针，落实立德树人根本任务，培养德智体美劳全面发展的社会主义建设者和接班人。中国梦主题教育实践正是深入领会时代要求和顺应时代潮流的育人探索，实践是否促进了人才培养质量和水平的提升，是检验活动是否成功的核心所在。中国梦既是祖国的强国梦，也是每个大学生的成长成才梦。教育的全部活动是为了人的发展，中国梦主题教育更是在以人为本的理念下有效提升育人质量的积极探索，要始终坚持服务人才培养这一中心任务，注重把培育人文素质和科学精神融入主题教育之中，不断发挥教育活动的示范效应和校园文化的育人功能。

主题教育是一次全面覆盖的文化育人实践，高校要坚持不懈地用习近平新时代中国特色社会主义思想铸魂育人，将中国梦主题教育融入学校"三全育人"的教育格局中，与校园国家安全、意识形态等系列主题教育结合起来实施，拓宽青年大学生政治引领渠道，帮助他们坚定"四个自信"，坚信中华民族伟大复兴的中国梦一定能实现，促使青年大学生扎实掌握所在学科领域的专业知识，主动在社会的大熔炉中运用和检验自己的学习成果，全面发展，全面进步，全面成才。

第二节　学习引领实践探索：
以"六个结合"为主要内容的学风建设路径设计

加强学风建设，营造优良学风环境，是提高教育教学质量的根本保证。随着高等教育的普及化，面对生源质量参差不齐、办学条件改善不力、师资力量配备不足、就业形势日益严峻等问题，高校人才培养急需从数量向质量跃升[①]。在此背景下，聚焦服务和促进大学生成长成才，以学风建设凝聚和挖掘人才培养的精神力量和育人资源，有力主导和服务学生的学习，更好落实立德树人根本任务，显得愈发重要。学风建设离不开具体的实践，西华师范大学一向以拥有一流学风建设著称，梳理、剖析西华师范大学学风建设方案具有代表意义。

---

① 彭大银、刘新静：《研究型大学的转型与本科学风建设》，《教育发展研究》，2017年第Z1期，第45页。

一、总体思路与目标

西华师范大学始终把优良学风建设作为落实立德树人根本任务、提升人才培养质量的基础工程常抓不懈,围绕学风建设精神层面、制度层面、行为层面和物质层面四个基本要素,深入实施"六个结合",探索形成"以传统育学风、以文化扬学风、以改革促学风、以机制保学风"的学风建设。"六个结合"指:目标引导与宣传教育相结合,建立目标导向下的内生动力机制;制度建设与行为规范相结合,建立精细管理下的自我约束机制;第一课堂与第二课堂相结合,建立教学改革下的协同育人机制;组织建设与环境建设相结合,建立资源整合下的环境优化机制;典型示范与警示帮扶相结合,建立朋辈引领下的榜样激励机制;全员参与与评估督导相结合,建立传承创新下的持续改进机制。

二、高校学风建设的要素分析

设计新时代高校学风建设的路径与策略,首先需要明晰学风建设蕴含的要素构成。借助学生发展理论的基础,从学风建设的构成要素来讲,可以将其划分为精神、制度、行为、物质四个要素层面。

(一) 精神层面——理念与氛围

"精神"要素层处于学风建设系统的内核维度,是大学学风的灵魂,体现一所大学在学生成长发展上的核心价值理念。大学精神文化是一所大学特有的批判精神、进取精神和办学价值的集中体现,是大学个性的直接彰显,表现为大学始终尊崇的办学理念和大学人共同的价值追求,在办学治校进程中起着凝聚、激励、导向和保障的特殊作用。精神文化作为大学人对"大学之所谓大学"的一种认知和诠释,深刻影响着学风建设的理念、大学整体的价值观及整个大学优秀文化因子的传承、弥漫和扩散[①]。

(二) 制度层面——纪律与规范

"制度"要素层处于学风建设系统的中介维度,旨在将大学所倡导的核心价值理念转换为强制的制度约定。大学制度具有规范、约束和激励学风建设的功效。大学制度是大学人在长期的办学和治学实践中形成的心理认知、行为习

---

① 钟凯雄:《大学学风的文化属性及其建构摭探》,《高教探索》,2013年第4期,第93页。

惯、价值选择与判断的总和，凝聚着大学人高度概括的治学理念和价值观，也是学校管理规范化、学术发展有序化的重要保障。它是学生行动的有形之规、无形之网，规定学生行为的普遍原则、规范体系。这些规范体系是在社会实践活动中形成的、为学生所认可的，是满足学生需要而制定的。

（三）行为层面——行动与激励

"行为"要素层处于学风建设系统的显性维度，直接体现学风建设的成效。围绕推进学风建设、促进学生发展而产生的行为，是大学教师和学生在大学精神的激励感召和大学制度的规范约束下，为实现学生成长发展目标而本能地响应而采取的有意识有目的的积极行动。其作为一种外显的多样化学习行为，是联结大学各项工作的纽带，是大学价值观和学术精神的显化，是大学精神和制度规范在学风建设实践中的自然延续和必然体现，同时又反作用于精神、制度、物质层面的自我修复、自我发展，体现着学风建设的成果。

（四）物质层面——环境与保障

"物质"要素层处于学风建设系统的表象维度，旨在为持续优化学风保驾护航。物质层是学风建设最直观也是最基础的影响要素。从校园楼堂馆所设计与布局到育人元素的挖掘与彰显，从学生学习环境条件的优化升级到校园人文环境的精心打造，无不体现学风建设必不可少的物质基础。学习资料准备、学习平台搭建、网络空间延伸等的投入和建设程度，是学风建设必须依托的物质保障，只有为大学生提供优质而充分的学习资料和平台，才能从源头上为学风建设注入不竭动力，从根本上提高教育教学质量。物质层面发挥育人功效的程度，往往依赖于其中蕴含的精神力量。

三、加强高校学风建设的路径策略

着眼学风建设的要素构成，应着重从"六个结合"出发，以建立健全内生动力机制、自我约束机制、协同育人机制、榜样激励机制、环境优化机制、持续改进机制六个方面的工作机制为目标，不断优化学风建设的实施路径。

（一）目标引导与宣传教育相结合，建立目标导向下的内生动力机制

激发大学生学习动力，始终是学风建设的关键所在。要引导大学生牢固树立学习目标意识和专业发展意识，广泛开展多角度、立体式、全方位的思想教育和价值引领。构建集思想引领、线上学习和生活服务为一体的学风建设网

的学风建设工作新格局"确立为学校"十三五""十四五"事业改革和发展规划的重要战略与目标任务,将"进一步加强校风学风建设""加强学生教育管理评价体系改革"作为党委班子成员扎实推进主题教育走深走实的调查研究主题,鼓励各二级学院结合院情、学情大力实施"学风建设专项计划"。学校始终秉承"关心关爱学生成长,全面促进学生成才"的育人理念,聚焦学生教育,塑造勤学之"心";聚焦学生管理,养成勤学之"行";聚焦学生服务,对标新时代新需求,广泛凝聚育人合力,努力为学生成长成才保驾护航。持续推进以学风建设为引领的人才培养质量提升行动,着力锻造德智体美劳全面发展的社会主义建设者和接班人。西华师范大学第二次党代会明确将广大师生勤于学习、乐于施教、严谨务实、敢为人先的精神风貌与执着追求,凝练为"艰苦奋斗、开拓创新"的特有基因,勉励全体师生长期坚持、不断弘扬。乐教勤学的优良传统牢牢扎根师生心中,让校园好学乐学氛围更加浓厚。

（二）强化贯通培育,涵养醇厚浓郁的学风文化

聚焦师生贯通,以教风带学风,以学风促教风。学校系统实施师德师风建设工程,在"考、评、晋"等各环节严格落实师德师风第一标准,涌现出全国师德先进个人、全国优秀教师、四川省"四有"好老师、四川省名辅导员等先进典型;深化大学生评价改革,完善综合素质评价体系,每年评选优良学风示范集体、三好学生标兵、五四青年奖章等先进集体与个人,选树出"中国大学生自强之星""大学生年度人物""最美女大学生"等学子榜样。聚焦本硕贯通,围绕学生发展,构建实施"本研一体化"学生工作体系,持续推进优良学风提升计划,广泛开展学风建设月、学术文化节、学子讲堂、优秀大学生报告会和研究生科学道德与学风建设系列活动,注重突出底线教育、高线引领、朋辈激励,用优秀的学风文化引领校园风尚,培养学生优良的学习品质、高尚的学术志趣。聚焦学段贯通,针对各学段不同学生群体的成长特点与教育规律,实施分层分类学业指导与生涯教育,强化学生学业发展与成才指导。坚持线上与线下、集中与分散相结合,通过新生入学教育、"开学第一课"、专业教育讲座、学风建设主题班会、校领导午餐交流会、"我与校（院）领导面对面"、中期学业鉴定与学业警示、毕业生毕业鉴定、学习型"一站式"学生社区建设等,引导学生树立志存高远、追求卓越的良好学习风气,推动形成有利于高素质人才培养的良好育人生态。

（三）注重改革赋能,开凿优良学风的源头活水

学校牢固树立人才培养中心地位,以"培育时代新人"为驱动,优先保障

教学投入、争创一流教风学风，着力突破高质量人才培养瓶颈，扎实推进一流本科教育行动计划，全面实施卓越人才培养2.0计划，持续深化教育教学改革。坚持统筹兼顾，通过深化人才培养模式改革、专业综合改革、课程改革，建立健全三级教学质量监控体系，推进课程设置专通融合发展，强化"专业平台课程"建设，优化教学评价与反馈，探索多样化考试方式，严肃考风考纪，打造专业特色鲜明的"一院一品"学风建设样板集群，突出卓越人才培养计划特色和优势，切实筑牢"第一课堂"凝聚学风主阵地。学校坚持以学生为中心，积极推进本科生"第二课堂成绩单"制度，推动第二课堂活动课程化、规范化、体系化，围绕思想素质养成、文艺体育项目、志愿公益服务、创新创业创造、实践实习实训、劳动体验课程、技能特长培养等方面创设开放、包容、多元的课程项目，不断激发学生学习主动性与积极性，切实拓展第二课堂引领学风主渠道。持续推动深化学生评价改革，健全学生评价制度，完善学校学生荣誉表彰奖励体系，结合实际制定学院学生综合素质测评细则。以"增值赋能"的新视角为牵引，完善学生综合素质评价体系，探索"实现个体增值、促进全面发展"的动态循环评价路径，立项建设四川省高等教育人才培养和教学改革重大项目——"以增值评价为核心要义推进地方师范大学学生综合素质评价体系创新"，为学生的成长和进步持续提供有力的支持和帮助，全面彰显了"人人皆可成才，人人尽展其才"的科学成才观。教风学风在教育教学改革与创新管理实践中更加醇正，学校学风建设呈现出蓬勃生机和旺盛活力。

（四）健全长效机制，铸就人才培养的良好声誉

学校始终坚持全员、全程、全方位协同育人，推动学风建设常态化、制度化、长效化。坚持需求导向，落实党政干部深入联系学生工作制度，常态化开展学风大讨论和工作大调研，精准掌握学生思想、行为、学习现状，加强和改进大学生教育管理服务，尤其是在端正学习态度、规范学习行为、养成良好习惯上寻方法、找答案。坚持问题导向，立足人才培养质量提升，科学制定学风建设推进方案，全面细化各项举措，针对思想引领、学业提升、考研指导、考证过级、服务保障等重要方面与关键环节，提出年度、学期和月度具体措施，有计划、有目标、持续用力、扎实推进，切实将学风建设理念和具体任务层层落实到各学院、各专业、各班级、各寝室，不断健全学风建设体系。坚持效果导向，学校将学风建设情况纳入学生工作年终考评指标体系，以实实在在的成绩检验学风建设成效，切实为学生成长成才保驾护航。经过多年实践探索，学子勤学好学在校园蔚然成风，学校人才培养质量不断提升，铸就了"读书的好地方、选才的好去处"的社会美誉。

第三节 文化引领实践探索：
"1353"文化育人体系建设与实践

文化是一个国家、一个民族的根与魂，亦是一个学校的根与魂。文化育人是人与文化的双向构建活动，旨在用先进文化教育人、引导人、鼓舞人、塑造人。自1946年建校至今，西华师范大学始终将"文化育人"体系建设作为重要的育人支撑和办学特色，坚持在传承中创新、在创新中发展，取得了显著成效。在推进文化育人实践过程中，西华师范大学积极构建"1353"文化育人体系，形成了准确把握青年学生文化需求、科学构建文化育人课程体系、有效实现各要素间深度融合的文化育人经验。

一、总体思路与目标

"1353"文化育人体系，以打造"教师教育特色鲜明的文化育人品牌"为目标，以弘扬"三化"（中华优秀传统文化、革命文化、社会主义先进文化）为支撑，以打造"五节"（校园文化艺术节、社团文化艺术节、新生文化节、创新创业文化节、民族文化交流节）为载体，以培育"三心"（感恩之心、奋进之心、奉献之心）为重点，通过文化育人实现第一课堂和第二课堂融合，借助文化活动优化人才培养路径，运用文化品牌提升育人实效，将文化的传承与创新融入人才培养全过程，打造培育学生坚定理想信念、锤炼高尚品格、练就过硬本领、善于创新创造、矢志艰苦奋斗的精神高地。

二、"1353"文化育人体系的主要内容

"1353"文化育人体系是西华师范大学落实立德树人根本任务，践行"三全育人""五育并举"理念在高校落地见效、育人育心的生动育人范式，得到了全校师生的大力支持。多年来，西华师范大学结合自身实际，深入谋划推进、加强实践探索，推动"1353"文化育人体系走深走实。

（一）以"传统文化"为根基，筑牢文化育人基座

着力彰显教师教育特色的文化育人传统。学校始终聚焦培养高素质的基础

教育和基层教育工作者，扎根文化沃土，将以美育人、以文化人贯穿人才培养始终，体现到教书育人、管理育人、服务育人、环境育人等方方面面，运用文化的力量武装大学生头脑、塑造大学生品格、引导大学生成长，通过文化的浸染将学校"铸魂励教，陶冶化育"的育人理念和目标融入大学生学习生活的各环节、各要素、各方面。经过长期的积淀和坚持，通过一系列扎实有效的文化育人举措，学校把教育理想、师者品质、传统美德和人性光辉沁入大学生的灵魂深处，春风化雨般练就学生崇德、求真、务实、向上、感恩、奉献等优良品格，使学生呈现出"基础教育用得上、贫困地区留得住、敢于担当干得好"的品性。

挖掘运用地域文化资源的文化育人传统。学校因地制宜，确立了以传承红色文化坚定学生理想信念、以研习三国文化锤炼学生忠义品质、以演绎丝绸文化培育学生奉献精神、以发展川北文化涵养学生立身品格和以弘扬嘉陵江文化培育学生家国情怀的文化育人路径。学校紧紧抓住所在地南充是开国元帅朱德、民主革命家张澜、开国大将罗瑞卿等的诞生地，加之胡耀邦同志办公旧址位于校内，设计开展"朱德精神学习研讨""张澜民主革命思想学习"等爱国主义教育，让学生在红色文化浸染中立志报国、不懈奋斗；牢牢把握南充三国文化源头、三国胜迹繁多、三国文化浓厚的地域特点，积极利用三国文化加强学生"仁义礼智信、忠孝节勇和"教育，造就学生工作踏实、作风朴实、为人诚实的优良品质；充分利用南充作为"丝绸之都"所蕴含的丝绸文化魅力，注重"春蚕精神"培育，使学生养成甘于奉献的高尚情操；坚持汲取嘉陵江文化之精髓，增强学生人文底蕴，激发学生文化自信。

建立健全文化活动体系的文化育人传统。学校在人才培养过程中形成了以校园文化艺术节为龙头，各二级学院专业特色文化节为支撑的"校院两级"文化活动体系。与此同时，陆续开办了社团文化艺术节、新生文化节、创新创业文化节、民族文化交流节，进一步健全了文化活动体系和育人网络。自1989年以来，坚持每年举办涵盖师范技能大赛、辩论赛、优秀大学生事迹报告会等数十项文化艺术活动的校园文化艺术节，营造了格调高雅、健康向上的校园文化氛围；已连续举办近30届的社团文化艺术节，成为学生展示风采、提升素质、全面发展的重要舞台；自2007年起学校坚持每年举办的新生文化节，在引导促进大一新生顺利适应大学生活、科学规划职业生涯、矢志奋斗成长成才等方面起到良好教育效果；2015年以来学校创造性组织开展的创新创业文化节，较好地培养了学生的创新意识、创造能力和创业精神；2018年起学校立足培育时代新人开展的民族文化交流节，加强了各民族学生的沟通，唱响了

"中华民族一家亲、同心共筑中国梦"的民族团结进步主旋律。

（二）以"体系构建"为重点，形成文化育人网络

第一课堂和第二课堂相结合。学校重视文化育人课程建设和教材建设，充分发挥课堂教学的主渠道育人功能，夯实文化育人基础。学校每四年修订一次本科人才培养方案，根据文化育人实际调整并适时增加相应课程学分。以必修和选修相结合的方式，充分利用国家级精品视频开放课"中国传统文化纵论""国学""中国风雅文化导学"等文化类通识课程，以及亚卓、尔雅等网络课程资源，打造高质量的文化育人课堂，提升学生文化品格和文学素养。在扎实推进课程育人的同时，科学推进文化育人第二课堂建设，坚持在高质量体系化开展校园文化活动的过程中，实现第二课堂与第一课堂的有效融合，完成人才培养任务。

通识教育与专业教育相结合。在全校层面，文化育人活动重点加强学生通识教育，通过"演讲比赛""三笔字大赛""书法绘画摄影赛""歌舞比赛"等，精心设计举办文化讲堂、论坛、讲座等，使大学生在情趣高雅、氛围浓厚、形式多样的文化大餐中汲取成长的养分，锻炼学生从师基本素养。与此同时，建立健全文化素质育人体系，将文化浸润于专业教育的全过程，实现了专业成长与文化提升的有机融合。一方面，学校通过在人文社会科学类课程特别是在思政课教学过程中，把中国故事和中国文化讲深、讲透、讲好；另一方面，举办专业特色鲜明的"读书节""数学文化节""商业文化节""中外文化交流节""科技文化节""法治文化节"等，实现学生综合素养和专业素养的协调发展。

理论研究与育人实践相结合。学校为将传统文化和巴蜀文化等方面的研究更好地运用于文化育人实践，成立了国学院，并依托这一平台，根据各个年级学生的不同需求，系统开展"蒙学培训""国学讲师培训""国学讲坛"等教育活动，使广大学生深受传统文化的熏陶和洗礼。学校借助三国文化的研究，将大学文化与其巧妙融合，创造性地探索出"'读史年华'历史剧本创作暨优秀历史剧目展演大赛"，吸引了全校学生乃至四川各高校学生的积极参与，已经成为校园文化的经典品牌，还进一步创作出以三国文化为源泉的文艺作品《忆·翼德》《阆中旖梦》以及文化纪念品"三国"（人物）和"沁香品茗"（茶具）等。

（三）以"平台搭建"为抓手，打造文化育人高地

注重理论阐释，建立研究平台。学校通过建设文化育人研究平台，为推进和深化文化育人工作提供理论支撑，使文化育人工作更加科学、系统、深入。

学校专门成立了巴蜀文化研究所、三国文化研究中心、写本研究中心、朱德研究中心、习近平新时代中国特色社会主义思想青年学习社、西部区域文化研究中心、地方档案与文献研究中心、四川省落下闳研究中心。研究平台的搭建极大地促进了对中华优秀传统文化、革命文化和社会主义先进文化的研究与阐释，陆续推出了一系列研究成果，出版《中国传统文化要略》《朱德研究文集》《川陕革命根据地历史文献资料集成》《三国文化历史走向》等教材和专著。

着眼学生需求，完善活动平台。学校成立了大学生文化艺术中心，专门统筹全校文化艺术活动的开展。按照百花齐放、传承发展的原则，借助校园文化艺术节、社团文化艺术节、新生文化节、创新创业文化节、民族文化交流节，蓬勃开展校园文化活动，系统打造集思想性、知识性、趣味性和师范性为一体，贴近学生成长发展实际，满足学生精神文化需要的校园文化活动，从多个维度对学生施以文化影响和正面引导。

重视育人氛围，优化文化环境。学校统筹推进物质文化和精神文化建设，注重校园景观的文化育人功能，在行署校区教学楼前建有"孔子讲学"雕塑，在华凤校区图书馆前树有孔子立像，鲜明地体现了学为人师的价值导向。在学校的文化走廊、实物景观和楼堂馆所设计方面，也尤其注重育人元素的彰显，充分体现学校"铸魂励教、陶冶化育"的育人理念，将志存高远、追求卓越、敬业奉献、以身作则等品质融入其中，不断夯实校园的人文根基和师范属性。

三、"1353"文化育人体系取得的成效

"1353"文化育人体系经过不断探索、实践和创新，逐步形成了具有西华师范大学标识的文化育人品牌特色，赢得了广泛的社会美誉。

（一）坚持将师范特性贯穿文化育人始终，建成了具有鲜明教师教育特色的文化育人品牌

教师不仅要启迪人的智慧，还要塑造人的生命和灵魂。在具备扎实的专业知识、过硬的师范技能的同时，师范生更加需要高尚的道德情操和深厚的人文底蕴。这些都有赖于文化的浸润和滋养，都需要通过文化施以深刻、潜在和持久的影响。西华师范大学在70余年的办学实践中，始终聚焦培养高素质的教育工作者，扎根文化沃土，坚持以美育人、以文化人，在不断汲取中华优秀传统文化、革命文化和社会主义先进文化的精神力量的同时，充分挖掘优质地域文化资源，将其全面深入地运用到人才培养的全过程，在文化育人的体系建

设、平台建设、机制建设等方面取得了显著成效，使浓郁的师者文化气息弥漫在校园的各个角落，伴随莘莘学子的整个大学生活。

（二）坚持将学生主体贯穿文化育人始终，形成了以学生参与度和满意度为价值遵循的实践模式

在文化育人实践中，经过不断探索发展，逐渐形成了四个实践特色。一是全员参与和自愿参加相结合。对于已融入人才培养体系、精心编排设计、对大学生成长成才有重要影响的文化育人活动，坚持实行全覆盖，如"我的大学"文艺汇演、优秀大学生先进事迹报告会、"五四"表彰、校园文化艺术节等。而对于兴趣类、专业类等文化育人活动，立足学生实际需求，引导鼓励同学自愿参加，如社团文化活动、演讲赛、辩论赛、三笔字大赛等。二是传统文化和地域文化相结合。积极开设传统文化相关课程，从第一课堂的主渠道强化传统文化的育人功能。充分利用川东北地区丰富的地域文化资源，满足人才培养的实际需求。三是高雅艺术与校园文化相结合。中国东方演艺集团、中国歌剧舞剧院等国家级院团屡次来校演出，让全校师生接受高雅艺术的熏陶、感受高雅艺术的魅力。与此同时，繁荣发展校园文化，借助大学生文化艺术中心、大学生艺术团和音乐学院、美术学院等专业院系，创作编排各类文化艺术作品，根据育人需要适时面向全校同学展演。四是感官体验与实际参与相结合。在学生潜移默化接受文化熏陶浸染的同时，学校通过组织大学生文化实践，传播先进文化，增强学生文化自信，实现文化育人。

（三）坚持将价值引领贯穿文化育人始终，培养了西华师范大学学子特有的精神特质

从深入系统的新生入学教育开始，学校就借助校园文化活动的有力载体，强化大学生思想引领和价值塑造，把理想信念和崇德尚美的种子和西华师范大学文化基因中特有的勤奋刻苦、严谨务实的品质播撒在学子们心间。学生进校伊始，便强化学校历史和传统教育，传承校园精神，矢志追求卓越。强化分层分类指导，强化榜样教育，宣传展示优秀学子成才事迹，帮助学生树立学习信心，激发内生动力。遵循教育规律和学生成长规律，扎实有序、协同推进传统思想政治教育和网络思想政治教育。学校通过组织专题讲座、主题班会、沙龙研讨、微党课、知识竞赛、政策宣讲、民族大联欢等活动，加强形势与政策教育、国家安全教育、民族团结教育、安全法制教育等，培养学生爱国爱民的家国情怀和励志勤学的奋斗精神，教育引导学生积极践行社会主义核心价值观，构建正确的世界观、人生观、价值观。

（四）坚持将精品建设贯穿文化育人始终，打造了一批具有持久影响力的文化育人成果

一是加强文化育人课程建设。开设中华优秀传统文化、革命文化和社会主义先进文化的专门课程，系统阐释文化的博大精深和无穷魅力；在人文社会科学类课程特别是在思想政治课教学过程中，把中国故事和中国文化讲深、讲透、讲好；举办专门的文化讲堂、论坛、讲座。二是完善典型引领示范工程。在校园文化品牌建设中坚持注重发挥先进典型的示范作用，以朋辈榜样的优秀品质、模范行为和卓越成就激励青年学子苦练本领、追求卓越，着力构建发掘、宣传、学习、研究"四位一体"的大学生先进典型培育机制。高质量举办"三好学生标兵擂台赛""优秀大学毕业生先进事迹报告会""学子讲堂"等系列文化活动，发挥优秀学生的激励和示范作用，实现相互影响、相互激励、个别带动一般，激发大学生学习典型、成为典型的自觉行为。三是深化校园文化育人精品成果建设。创作编排了全国一等奖舞蹈《川北名坊》《丰碑》《绒花》《蜀绣》等高水平的文化艺术作品。系统打造集思想性、知识性和趣味性为一体的校园文化活动，形成浓郁的文化育人氛围，受到各界高度关注和广泛赞誉。

四、"1353"文化育人体系的经验启示

"1353"文化育人体系较好地结合了学校实际，并打造形成了自己的育人特色和品牌，使之能更好地向下扎根、向上生长，长久绽放育人的魅力。

（一）准确把握青年学生的文化需求和成长需要

随着世界多极化、经济全球化、文化多样化、社会信息化深入发展，青年大学生对文化的需求复杂多样且变化迅速，如何有效对接青年大学生的文化需求，是决定文化育人水平与质量的重要前提。牢牢把握这一重点方向，要求高校文化育人目标在设定上要体现人本性，充分尊重大学生的主体地位，体现人文关怀，将文化育人目标与大学生的成长发展紧密联系起来。只有"使教育真正成为人的教育，而不是机器的教育"，才能最大限度地调动大学生个体意识的能动性和积极性。

（二）科学构建文化育人课程体系

文化育人离不开课堂教学这一主渠道，需以人文、思政、历史、艺术课程为主体，以人文素养培养为核心，以综合素质提升为重点，统筹推进文化育人

课程建设。要坚持第一课堂与第二课堂融会贯通，将文化育人实践活动纳入教学计划，深度对接"第二课堂成绩单"制度。与此同时，要注重深挖地方文化育人资源，重视和加强地域文化研究与阐释工作，并充分借鉴吸收纳入文化育人课程。

（三）大力改进文化育人方式手段

文化育人需要注重内涵建设，充分发挥人文艺术院系专业对文化育人工作的示范引领作用，促进人文艺术教育与思想政治教育有机融合、专业课程教学与文化课程教学相辅相成。要加强文化育人与德育、智育、体育、美育和劳动教育的融合，围绕文化育人目标，整合相关条块内容，挖掘不同学科和实践活动中的育人资源，让社会主义核心价值观、中华优秀传统文化、红色文化、地方文化等文化基因潜移默化浸润学生心田，努力形成课堂教学、课外活动、校园文化的育人合力，以文化人、以美育人。

（四）统筹整合文化育人队伍力量

文化育人工作离不开一支师德高尚、业务精湛、充满活力的高素质文化育人教师队伍。要充分挖掘利用现有师资队伍力量，积极组建文化育人教学联盟，聘请相关领域文化艺术从业者和民间艺人进校园，因地制宜成立文化艺术工作室。成立校际文化育人协作组织，发挥人文艺术学科名师的引领作用，促进文化育人优质师资资源共享。建构家校合作文化育人机制，深化校地合作平台建设，共同营造有利于青年学子健康成长、积极向上的社会文化环境。

第四节 榜样引领实践探索：大学生朋辈榜样教育模式设计

榜样是一面旗、一束光、一种力量，可使道德准则及行为规范具体化、形象化、人格化。大学生是党和国家的未来和希望，大学阶段更是其世界观、人生观、价值观形成的关键期，这一时期，大学生身心发展趋于成熟，自我意识与个人发展规划在学习与生活实践中不断修正而逐步明晰。大学生朋辈榜样是大学生群体里的先进典型，主要包括同学及校友，其在道德品质、人格魅力、行为表现、经验成就等方面均具有示范、激励和教化作用。大学生朋辈榜样教育模式具备影响面广、渗透性强、接受度高等特点。广大学子对榜样积极效仿和学习，以追求更高的目标和达成更大的成就，从而全面发展、成长成才。

一、总体思路与目标

朋辈榜样教育是利用同龄人之间的相互影响和模仿效应，促进广大学子成长和发展的教育模式。大学生朋辈榜样教育以强化一体推进、突出立体多元、建好平台阵地、落实后续追踪为主线，以生态构筑、资源整合、动能集聚、成效检验为内容，充分结合高校育人实际和新时代大学生特点，不断丰富大学生朋辈榜样教育方式方法，建立健全大学生朋辈榜样教育长效机制，为发挥大学生朋辈榜样育人功能、促进育人质量提升提供实践路径参考。

二、大学生朋辈榜样教育的路径策略

开展大学生朋辈榜样教育是完善大学生思想政治教育体系、拓宽大学生思想政治教育渠道、激发大学生思想政治教育活力的有效形式，主要围绕以下四个方面进行。

（一）强化一体推进，构筑朋辈榜样育人生态

朋辈榜样育人生态主要是指各要素相互作用而形成的育人"大环境""大课堂"，体现着显性与隐性、静态与动态、物质与精神相结合的特点。构筑朋辈榜样育人生态关键在于优化理念、加强领导、健全制度、强化保障。

"优化理念"是开展大学生朋辈榜样教育的关键。尊崇英雄、礼赞楷模、学习榜样，是中华民族特有的基因禀赋，正因如此，朋辈榜样教育在示范引领大学生成长发展上有着天然的优势，理应成为大学生思想政治教育的重要手段。大学生朋辈榜样教育的主体和受体是由年龄、兴趣、态度、价值观等方面十分接近的个体构成的，彼此之间无论是实际年龄、心理特点还是生活的时代背景都高度相同。榜样的引领使广大学生感同身受、喜闻乐见、乐于接受，可有效达成教育目标。

"加强领导"是指全面加强对朋辈榜样教育的组织领导。坚持顶层设计、整体推动，明确愿景和目标，制定具体规划，形成上下联动的大学生朋辈榜样教育组织网络。健全组织机构，明确学校学生工作领导小组对大学生朋辈榜样教育的管理和指导责任，切实做好朋辈榜样教育的策划、组织、实施和评估等工作。

"健全制度"是指健全指导和促进大学生朋辈榜样教育开展的相应规章制

度。制度建设要深刻把握时代要求，契合学生特点和发展规律，坚持守正创新，做到与时俱进。制度内容设计要注重科学统一、整体协调，锚定如何全面、有效、立体选树真正具有代表性、影响力的朋辈榜样，并对榜样教育实施提供基本遵循。

"强化保障"要求从组织到人员、从软件到硬件全方位保障榜样教育开展。强化朋辈榜样文化建设，将其融入校园文化建设、学风建设、班团建设。支持学校各部门、各组织开展丰富多彩、形式多样的朋辈榜样育人活动。注重精神激励与物质奖励相结合。持续提升硬件保障力度，在经费、场地、设备等方面为开展朋辈榜样教育提供有力支持。

（二）突出立体多元，选树朋辈榜样示范群体

选树朋辈榜样示范群体是开展朋辈榜样教育活动的基础。选树朋辈榜样示范群体关键在于丰富形式、选树典型、创建品牌、建强队伍。

"丰富形式"体现着面向人人的价值取向。尊重大学生的多样性和个性化发展，注重各方面先进典型的选树，综合考虑学生的德智体美劳等多方面的能力与素质，多层次、多维度挖掘朋辈榜样群体[1]。广泛开展三好学生、优秀学生干部、优秀团员、各级各类奖学金等评选。积极选送学生参加大学生年度人物、自强之星等评选。聚焦学习主责主业，打造优校风学风，开展"十佳优良学风班""十佳优良学风寝室""优秀学习笔记""优秀实验报告"等评选。发挥朋辈榜样帮扶作用，建立党员先锋队伍、朋辈学习互助队伍、朋辈心理咨询队伍、朋辈资助宣讲队伍等，开展"资助育人形象大使""优秀朋辈心理咨询员"等评选。

"选树典型"就是要选出契合学生发展规律和符合时代需求的朋辈榜样。要强调规范，规定选树标准、范围、数量等，对选树对象事迹、成就等方面进行严格审核，杜绝夸张夸大和随意拔高，明确奖励和荣誉，严格评选流程，体现称号权威性和榜样影响力。要突出多元，榜样的多元化与社会价值观的多元化是紧密相关的，只有树立不同类型的榜样，才能满足不同层次群体的需求[2]。坚持普遍性与特殊性相统一，选树朋辈榜样在重点考量全面发展的同时，还要围绕崇德向善、勤学善学、创新创造、自立自强等方面选树特点突出、亮点鲜明的朋辈榜样，使其在不同领域、不同方面引领学生志存高远、追

---

[1] 龙汉武：《新时代大学生朋辈榜样文化建设研究》，中国社会科学出版社，2022年，第199页。
[2] 秦赞、张敬亚：《榜样教育的价值、原则与实践路径研究》，《石家庄学院学报》，2021年第4期，第131页。

求卓越。

"创建品牌"是在做好常规性、普遍性评优评奖的同时,要进一步强化龙头示范作用,在优中选优,抓好关键少数。如举办"三好学生标兵擂台赛",在全校三好学生中通过初选推荐、综合测评、现场展示、学生投票等方式,打擂评出"三好学生标兵",这些标兵不仅综合素质优异,更是广大同学亲自参与选出的朋辈榜样,是真正的"身边的榜样",其代表性强、影响深远、接受度高,具备更好的示范、激励和引导作用。

"建强队伍"是为大学生朋辈榜样教育开展提供人力保障。科学高效进行朋辈榜样管理,分门别类精细化建立"朋辈榜样信息库"。强化朋辈榜样再培育、再提升,为朋辈榜样提供持续的教育和支持,办好"党校""团校""干校""青马班"等,举办"学生骨干素质能力提升训练营""学生骨干研学游学"等,使朋辈榜样持续夯实优质品质,帮助他们更好成长并应对新的挑战。强化朋辈榜样教育工作队伍建设,辅导员作为实施学生思想政治教育和价值引领的中坚力量,持续推进该队伍专业化、职业化、专家化发展。

(三)建好平台阵地,集聚朋辈榜样领航动能

朋辈榜样领航动能是否强劲有力,在于学校能否利用有效平台、采用有效途径扩大朋辈榜样影响力和辐射面。集聚朋辈榜样领航动能关键在于建好面对面交流平台、建强网络阵地、建设精准朋辈指导平台、营造浓厚氛围。

"建好面对面交流平台"重点突出真切感和互动性,拉近朋辈榜样与大学生之间的距离。要挖掘朋辈榜样真实鲜活事迹,推进双方情感互动,让广大学生真切感受到榜样就在身边,切实提升对榜样的认同感,从而增强学习榜样、向榜样看齐的主动性。创设开展"学子讲堂""校友讲堂""三好学生标兵事迹巡讲""五四青年奖章获得者报告会""优大生事迹报告会""学习经验分享会""考研经验分享会"等榜样宣讲活动,交流成长成才经验,充分发挥优秀学子的领航作用。

"建强网络阵地"是将新媒体、新技术与大学生朋辈榜样示范引领结合起来。要强化精准识别,掌握学生实际需求,了解学生网络运用情况,有针对性地开展朋辈榜样教育。要广泛聚合网络平台,综合运用文字、图片、视频、音频等形式,系统搭建网站、易班、微信公众号、视频号等网络育人立体矩阵。要注重内容设计,抓住入学、毕业、重大节假日、学生考研等关键节点,聚焦国家奖学金获得者、三好学生标兵、五四青年奖章获得者、考研先进集体及个人、学风先进集体及个人等榜样群体,策划开展有关网络育人专题宣传,做好"榜样领航""'学霸'在身边""我的成长故事"等主题展示,由点到面、由表

及里深化朋辈榜样影响力。

"建设精准朋辈指导平台"在于充分发挥各类型朋辈榜样的特点和优势，全面提升朋辈榜样育人的针对性。朋辈榜样既有全面发展的，也有术有专攻的，围绕新生适应、大学规划、科研竞赛、考研保研、留学深造、实习就业等方面，遴选组建特点鲜明、优势突出的朋辈榜样团队，通过经验分享、专题讲座、结对帮扶等方式，为广大学生提供相关咨询和指导。成立朋辈榜样服务学生的专门组织，建立如"朋辈榜样心灵驿站""朋辈榜样促学工作室""朋辈榜样解惑站"等，安排专人负责管理和指导，使朋辈榜样精准参与到学生思想引领、成长发展各环节。

"营造浓厚氛围"是在校园内形成积极上进、创先争优的良好风气。坚持将朋辈榜样文化建设作为校园文化建设的重要组成部分，引领广大学生在潜移默化中向优秀学习、向先进看齐。依托入学典礼、毕业典礼、荣誉表彰大会等重大活动，利用网络、纸质刊物、宣传栏、广播等，宣传朋辈榜样先进事迹，立体展现朋辈榜样精神风貌。

（四）落实后续追踪，检验朋辈榜样育人成效

通过后续追踪、评价，科学掌握朋辈榜样教育开展过程中广大学生的感受、收获及意见建议，查找分析弱项短板，改进工作举措，形成朋辈榜样育人长效机制。检验朋辈榜样育人成效关键在于评估内化和践行情况、强化提升改进、追踪朋辈榜样发展、凝练经验特色。

"评估内化和践行情况"要注重显性与隐性、客观与主观相结合，既要通过具体数据看效果，更要尊重和重视受教育者的评价。做好全方位调研，在学风学情、朋辈榜样教育满意度、学生关注和欢迎的朋辈榜样等方面开展问卷调查，分类别组织新生代表、毕业生代表、考研学生代表、受助学生代表、民族学生代表等进行座谈，全面倾听学生最真实的体会，精准掌握学生在朋辈榜样教育过程中的变化、收获、成长，积极回应和解决学生的诉求等。对接教师评价，收集辅导员、班主任、专任课教师等对朋辈榜样育人效果的评价。拓展家庭评价，加强家庭教育与学校教育的衔接，引导家长树立正确的教育观念，通过集体座谈、家访等，与家长面对面交流，了解他们对学生变化的观察和感受。重视学生自我评价，全覆盖、高质量开展学生自我分析鉴定，如学期鉴定、中期鉴定、毕业鉴定等，引导和帮助学生全面梳理和总结在"比学赶超"过程中取得的成绩、存在的不足，以及对标自身目标确定的下一步努力方向。

"强化提升改进"是提高朋辈榜样教育质量，形成朋辈榜样育人长效机制的必然要求。始终将立德树人作为根本任务，持续优化朋辈榜样教育理念和选

树标准，突出朋辈榜样选立的先进性、时代性、多样性、生活性。坚持发挥学生主体作用，提高朋辈榜样选立的学生参与度，有效满足学生实际需要。收集、统计评估结果，认真吸纳各方意见和建议，与预期育人目标进行论证比较，做好偏差识别，及时调整和优化朋辈榜样教育内容和形式。

"追踪朋辈榜样发展"对于贯通朋辈榜样育人路径具有重要意义。朋辈榜样教育的两个主体是朋辈榜样和受教育者，朋辈榜样后续是否发展得好、是否成长得快，很大程度基于榜样选树和培养机制是否科学有效，很大程度决定了朋辈榜样的先进经验是否能真正促进受教育者进步，是对朋辈榜样育人成效的再检验、再印证。建立"朋辈榜样发展追踪库"，对在校和已毕业朋辈榜样发展情况进行长期动态追踪，了解他们的成长轨迹，进一步凝聚朋辈榜样育人资源。延伸朋辈榜样教育实施路径，结合育人实际，邀请已毕业的朋辈榜样回校开展专题讲座，与学生座谈交流，共话成长，形成朋辈榜样教育闭环。

"凝练经验特色"在于形成独具特色的校园朋辈榜样教育模式，为高质量开展朋辈榜样教育提供经验遵循。做好实践经验总结，归纳形成朋辈榜样教育理念、朋辈榜样教育实施流程、朋辈榜样教育成效亮点等。强化朋辈榜样教育科学研究，开展专门课题申报、立项和实施，组织朋辈榜样育人品牌试点建设，为朋辈榜样教育提供理论支撑。建立健全可参考借鉴和复制推广的"朋辈榜样教育案例库"，丰富案例库榜样选取类型，打造内容丰富、类型多样、涉猎广泛的朋辈榜样教育数据库。对理念形式新颖、学生好评度高、育人效果好、育人成果丰富的朋辈榜样教育方案、模式进行系统梳理和总结，打造朋辈榜样教育优秀"样板库"并予以推广和运用。

第五节 创新引领实践探索：
基于实践教学改革的大学生创新创业能力培养

就业是民生之本，创业是民富之路，创新是民族之魂。近年来，国家出台多项政策支持大学生创新创业，大学生创新创业教育不断加强，对推动大学生创业就业，促进大学生全面成长成才，服务国家重大战略发挥了重要作用。但是，从大学生创新创业能力培养工作实际运转情况来看，还存在着高校有关职能部门多头负责、教育教学手段相对单一等诸多问题。如何通过实践教学改革进一步增强大学生创新创业能力培养的针对性、实效性，成为新时代新形势下高校人才培养工作面临的一项重要课题。

一、总体思路与目标

本设计从实践教学改革的角度，结合当前高校大学生创新创业能力培养教育工作实际，以"立足专业促进创新，立足创新促进创业"为工作思路，从加强组织保障、突出教学主体、创新教育形式、注重实践锻炼、鼓励自主创业等五个方面入手，就如何进一步培养大学生创新创业能力进行全方位、多角度的剖析，致力于建立健全大学生创新创业教育工作体系，为高校开展大学生创新创业教育提供参考，切实帮助和引导大学生树立创新创业意识、提高创新创业能力。

二、加强大学生创新创业能力培养的路径策略

（一）加强组织保障，形成大学生创新创业能力培养强大合力

当前，越来越多的大学生选择自主创业解决就业问题，自主创业已然成为部分大学生就业的首选方式，事关社稷民生。在这样的背景下，高校大学生创新创业教育提高到了前所未有的高度。然而，我国大学生创新创业教育起步较晚，针对大学生的创新创业教育体系建设在不断完善，要深入开展大学生创新创业教育必须从课堂教学入手，尤其要融入实践教学的各个方面，因此，着眼于大学生创新创业教育，深化实践教学改革迫在眉睫。

高校开展大学生创新创业教育是一个复杂的系统工程，如何推进深化，如何与原先课堂教学配合等，都需要统筹推进、协作运行。为此，深化实践教学改革，推动大学生创新创业工作提质增效，理应成立专门的实践教学改革工作组，由高校创新创业中心部门牵头，会同教育教学工作、就业工作、学生工作、青年工作等部门联合开展工作，形成《大学生创新创业实施方案》等一系列工作制度，建立大学生创新创业教育教研室、大学生创新创业培训中心和大学生创业孵化基地等实体。同时，各二级院（系）成立相应工作组，由专人负责学生创业与实践教学改革工作，最终形成"学校统揽、部门统筹、学院自主、全员联动"齐抓共管工作体系，为提高大学生创新创业能力凝聚强大合力。

（二）突出教学主体，打牢大学生创新创业能力培养坚实基础

深化实践教学改革，提升大学生创新创业能力，必须充分发挥教学的主体

地位。具体而言,要将创新创业教育作为大学生的必修课,同时根据学科特点和学生实际开设创新创业类教育实践课程。近年来,高校面向在校学生开设了"大学生创新创业教育""大学生创新创业基础""大学生职业生涯规划""就业与创业指导"等课程,并选派有经验的中青年骨干教师任教,同时选用国家级规划教材和普通高等教育精品教材,对学生的职业生涯规划和创新创业能力进行系统培养,取得积极成效。当前,面向大学生开展创新创业教育课堂教学已成为实践教学改革的重要一环。

发挥教学的主体地位,要加强创新创业教育课程管理,完善创新创业教育学籍制度,改革创新创业教学方式方法。坚持把创新创业教育融入教育教学、人才培养全过程,在传授专业知识的同时,着力提升学生敢闯的素质、会创的能力,建立新的人才质量观、新的教学质量观、新的大学质量文化。广泛深入开展讨论式、启发式教学,实施高水平互动式课堂教学改革,强化培养学生的批判性思维和创造性意识。与此同时,要配齐配强创新创业教育教师队伍,想方设法加强创新创业教师队伍激励引导。尤其要推进教师职称制度改革,完善教师职称评审标准,根据不同学科和不同岗位特点,分类设置评价指标并确定评审办法,把教师指导学生创新创业、社会实践等情况计入工作量。完善科技成果转化激励机制,以质量和转化绩效为导向,更加重视专利质量和转化运用等指标,在职称晋升、绩效考核、岗位聘任、项目结题和人才评价中加大专利转化运用的比重。

(三)创新教育形式,丰富大学生创新创业能力培养教育载体

创新创业教育本身具有开放性、多样性的特点,必须从课堂教学延伸开来。由于我国大学生创新创业教育经验尚不丰富,形式较为单一,存在课程与实践脱节的现象,高校确有必要创新教育方式,不断丰富大学生创新创业能力培养的教育载体。

一是开设兴趣班。当前,创新创业意识已经在大学校园得到广泛共识,但如何为大学生提供一个最佳的成长环境,怎样为大学生打造一个交流共享的平台,值得高校教育工作者深思。无疑,将已有资源汇聚起来,将有志于创新创业的同学组织起来,以兴趣班的形式开展教育指导,是加强学生创新创业教育的重要途径和有效方式。兴趣班根据专业特点和学生兴趣自愿组成,学校负责创新创业教育的部门统一组织实施,通过"思维训练""大家讲坛""方案策划""实地见习""顶岗实习""经验交流""主题沙龙"等多种教育形式,对大学生进行系统辅导,并通过这一平台让大学实现思维的碰撞和资源的共享,一起成长,共同进步。

二是开展专题培训。开展大学生创新创业教育专题培训是营造创新型、创业型校园氛围的重要渠道。为此,各高校就业工作、学生教育工作、青年工作等相关职能部门和教学单位要通力合作,大力开展各类专题培训,并积极联合所在地方人力资源和社会保障部门、就业主管部门、企业服务中心、科技园区等,以"关注创业、鼓励创业、自主创业、服务创业"为主题定期举办各类创新创业专题讲座,用成功创业者和就业指导者的亲身经历来鼓励大学生勇于创新创业、善于创新创业。同时,各高校二级院(系)应根据自身的专业特点,积极创建各类开放实验室、校企联合实践基地,探索建立校内实践基地与校外实践基地联动机制,有效培养大学生实践创新能力。此外,高校还可以适时适量聘请校外创业成功人士担任创业顾问,为学生参与创新创业提供更多的指导。

三是主动参加各级各类竞赛。创新创业训练及学科技能竞赛是实践教学环节的重要组成部分,对大学生创新思维训练、创新能力培养和综合素质提升有十分显著的作用,是高校推动教育教学改革、培养创新型人才、增强就业竞争力、增进产学研合作的有效途径。各高校要以参加全国"挑战杯""互联网+"大学生创新创业大赛为龙头和抓手,通过宣传发动、作品培育、参赛交流等环节,广泛调动大学生参与社会调查、论文设计、科技发明和撰写创业计划书的积极性、创造性,在校内掀起创新创业的新热潮。同时,充分调动创业类学生社团积极性,如大学生就业与创业协会、商学会、计算机协会等,组织开展电子商务综合实验、企业决策模拟实验、企业管理创新大赛等与创业相关的专业竞赛活动,通过资金、技术、政策援助来吸引广大学生参与其中,切实提升大学生实践和创新创业能力,使之规范化、科学化、制度化、常态化。

四是鼓励申报科技创新立项。大学生知识丰富、思维活跃、敏于观察、善于钻研,是科技创新活动的生力军。深入推进大学生科技创新立项工作对于新形势下的高校育人工作和创新型人才培养都具有不容忽视的重要作用。当前,要进一步加强组织领导,建立健全工作机制,设立并规范使用科技创新活动专项基金,扎实开展科技立项、科技评审、科技竞赛等系列活动,精心选拔高质量科研项目申报省级和国家级"大学生创新创业训练项目"及高校"大学生创新基金项目"。同时在大学生科技创新立项申报、实践操作、结题答辩等过程中,要建立健全导师指导制,充分发挥指导教师的积极作用,促进项目落地转化。

(四)注重实践锻炼,搭建大学生创新创业能力培养施展舞台

大学生创新创业能力培养,需要走上社会这个广阔的舞台。社会实践是培养大学生认识和观察社会、训练应用能力和操作技能的重要环节,是大学生创

新创业能力培养的重要载体，也是检验大学生创新思维和创业思想的重要渠道。社会实践不仅要求大学生对所学专业知识和技能进行综合运用，实现理论与实践的有力结合，而且使大学生通过社会实践，进一步提高其分析问题和解决问题的能力，并在具体工作中逐渐培养动手能力和创新精神。

在培养大学生创新创业能力的过程中，社会实践要秉承项目化实施、品牌化打造、社会化运作的工作理念，坚持实践活动按需设项、据项组团、双向受益的工作原则，在推动地方经济文化事业发展的过程中培养和提升大学生创新创业能力。高校可以鼓励大学生借助社会实践将"创新创业训练计划"项目大力推动、广泛实施，将假期社会实践活动的开展与地方经济文化事业发展需求紧密结合，通过政府搭台、企业支持、高校对接、共建共享，促进教育链、人才链与产业链、创新链有机衔接，以产业和技术发展的最新需求推动高校人才培养改革，结合专业特点积极构建与企业、科研机构等合作育人机制，着力于企业行业共同推进全流程协同育人，激发大学生创新创业的活力[①]。企业提供师资、软硬件条件、投资基金等，支持高校加强创新创业教育课程体系、实践训练体系、创客空间、项目孵化转化平台等的建设，同时提供资金、指导教师和项目研究方向，支持高校学生进行创新创业实践。高校可建立校内实践基地与校外实践基地联动机制，建设校内大学科技园、大学生创业园、创业孵化基地和小微企业创业基地，建好一批校外创新创业实践教育基地、创业示范基地、科技创业实习基地和职业院校实训基地，定期选拔若干专业对口、综合素质较高的大学生到所在地区的各级各类政府机关单位和企事业单位顶岗见习，让大学生在实践中展示风采、增长知识、提升能力。

（五）鼓励自主创业，推动大学生创业就业工作服务提质增效

随着形势的发展和认识的转变，越来越多的大学生选择自主创业。从目前大学生创业情况来看，刚刚踏出"象牙塔"的大学生的创业之路并不理想，创业成功的比例还不够高，面临诸多的困难和问题：有大学生自身的问题，如创新意识不强，创业能力不足；有创业领域、创业环境的问题；也有家庭的问题，如经济难以支持大学生创业，传统思想的枷锁等。为解决大学生创业所遇到的难题，鼓励大学生自主创业，各高校要统筹协同，强力整合并充分利用校内外的各种资源，建立校院两级信息服务平台，加强大学生创业就业工作指导服务力度，大力建设众创空间（创业服务平台）和孵化基地，设立创业专项扶

---

① 王永铨、张振岳：《新时代大学生创新创业素养培育路径》，《教育评论》，2022年第1期，第88页。

持资金，建立专业的创业导师团队，为正在创业或即将创业的学生提供必要的政策、法律和技术支持。同时根据创新创业大学生不同阶段和不同需求，为有自主创业意向的大学生实时提供国家政策、市场动向等信息，有针对性地做好创业项目对接、创业培训实训、政策典型宣传、创业专业咨询、知识产权交易等服务，实行持续帮扶、全程指导、一站式服务。总之，只要立志创业的学生的创业项目和计划得到学校的认可，学校便通过项目等形式对其提供创业资金援助和指导。

深化实践教学改革是一项系统工程，在此期间，培养大学生创新创业能力工作依旧存在诸多不容忽视而亟待解决的问题，比如创新创业教育教师水平不高，创新创业项目支持经费不足，良好的创新创业环境不多，学生创新创业热情不够，等等。但是，随着实践教学改革的不断深化与拓展，以及政府对大学生创新创业工作支持力度的不断加大，大学生创新创业能力培养工作将得到进一步改善。

参考文献

[1] 高毅哲,林焕新. 加快建设高教量教育体系 办好人民满意的教育[N]. 中国教育,2023-01-13(1).

[2] 卡尔. 积极心理学[M]. 郑雪,王燕,田丽丽,等译. 北京:中国轻工业出版社,2008年.

[3] 卞成林. 红色文化创造性地融入高校思想政治教育的实践路径[J]. 社会科学家,2020(5):9-13.

[4] 习近平对学校思政课建设作出重要指示强调 不断开创新时代思政教育新局面 努力培养更多让党放心爱国奉献担当民族复兴重任的时代新人[N]. 人民日报,2024-05-12(1).

[5] 陈虹. 新时代高校心理育人价值实现研究[D]. 福州:福建师范大学,2021.

[6] 陈虹. 新时代高校心理育人内涵、困境与应对[J]. 思想理论教育导刊,2019(7):110-113.

[7] 陈华. 大学生思想政治教育与心理健康教育融合及实践[M]. 成都:四川大学出版社,2023.

[8] 陈君. 大学生心理健康教育与思想政治教育相结合研究[D]. 武汉:武汉大学,2019.

[9] 陈南菲. 新时代高校心理育人工作高质量发展面临的现实挑战与应对策略探究[J]. 思想教育研究,2023(6):134-137.

[10] 陈权,杨道建. 新时代高校心理育人的理论和实践[M]. 镇江:江苏大学出版社,2021.

[11] 陈万柏,张耀灿. 思想政治教育学原理[M]. 北京:高等教育出版社,2015.

[12] 陈媛. 铸牢中华民族共同体意识视阈下民族院校大学精神的阐释与建构[J]. 广西民族大学学报(哲学社会科学版),2023(2):137-143.

[13] 崔景贵. 解读心理教育：多学科视野［M］. 北京：高等教育出版社，2004.

[14] 邓小平. 邓小平文选（第二卷）［M］. 北京：人民出版社，1994.

[15] 邓小平. 邓小平文选（第三卷）［M］. 北京：人民出版社，1993.

[16] 董青. 新时代环境下大学生思想政治教育面临的挑战及对策研究［J］. 中国教育技术装备，2024（3）：8－11.

[17] 杜亚男. 高校心理健康教育与思想政治教育结合30年得失研究［D］. 杭州：浙江大学，2017.

[18] 樊富珉，王建中. 当代大学生心理健康教程［M］. 第2版. 武汉：武汉大学出版社，2014.

[19] 冯刚. 改革开放以来高校思想政治教育质量评价的回顾与思考［J］. 教学与研究，2018（3）：82－89.

[20] 付丽莎. "00后"大学生榜样认同的新趋势及引导策略研究［J］. 思想理论教育导刊，2023（1）：126－131.

[21] 付宇，李秀玫，桂勇. 以己观世：理解当代青年思想观念与社会心态［J］. 青年探索，2024（1）：68－78.

[22] 高娟. "Z世代"大学生思想政治教育交互模式探析［J］. 江苏高教，2024（4）：112－118.

[23] 高亮. 大学生思政教育与心理健康教育的同向同行［J］. 中学政治教学参考，2024（8）：104－105.

[24] 葛鲁嘉. 心理学本土化：中国本土心理学的选择与突破［M］. 上海：上海教育出版社，2014.

[25] 郭立场. 榜样认同视角下大学生社会主义核心价值观培育问题研究［J］. 思想教育研究，2014（10）：64－67.

[26] 郭英，张雳. 高等教育心理学［M］. 北京：高等教育出版社，2014.

[27] 胡锦涛. 坚定不移沿着中国特色社会主义道路前进　为全面建成小康社会而奋斗——在中国共产党第十八次全国代表大会上的报告［M］. 北京：人民出版社，2012.

[28] 胡钟华. 高校文化育人的研究与探索［M］. 北京：光明日报出版社，2018.

[29] 怀进鹏. 携手推动数字教育应用、共享与创新——在2024世界数字教育大会上的主旨演讲［J］. 中国教育信息化，2024（2）：2－9.

[30] 黄蓉生. 大学生思想政治教育三十年发展论略［J］. 西南大学学报（社

会科学版），2014，40（2）：35-44.

[31] 黄希庭，徐凤姝. 大学生心理学［M］. 上海：上海人民出版社，1998.

[32] 黄兆信. 众创时代高校创业教育新探索［M］. 北京：中国社会科学出版社，2016.

[33] 江茂森，张国镛. 新时代坚持和完善高校领导体制和运行机制探析——基于党委领导下的校长负责制视角［J］. 思想理论教育，2019（10）：76-80.

[34] 教育部思想政治工作司. 加强和改进大学生思想政治教育重要文献选编（1978—2014）［M］. 北京：知识产权出版社，2015.

[35] 孔祥慧. 用红色文化引领大学生思政工作［J］. 人民论坛，2019（7）：128-129.

[36] 黎素珍. 论大学生思想政治教育与心理健康教育的融合［J］. 福建论坛（人文社会科学版），2018（S1）：171-172.

[37] 李静，黄艳钦. 铸牢中华民族共同体意识的心理机制研究［J］. 西南民族大学学报（人文社会科学版），2024（3）：1-8.

[38] 李琳琳. 大学生心理健康教育与思政教育的融合路径［J］. 中学政治教学参考，2022（37）：98.

[39] 李蔚然，李霞. 习近平关于榜样教育重要论述的科学内涵、精神实质与原创性贡献［J］. 中国地质大学学报（社会科学版），2023（6）：12-19.

[40] 李晓娟，马建青. 大学生社会主义核心价值观知行转化的中介因素及作用机理——基于扎根理论研究法［J］. 思想教育研究，2024（4）：118-123.

[41] 李长春. 在纪念中国共产党成立90周年理论研讨会上的讲话［N］. 人民日报，2011-07-06（1）.

[42] 栗克清，孙秀丽，张勇，等. 中国精神卫生服务及其政策：对1949—2009年的回顾与未来10年的展望［J］. 中国心理卫生杂志，2012（5）：321-326.

[43] 梁小玲. 大学生心理健康教育获得感研究［D］. 南昌：南昌大学，2023.

[44] 林伯海，吴成玉. 新时代好青年"四大品质"要求的时代价值［J］. 思想理论教育导刊，2023（2）：137-144.

[45] 刘灵. 人本主义疗法在改善农村事实孤儿厌学情绪中的运用——以湖北

省新洲区个案为例［D］．武汉：中南民族大学，2018．

［46］刘晓华．新时代传承弘扬革命文化的三重意涵［N］．光明日报，2018－08－03（11）．

［47］刘延东．深入推进创新创业教育改革　培养大众创业万众创新生力军——在深入推进高校创新创业教育改革座谈会上的讲话［N］．中国教育报，2015－10－26（1）．

［48］刘阳．心理健康教育融入高校思想政治教育的策略研究［D］．长沙：中南大学，2023．

［49］龙汉武．新时代大学生朋辈榜样文化建设研究［M］．北京：中国社会科学出版社，2022．

［50］卢爱新．对我国高校心理育人本土化模式发展的思考［J］．学校党建与思想教育，2020（16）：36－38．

［51］卢爱新．我国大学生心理健康教育发展研究［D］．武汉：华中师范大学，2007．

［52］卢东祥，曹莹莹，于建江．应用型本科院校大学生创新创业能力培养的路径探索［J］．江苏高教，2021（7）：85－88．

［53］栾海清，薛晓阳．大学生创新创业能力培养机制：审视与改进［J］．中国高等教育，2022（12）：59－61．

［54］骆郁廷．当代大学生的思想政治教育［M］．北京：中国人民大学出版社，2010．

［55］吕小康．高校心理育人体系的现实困境与历史反思［J］．社会科学，2023（2）：13－23．

［56］马建青，石变梅．30年来高校思想政治教育对心理健康教育发展的影响探析［J］．思想理论教育，2018（1）：97－102．

［57］马建青，杨肖．心理育人的内涵、功能与实施［J］．思想理论教育，2018（9）：87－90．

［58］马建青．高校心理健康教育与思想政治教育结合30年的研究［M］．杭州：浙江大学出版社，2017．

［59］马建青．大学生心理健康教程［M］．杭州：浙江大学出版社，2012．

［60］中共中央马克思恩格斯列宁斯大林著作编译局．马克思恩格斯全集：第2卷［M］．北京：人民出版社，2005．

［61］中共中央马克思恩格斯列宁斯大林著作编译局．马克思恩格斯文集：第1卷［M］．北京：人民出版社，2009．

[62] 中共中央马克思恩格斯列宁斯大林著作编译局. 马克思恩格斯选集：第1卷 [M]. 北京：人民出版社，1995.

[63] 中共中央马克思恩格斯列宁斯大林著作编译局. 马克思恩格斯选集：第2卷 [M]. 北京：人民出版社，1995.

[64] 中共中央马克思恩格斯列宁斯大林著作编译局. 马克思恩格斯选集：第3卷 [M]. 北京：人民出版社，1995.

[65] 中共中央马克思恩格斯列宁斯大林著作编译局. 马克思恩格斯选集：第4卷 [M]. 北京：人民出版社，1995.

[66] 马喜亭，冯蓉. 建强高校心理育人队伍扎实推进"三全育人" [J]. 中国高等教育，2022（10）：19－21.

[67] 马莹. 弗洛伊德精神分析理论的认知特征及其在中国的适用性研究 [D]. 天津：南开大学，2006.

[68] 马莹. 思想政治教育亲和力提升研究 [D]. 长春：吉林大学，2023.

[69] 梅萍. 论新时代高校全员心理育人模式的建构与实施 [J]. 思想理论教育，2019（12）：102－106.

[70] 梅萍. 新时代大学生心理疏导模式创新研究 [M]. 北京：人民出版社，2022.

[71] 莫雷. 教育心理学 [M]. 北京：教育科学出版社，2012.

[72] 宁凯. 坚定新时代大学生文化自信 [N]. 中国教育报，2019－07－18（6）.

[73] 宁凯. 新时代大学的文化自信教育策略研究 [D]. 哈尔滨：哈尔滨师范大学，2018.

[74] 欧阳辉，王宝林，王起香，等. 大学生心理健康学 [M]. 沈阳：辽宁教育出版社，2001.

[75] 潘莉，董梅昊. 高校心理育人面临的现实难题及其突破 [J]. 思想理论教育，2019（3）：90－94.

[76] 潘柳燕，陈露露. 论心理健康教育与思想政治教育的共生关系 [J]. 学校党建与思想教育，2016（7）：35－40.

[77] 彭大银，刘新静. 研究型大学的转型与本科学风建设 [J]. 教育发展研究，2017（13）：44－48.

[78] 彭庆红. 善用数字技术 建好"大思政课" [J]. 中国高等教育，2024（9）：49.

[79] 戚万学，唐汉卫. 学校道德原理 [M]. 北京：北京师范大学出版

社，2012.

[80] 认真学习贯彻习近平关于"四个全面"战略布局的重要论述［N］．新华日报，2015-03-19（1）．

[81] 任俊．积极心理学［M］．上海：上海教育出版社，2006．

[82] 任世强．大学文化的育人功能及实现路径［N］．光明日报，2013-12-01（7）．

[83] 佘双好．心理咨询与心理健康教育［M］．北京：中国人民大学出版社，2007．

[84] 人民日报社理论部．深入领会习近平总书记重要讲话精神［M］．北京：人民出版社，2014．

[85] 沈贵鹏．新时代高校心理健康教育的行动取向［J］．思想理论教育，2024（4）：95-99．

[86] 石变梅，马建青．协同创新：高校心理健康教育与思想政治教育结合的发展之路［J］．学校党建与思想教育，2018（11）：26-29．

[87] 石晓娟，苏浩森，王付顺．大学生心理健康教育与思想政治教育的融合路径［J］．中学政治教学参考，2021（31）：102．

[88] 石中英，董玉雪，仇梦真．从"五育并举"到"五育融合"：内涵、合理性与实现路径［J］．中国教育学刊，2024（2）：65-69．

[89] 宋洁宇．"大思政"视域下高校心理育人质量提升路径研究［D］．大连：大连海洋大学，2023．

[90] 苏振方．当代国外思想政治教育比较［M］．北京：社会科学文献出版社，2009．

[91] 谭德礼，江传月，刘苍劲，等．当代大学生思想特点及成长成才规律研究［M］．北京：人民出版社，2012．

[92] 童天朗．构建高质量高校心理健康教育体系［J］．中国高等教育，2021（19）：53-55．

[93] 王洪才．中国式教育现代化的价值底蕴与逻辑理路［J］．厦门大学学报（哲学社会科学版），2024，74（2）：11-18．

[94] 王沪宁．乘新时代东风　放飞青春梦想——在中国共产主义青年团第十八次全国代表大会上的致词［N］．人民日报，2018-06-27（2）．

[95] 王菁．呈现与建构：大学生微博政治参与和国家认同——基于全国部分高校和大学生微博的分析［J］．中国青年研究，2019（7）：62-69．

[96] 王鹏．心理健康教育渗透于思政教育的理路［J］．中学政治教学参考，

2022（40）：102.

[97] 王荣，滕飞. 融合心理健康教育的思想政治教育路径探究［J］. 思想理论教育，2015（3）：100－104.

[98] 王蕊. 关于加强新时代高校学风建设的思考［J］. 学校党建与思想教育，2020（1）：87－89.

[99] 王仕民. 思想政治教育心理学概论［M］. 广州：中山大学出版社，2015.

[100] 王思源. 高校榜样示范教育面临的挑战及对策［J］. 东南大学学报（哲学社会科学版），2023（S2）：67－71.

[101] 王晓刚. 高校心理健康教育规范化发展探索［M］. 杭州：杭州出版社，2009.

[102] 王扬，申勇，胡穆. 大学生朋辈教育影响机制及其对适应性的影响［J］. 思想教育研究，2018（2）：140－143.

[103] 王占仁. 新时代大学生心理健康教育的工作难点与突破策略［J］. 中国高等教育，2024（9）：38－43.

[104] 王珠. 我国大学生心理健康教育演变与展望［J］. 黑龙江高教研究，2020（12）：135－139.

[105] 吴恒仲，张桂华. 数字技术驱动大学生思想政治工作创新探究［J］. 学校党建与思想教育，2024（10）：74－76.

[106] 吴焕荣. 思想政治工作心理学［M］. 北京：航空工业出版社，1994.

[107] 吴艳，韩君华. "三全育人"背景下高校心理育人工作的路径选择［J］. 学校党建与思想教育，2020（11）：77－79.

[108] 习近平. 从小积极培育和践行社会主义核心价值观——在北京市海淀区民族小学主持召开座谈会时的讲话［J］. 人民教育，2014（12）：6－8.

[109] 习近平. 高举中国特色社会主义伟大旗帜　为全面建设社会主义现代化国家而团结奋斗——在中国共产党第二十次全国代表大会上的报告［M］. 北京：人民出版社，2022.

[110] 习近平向首届世界互联网大会致贺词强调　共同构建和平、安全、开放、合作的网络空间　建立多边、民主、透明的国际互联网治理体系［N］. 人民日报，2014－11－20（1）.

[111] 习近平在中央政治局第二十一次集体学习时强调　贯彻落实好新时代党的组织路线　不断把党建设得更加坚强有力［N］. 人民日报，2020－07－01（1）.

[112] 张烁，王晔. 习近平在全国教育大会上强调 坚持中国特色社会主义教育发展道路 培养德智体美劳全面发展的社会主义建设者和接班人[N]. 人民日报，2018-09-11（1）.

[113] 习近平. 决胜全面建成小康社会 夺取新时代中国特色社会主义伟大胜利——在中国共产党第十九次全国代表大会上的报告[M]. 北京：人民出版社，2017.

[114] 习近平. 努力成为世界主要科学中心和创新高地[J]. 求是，2021（6）：1.

[115] 习近平. 习近平致信全国优秀教师代表强调 大力弘扬教育家精神 为强国建设民族复兴伟业作出新的更大贡献[N]. 中国教育报，2023-09-10（1）.

[116] 习近平. 在北京大学师生座谈会上的讲话[N]. 人民日报，2018-05-03（2）.

[117] 习近平. 在庆祝中国共产党成立95周年大会上的讲话[N]. 人民日报，2016-07-02（2）.

[118] 中共中央文献研究室. 十八大以来重要文献选编（上）[M]. 北京：中央文献出版社，2014.

[119] 习近平. 在中央党校建校80周年庆祝大会暨2013年春季学期开学典礼上的讲话[N]. 人民日报，2013-03-03（2）.

[120] 习近平. 习近平致2013年全球创业周中国站活动组委会的贺信[N]. 人民日报，2013-11-09（1）.

[121] 习近平. 习近平谈治国理政：第2卷[M]. 北京：外文出版社，2017.

[122] 习近平. 习近平谈治国理政：第1卷[M]. 北京：外文出版社，2018.

[123] 习近平在全国高校思想政治工作会议上强调 把思想政治工作贯穿教育教学全过程 开创我国高等教育事业发展新局面[N]. 人民日报，2016-12-09（1）.

[124] 谢鑫森，刘佳. 新时代大学生榜样教育的路径优化[J]. 学校党建与思想教育，2023（18）：45-47.

[125] 徐伟，王云峰. 高校思想政治教育与心理健康教育的深度融合——基于意识结构的视角[J]. 湖北社会科学，2018（4）：188-192.

[126] 许继亮. 高校建立健全心理育人机制论析[J]. 思想理论教育，2022（12）：108-111.

[127] 杨冬，张娟，徐志强. 何以可教：大学生创新创业能力生成机制的实证

研究[J]. 教育发展研究, 2024 (3): 75-84.

[128] 杨逢彬, 欧阳祯人. 四书译注[M]. 上海: 华东师范大学出版社, 2019.

[129] 杨吉措. 新时代高校心理育人一体化建设研究[D]. 兰州: 兰州大学, 2022.

[130] 杨静. 思想政治教育与心理健康教育有机结合的策略研究[J]. 教学与管理, 2016 (9): 112-114.

[131] 杨立军, 夏紫微. 教育增值评价50年: 演进、挑战与进路[J]. 高教发展与评估, 2024, 40 (2): 1-18.

[132] 杨兆宝. 心理健康教育融入思想政治教育之可为、难为与作为[J]. 中学政治教学参考, 2024 (11): 86-89.

[133] 杨正英. 思想政治教育心理学[M]. 北京: 中国人民大学出版社, 2014.

[134] 姚先本. 学校心理健康教育新论[M]. 北京: 高等教育出版社, 2010.

[135] 易雪媛. 价值多元化视阈下大学生榜样示范教育研究[J]. 学校党建与思想教育, 2019 (5): 88-90.

[136] 余南平, 黄昊. 百年变局下建设教育强国的时代背景、挑战与选择[J]. 华东师范大学学报（教育科学版）, 2024 (6): 9-19.

[137] 俞国良, 陈雨濛. 四十年来我国高校心理健康教育政策分析: 定性与定量的视角[J]. 复旦教育论坛, 2022, 20 (4): 80-87.

[138] 俞国良, 戴斌荣. 心理学基础[M]. 北京: 北京师范大学出版社, 2015.

[139] 俞国良, 靳娟娟. 心理健康教育与"五育"关系探析[J]. 教育研究, 2022, 43 (1): 136-145.

[140] 俞国良. 大学生心理健康[M]. 北京: 北京师范大学出版社, 2018.

[141] 张春和. 人类命运共同体理念的价值体系研究[D]. 成都: 电子科技大学, 2022.

[142] 张怀英. "00后"大学生政治意识现状实证分析[J]. 高教发展与评估, 2023 (1): 113-118.

[143] 张建青. 基于社会学习理论的大学生先进典型培育机制研究[J]. 学术探索, 2015 (4): 110-114.

[144] 张军琪. 当代大学生成长规律研究[D]. 成都: 西南交通大学, 2021.

[145] 张亮, 李芳园. 知情意行: 心育与德育融合的路径[J]. 中学政治教学

参考，2021（19）：64-66.

[146] 张睿，吴志鹏，黄枫岚."00后"大学生的思想观念及行为倾向研究[J]. 思想理论教育，2021（6）：93-99.

[147] 张烁，谢环驰. 习近平主持召开学校思想政治理论课教师座谈会强调 用新时代中国特色社会主义思想铸魂育人 贯彻党的教育方针落实立德树人根本任务[N]. 人民日报，2019-03-19（1）.

[148] 张耀灿，郑永廷，吴潜涛，等. 现代思想政治教育学[M]. 北京：人民出版社，2006.

[149] 张玉杰. 论大学生思想政治教育与心理健康教育的关系[J]. 黑龙江高教研究，2017（10）：156-158.

[150] 张玉杰. 心理健康教育在大学生思想政治教育中的功能及实现[D]. 石家庄：河北师范大学，2018.

[151] 张智. 新时代学校爱国主义教育的现状和优化路径[J]. 中国德育，2023（8）：23-28.

[152] 赵悦皎，丁玉婷，张畅，等. 内外部发展资源促进青少年核心价值观发展：链式中介与调节效应[J]. 心理学探新，2024（2）：158-167.

[153] 郑航月. 心理疏导在思政教育中的作用发挥[J]. 中学政治教学参考，2023（34）：91.

[154] 郑鹏丽. 马克思人的全面发展理论与大学生成长成才教育研究[D]. 太原：山西师范大学，2015.

[155] 郑尚坤. 我国精神卫生政策的演进和优化路径研究——基于政策文本和政策结果对比分析[D]. 济南：山东大学，2023.

[156] 周光礼，袁晓萍. 聚焦"四个评价"深化教育评价机制改革[J]. 中国考试，2020（8）：1-5.

[157] 周莉. 大学生心理健康教育[M]. 北京：中国人民大学出版社，2010.

[158] 周围. 积极道德教育——积极心理学视域中的道德教育[M]. 北京：中国文史出版社，2014.

[159] 朱仁宝. 德育心理学[M]. 杭州：浙江大学出版社，2005.

[160] 朱佐想，杨旸，陈晓伟. 大学生实践教育共同体建设的理论内涵与实践路径[J]. 高校辅导员，2023（2）：60-64.

[161] FLEXNER A. Universities：American，English，German[M]. New York：Oxford University Press，1930.

附 录

附录1　心理育人融入大学生思想政治教育访谈提纲

1. 请结合自己的理解，谈谈良好的心理品质或心理健康素养是否重要。请举例说明良好的心理品质有哪些表现。
2. 请谈谈自己身边的大学同学身心状况和思想行为有什么特点。
3. 请谈谈影响大学生身心发展的主要因素有哪些。
4. 请谈谈当前的心理健康教育和大学生思想政治教育结合是否紧密。
5. 请从心理育人的视角谈谈当前大学生思想政治教育的成绩与不足。
6. 请从大学生、辅导员、思想政治课教师等视角，谈谈高校心理育人融入大学生思想政治教育应在哪些方面进行优化。
7. 请谈谈对心理育人融入大学生思想政治教育长效机制建设有哪些期待和建议。

附录2　新时代大学生身心发展现状调查问卷

亲爱的同学：

您好！我们正在开展一项关于心理育人融入大学生思想政治教育的调查研究，感谢您抽出宝贵的时间填答这份问卷。本次调查旨在了解新时代大学生身心发展的客观现状，您的意见将为本研究提供重要参考，请您根据实际情况作出客观、真实的选择。本次调查采取匿名方式进行，调查相关的所有内容仅作为本课题研究所用，衷心感谢您的支持与配合！

心理育人融入大学生思想政治教育研究课题组
2023 年 10 月

1. 您的性别：
   A. 男 　　　　　　　　　　B. 女
2. 您目前所在学段：
   A. 专科 　　　　　　　　　B. 本科
   C. 研究生（硕士）　　　　　D. 研究生（博士）
3. 您的政治面貌是：
   A. 中共党员（含预备党员）　B. 共青团员
   C. 民主党派人士　　　　　　D. 群众
4. 您认为坚定的理想信念对个人成长与未来发展重要吗？
   A. 十分重要　　B. 比较重要　　C. 不重要
5. 您经常参加理想信念教育相关的活动吗？
   A. 经常 　　　　　　　　　　B. 偶尔
   C. 从不 　　　　　　　　　　D. 有想法但没有机会
6. 您参加过下列哪些教育活动？
   A. 参观红色文化教育基地　　B. 重大节庆日纪念活动
   C. 各级各类志愿服务　　　　D. 观看红色影视作品
   E. 其他_____
7. 您认为新时代大学生实现人生价值的根本在于什么？
   A. 实现社会价值与自我价值的统一
   B. 实现自我价值
   C. 实现社会价值
   D. 其他_____
8. 您认为新时代大学生实现人生价值主要靠什么？
   A. 自身的艰苦奋斗
   B. 家人与朋友的支持
   C. 社会的扶持与赞助
   D. 其他_____

9. 关于集体利益与个人利益的关系，您更倾向于以下哪一种理解？

  A. 集体利益至上

  B. 集体利益要为个人利益服务

  C. 二者是辩证统一的

  D. 二者关系不大

  E. 不太清楚

10. 如果您即将毕业，您的就业选择是以下哪项？

  A. 先就业，后择业

  B. 先择业，后就业

  C. 继续学习深造

  D. 自主创业

  E. 暂不考虑就业

  F. 其他_____

11. 您就业后的第一选择是什么？

  A. 机关事业单位　　　　B. 私营企业

  C. 国企或外企　　　　　D. 自主创业

  E. 其他_____

12. 在求职就业中，您认为自己最欠缺的是什么？

  A. 扎实的专业知识　　　B. 社会适应能力

  C. 丰富的实践经验　　　D. 良好的心理素质

13. 您在大学期间的主要社交方式是哪种？

  A. 参加班级（社团）组织活动　B. 网络媒体社交

  C. 志愿服务与社会实践　　　　D. 其他_____

14. 您通过网络媒体进行人际交往是出于什么原因？

  A. 学习交流需要　　　　B. 情感互动需要

  C. 回避现实社交　　　　D. 其他_____

15. 您通过QQ空间、朋友圈、微博、小红书等网络社交平台发表心情等内容的最主要原因是什么？

  A. 期望被关注　　　　　B. 宣泄情绪

  C. 分享生活记录　　　　D. 从不发表

  E. 其他_____

16. 您对下列观点有什么态度？（请在相应选项的旁边打"√"）

A. 新时代大学生应自觉将个人命运融入国家和人民命运	同意	不同意	难以判断
B. 坚定的理想信念十分重要	同意	不同意	难以判断
C. 个人只有在集体中才能更好地发展	同意	不同意	难以判断
D. 新时代应该继续倡导弘扬艰苦奋斗精神	同意	不同意	难以判断
E. 你对努力学习、发奋成才有着强烈的愿望	同意	不同意	难以判断

17. 请您评估一下，您自己现在的心理状况如何。
    A. 非常健康　　　　　　B. 比较健康
    C. 一般健康　　　　　　D. 不太健康
    E. 非常糟糕

18. 请您评估一下，您身边的同学在遇到困难时，能否保持自尊自信、理性平和、积极向上的心态。
    A. 完全能　　　　　　　B. 基本能
    C. 基本不能　　　　　　D. 完全不能

19. 您在大学期间的心理困惑主要来源于什么？（可多选）
    A. 学业压力　　　　　　B. 人际冲突
    C. 家庭矛盾　　　　　　D. 两性关系
    E. 情绪困扰　　　　　　F. 就业压力
    G. 其他＿＿＿＿＿＿

20. 当遇到心理困惑时，您倾向于怎样寻求帮助？（可多选）
    A. 找辅导员或其他老师交流　　B. 找父母交流
    C. 找校内心理咨询机构　　　　D. 找校外心理专科医院
    E. 找亲朋好友倾诉　　　　　　F. 默默忍受，自我消化
    G. 其他＿＿＿＿＿＿

21. 您所在班级的辅导员或班主任关心重视学生的心理健康和思想状况吗？
    A. 非常重视　　　　　　B. 比较重视
    C. 一般重视　　　　　　D. 不太重视
    E. 完全不重视

后 记

苏霍姆林斯基曾说："育人先育心，在由人的精神财富外化而来的和谐的交响曲中，最微妙、最温柔的旋律当属于人的心灵。"[①] 斯普朗格也指出："教育绝非单纯的文化传递，教育之为教育，正是在于它是一种人格心灵的'唤醒'，这是教育的核心所在。"[②]

当前，青少年心理健康问题受到全社会的高度关注。《2022国民抑郁症蓝皮书》显示，我国18岁以下抑郁症患者占总人数的30.28%。在抑郁症患者群体中，50%的抑郁症患者为在校学生。《2023年度中国精神心理健康》蓝皮书显示，随着生活和工作节奏加快，社会竞争急速加剧，国民心理压力大大增加，心理健康问题日益突出，且呈现低龄化的趋势。在此大背景下，大学生群体的心理健康问题日益显现，相当一部分的大学生心理健康状况不容乐观，亟待加强顶层设计、改革教育教学、创新育人模式，通过系统全面的心理健康教育工作，提升大学生心理素质，促进大学生健康成长。

面对日益严峻的学生心理健康问题，党和国家高度重视并将其摆上了重要议事日程。2023年，中央教育工作领导小组会议审议通过了《全面加强和改进新时代学生心理健康工作专项行动计划（2023—2025年）》，标志着加强学生心理健康工作上升为国家战略，自此，学生心理健康工作被纳入政府履行教育职责、学校改革发展规划、人才培养体系和评估考核的重要内容。该专项行动计划强调要坚持"五育并举"、促进心理健康，鲜明提出"将学生心理健康教育贯穿德育思政工作全过程，融入教育教学、管理服务和学生成长各环节"，努力铸就德智体美劳全面发展的时代新人。应该说，正是这一国家战略的实施，为本书创作带来了灵感、源泉和动力，更提供了基本遵循。

[①] 苏霍姆林斯基：《没有惩罚的教育》，《苏霍姆林斯基选集（五卷本）》，蔡汀、王义高、祖晶译，教育科学出版社，2001年第　页。

[②] 邹进：《现代德国文化教育学》，山西教育出版社，1994年，第73页。

本书旨在将心理育人的理念、举措和方法贯穿大学生思想政治教育始终，既是统筹推进身心健康与全面发展、心理素养与道德品质相互融合协调发展的尝试，也是着力构建"大思政"格局推进全员全程全方位育人的探索。伴随世界百年未有之大变局的加速演进，人才的作用和地位愈发凸显。高校作为创造和传播知识、培养和输送人才的重要基地，只有牢牢抓住全面提升人才培养能力这个核心点，不断夯实大学生身心素质这个前提和基础，才能更好地练就他们过硬的本领，进而使其担当起民族复兴的历史重任。

本书对心理育人融入大学生思想政治教育的发展历程、价值意蕴、路径设计、保障机制、实践案例等做了系统梳理，并调查分析了新时代大学生思想、心理、行为方面表现出的新特点，世界观、人生观、价值观体现出的新变化，党团观念的形成发展呈现出的新规律，目的在于增强研究的针对性。本书研究的心理育人融入大学生思想政治教育的实现路径、保障机制和案例设计，是建立在著者长期在高校学生工作一线实践的基础上，经过不断总结分析、修改完善而逐步形成的。著者先前主持的共青团中央中国特色社会主义理论体系研究中心课题"用习近平新时代中国特色社会主义思想铸魂育人的青年工作路径研究"，以及全国学校共青团研究中心战略课题"大学生思想政治引领工作的实现路径和保障机制研究"，为本书的撰写积累了一定研究基础。著者在厦门大学教育研究院攻读博士研究生期间，研究方向为学生成长与发展，研究着力点也聚焦于大学生心理健康教育，也为本书的撰写打下了直接基础。

本书在撰写过程中，参考了国内外有关论著、学位论文、期刊论文，借鉴和吸收了同行专家的研究成果；本书在研究、写作、实践过程中得到了西华师范大学相关专业师生和参与调查、访谈高校的鼎力支持；本书在定稿过程中得到了相关领域专家学者的大力帮助；本书的出版得到四川大学出版社和西华师范大学社科处、教育学院的大力支持，在此一并致以由衷的谢意！

虽然主观上做了较大努力，但本书仍然存在资料收集不全、理论挖掘不够、写作水平有限等问题，恳请各位读者提出批评意见，著者将进一步学习、研究和完善。

王方国

2024 年 5 月